„NeunmalWeise. Was ist das? Für mich ist klar: Dieses Buch ist DoppeltGut und MehrfachBewährt. Meinem Freund Christoph ist etwas Großartiges gelungen. Eine Anleitung zur Nachfolge, die genau das ist und doch viel mehr. Ein Leitfaden für Einzelne und ganze Gemeinden, die eine Erneuerung suchen. Gut durchdacht, geistlich fundiert und in der Praxis bewährt. NeunmalWeise. Ein Buch – und Segen für alle, die diesen Weg mitgehen."

Dr. Roland Werner, Generalsekretär im
CVJM-Gesamtverband in Deutschland

„Unterhaltsam geschrieben, praktisch veranschaulicht und sehr gut strukturiert – weise, wer es liest."

Tobi Wörner, Leiter des Jesustreffs
Stuttgart, Schlagzeuger bei Gracetown

„Tiefgründig und trotzdem einfach. Praktisch und biblisch begründet. Ehrlich. Lebensnah – ihm gelingt ein Kunststück, das volle Anerkennung verdient und weswegen ich es empfehle: nämlich komplizierte Dinge einfach zu beschreiben, ohne zu einfach zu werden. Man spürt: Schmitter hat nachgedacht, studiert und abgewogen, aber er trägt seine Gelehrsamkeit nicht vor sich her …! Spitze."

Ansgar Hörsting, Präses des Bundes Freier
evangelischer Gemeinden und Präsident
der Vereinigung Evangelischer Freikirchen

Christoph Schmitter

Neunmalweise

Christoph Schmitter

Neunmalweise

LebensMuster zum Nachmachen
und Selberglauben

NEUFELD VERLAG

FSC
www.fsc.org
MIX
Papier aus ver-
antwortungsvollen
Quellen
FSC® C083411

Die Deutsche Bibliothek verzeichnet diese Publikation in der
Deutschen Nationalbibliografie; detaillierte bibliografische
Daten sind im Internet über www.d-nb.de abrufbar

Bibelzitate, sofern nicht anders angegeben, wurden dem *Neuen Testament –
Neue Genfer Übersetzung* (© 2009 Genfer Bibelgesellschaft, CH-1032 Romanel-
sur-Lausanne) sowie der *Gute Nachricht Bibel* (Revidierte Fassung der Bibel
in heutigem Deutsch, durchgesehene Ausgabe in neuer Rechtschreibung,
© 2000 Deutsche Bibelgesellschaft, Stuttgart) entnommen.

Lektorat: Dr. Thomas Baumann
Korrektorat: Lukas Baumann
Umschlaggestaltung: spoon design, Olaf Johannson
Umschlagbild: vic&dd/Shutterstock.com
Satz: Neufeld Media, Weißenburg in Bayern
Herstellung: CPI – Clausen & Bosse, Leck

© 2012 Neufeld Verlag Schwarzenfeld
ISBN 978-3-86256-024-0, Bestell-Nummer 590 024

Nachdruck und Vervielfältigung, auch auszugsweise, nur mit Genehmigung des Verlages

www.neufeld-verlag.de / www.neufeld-verlag.ch

Folgen Sie dem Neufeld Verlag auf Facebook*
und in unserem Blog: www.neufeld-verlag.de/blog

NEUFELD VERLAG

Inhaltsverzeichnis

Prolog

Wir glauben, dass keiner von uns wirklich die Fähigkeit,
die Gnade, den Mut oder die Vorstellungskraft hat,
genau so zu sein wie Jesus. Das ist ein vergebliches Unterfangen.
Aber eines, das (...) allemal wert ist, unternommen zu werden.
Michael Frost, Alan Hirsch

Sage es mir, und ich werde es vergessen. Zeige es mir, und ich werde es
vielleicht behalten. Lass es mich tun, und ich werde es können.
Johann Wolfgang von Goethe[1]

Ich fahre eine Corvette. C5. Cabrio. 355 PS. Blau. Knappe 300 Spitze. Ein tolles Auto.

Ich fahre also Corvette, dieses *eine* Mal, mit einem Freund – er hat sie geliehen. Doch weil es regnet, bleibt das Verdeck zu und die Reifen bringen die Kraft nicht recht auf die rutschige Straße. Außerdem weiß der Besitzer des Autos nichts von unserer kleinen Probefahrt, weshalb ich ein schlechtes Gewissen habe. Die Sache macht also nur mäßig Spaß und ich drehe bald schon wieder um. Als ich in unsere Straße einbiege, sehe ich eine lange Reihe umgekippter Mülltonnen und am Ende dieser Reihe drei Jugendliche. Einer trägt einen Kasten Bier, die zwei anderen treten gerade die Tonne meines Nachbarn um. Dann biegen sie auf den großen Parkplatz vor unserem Haus ein.

Das mache ich auch. Mit der Corvette. Langsam rolle ich neben den schlurfenden Kids her. Gern würde ich nun lässig die Fensterscheibe runterfahren, aber ich finde diesen blöden Schalter leider nicht. Also halte ich an und krabble umständlich aus dem tiefen Wagen.

---

1 Dieser Satz wird verschiedenen Menschen zugeschrieben. Neben Goethe auch Konfuzius und Lao Tse.

„Hey Jungs, die Mülltonnen stellt ihr sicher wieder auf, oder?"

Als sein Blick auf den Sportwagen fällt, rutscht dem Bierkistenträger das Herz in die Baggy Pants. „Äh, na klar. Machen wir. Hey Leute" – die anderen zwei sind schon paar Schritte weiter –, „kommt her, wir räumen die Tonnen wieder ein!"

Und eilig machen sie sich ans Werk.

Das wiederum *hat* mächtig Spaß gemacht.

Eine Sorte von Auto zu fahren, das in einschlägigen Kreisen auf einen Besitzer schließen lässt, mit dem man sich vielleicht lieber nicht anlegt[2], veranlasst drei Kids, ihre Gesinnung von trotziger Rebellion auf duckmäuserischen Gehorsam zu wechseln.

Ich bin sicher: Hätten sie geahnt, dass der Typ in dem Auto der Jugendpastor der örtlichen Gemeinde ist – sie hätten die nächste Tonne vor meinen Augen umgetreten.

Äußerlich stärker zu wirken, als man es innen tatsächlich ist, führt nicht selten zu schnellen Erfolgen und macht auch noch Laune.

Bei Überprüfung

würde das Innere allerdings nicht halten,

was das Äußere verspricht.

Hm …

Das Haus, in dem ich heute lebe, steht auf einem Hanggrundstück. Will man ebene Rasenflächen schaffen, braucht man Stützmauern.

Eine dieser Mauern ist baufällig, als wir einziehen. Ein großer Riss durchzieht das Sichtmauerwerk. Den Grund dafür stelle ich fest, als ich sie abreiße: Das Fundament ist nur ein Fundament*chen*. Gut für mich, denn so hat es meinem Vorschlaghammer wenig entgegen zu setzen.

Doch nun muss eine neue Mauer her. Das Angebot eines Bauunternehmers ist mir zu teuer. Also: selber machen! Warum aber sollte

---

2   Was ich zu sagen versuche, ist: Eine Corvette ist eine sogenannte „Zuhälterkarre".

mir besser gelingen, was mein Vorgänger verpfuscht hat? Ich bin nicht Chuck Norris, noch nicht mal ein Maurer. Ich entscheide mich schließlich für eine Gabionen-Lösung. Gabionen sind große käfigartige Drahtkörbe, die mit Steinen gefüllt und aufeinander gestapelt werden. Vorteil: Die Mauer steht auch ohne Fundament wie eine Eins. Nachteil: In eine Mauer meiner Ausmaße passen Tonnen von Material. Wo die Mauer am höchsten ist, ist sie einen Meter dick! Ich brauche Monate, all die Steine von der Straße heraufzuschleppen und die Drahtkörbe zu füllen.

Doch als sie fertig ist, bin ich stolz. Diese Mauer wird niemals Risse bekommen. Diese Mauer wird hier in 200 Jahren noch stehen. Natürlich wird sie das!

Echte Stabilität kommt von innerer Stärke. Um sie zu erreichen, ist mehr Zeit und Schweiß nötig,

aber am Ende

hält das Innere,

was das Äußere verspricht.

Dieses Buch will dir helfen, innerlich stark zu werden. Dieses Buch möchte dich anleiten, hinter deiner äußeren Fassade ein stabiles Leben zu bauen – quasi Steine zu schleppen. Klingt irgendwie nach Arbeit? Ist es auch.

Leichter und oft auch Spaß bringender ist es, in dein äußeres Erscheinungsbild zu investieren – Corvette zu fahren, obwohl du gar keine besitzt. Das tun die meisten von uns fast automatisch. Ich selbst zumindest bin ein Mensch, der von Haus aus dazu tendiert, mehr Zeit, Kraft und Geld auf das Äußere als auf das Innere zu verwenden. Ausbildung, Job, Aussehen, Besitz, Fitness, Image – solche Sachen vernachlässigen wir selten. Sachen, die übrigens keinesfalls unwichtig sind. Doch zu oft kümmern wir uns nicht in gleicher Intensität um die Dinge, die zu unserem *inneren* Menschen gehören. Dinge wie Charakter, Reife, Persönlichkeit und Glauben.

Das geht oft sehr lange gut. Aber irgendwann fragt einer nach. Irgendwann merkt einer, dass der Sportwagen nur geliehen ist. Irgendwann wird der Druck des Erdreiches am Hanggrundstück zu hoch und die schlecht gebaute Stützmauer bekommt Risse. Sie kann nicht halten, was sie verspricht.

Wenn der folgende Gedanke ab und zu dein eigener ist, dann ist dieses Buch für dich geschrieben.

„Was, wenn ich innen drin nicht halten kann, was ich äußerlich verspreche?"

Ich kenne diesen Gedanken.

Man sagt, der Mensch verliere zum Zeitpunkt des Todes 21 Gramm.[3] 21 Gramm – das Gewicht der Seele. Meine Güte, ich muss sagen, das ist wenig! Wir sind seelische Leichtgewichte. Doch man kann kein großartiges Leben auf eine zu leichte Seele bauen.

Meine Mauer da draußen im Garten – ich sehe sie von dem Ort, an dem ich gerade schreibe – wird vor allem deshalb in 300 Jahren[4] noch stehen, weil sie so schwer ist. Ihr Eigengewicht verleiht ihr diese Stabilität.

Dieses Buch will dir helfen, das Gewicht der Seele zu vergrößern.

Bevor ich beschreibe, wie das gehen soll, muss ich dir noch etwas sagen: Ich bin Pastor. Ich glaube an Gott. Nicht nur von Berufs wegen, sondern tatsächlich. Und darum gehe ich davon aus, dass *Gott* etwas mit dem Gewicht unserer Seele zu tun hat.

Genauer gesagt glaube ich, dass *Jesus Christus* etwas mit dem Gewicht unserer Seele zu tun hat.

Ich weiß nicht, ob du meinen Glauben teilst. Wenn nicht, bist du jetzt vielleicht drauf und dran, dieses Buch wieder wegzulegen.[5] Doch solltest du dich entscheiden weiterzulesen … ich glaube, dann kann ich dir zusagen, dass du für dein Leben profitieren wirst, auch wenn du

---

3   Der US-amerikanische Arzt Duncan MacDougall will das 1906 nachgewiesen haben. Ist natürlich Blödsinn, bleibt aber eine irgendwie faszinierende Vorstellung. Der Film *21 Gramm* aus dem Jahr 2003 spielt mit dieser Idee.

4   Ja, 300! Habe ich etwas anderes gesagt?

5   Darüber denkst du möglicherweise schon seit dem Beginn dieses Kapitels nach. Es fing ja gleich mit einem Zitat über diesen Jesus an.

dem christlichen Glauben am Ende immer noch skeptisch gegenüberstehst.

Ich werde gleich in ein paar kurzen Sätzen erklären, was die Grundlage meines Glaubens und dieses Buches ist, aber dann werde ich auf den restlichen Seiten einfach so tun, als seien wir beide einer Meinung. Du entscheidest selbst, wie du mit dem umgehen willst, was du liest. Du wirst dabei ein paar Dinge über das Christentum lernen. Ein paar Dinge, die dir *so* bisher gar nicht bewusst waren. Und du wirst feststellen, wie direkt vieles, was Jesus tat und sagte, mit dem alltäglichen Leben eines Menschen im 21. Jahrhundert zu tun hat.

Also – zur Grundlage meines Glaubens und dieses Buches:

Ich glaube, dass diese Welt und das Leben seinen Ursprung in Gott hat. Ich glaube, dass stabiles und echtes Leben aus einer Beziehung zu diesem Gott entsteht. Und ich glaube, dass er in Jesus Christus Mensch wurde, um uns zu zeigen, wie er ist – um uns zu zeigen, wie Menschsein funktioniert – und um uns zu ermöglichen, tatsächlich so zu leben.

Darum ist Jesus Christus auf den nächsten 270 Seiten *das Vorbild* für alles, was dieses Buch beschreibt. Er ist quasi der Prototyp des Menschen.

Dieses Buch hat das Ziel, dir zu helfen, innere Stärke und Charakter zu entwickeln, und zwar einen Charakter, der dem von Jesus ähnlich ist.

Der dem von Jesus ähnlich ist!

Meine Überzeugung ist also: Ein Mensch mit einem von Jesus Christus geprägten Charakter ist ein Mensch, dessen Seele Gewicht hat und der *innen* hält, was er *außen* verspricht. Doch Charakter entwickelt sich nicht von selbst. Charakter muss geformt werden. N. T. Wright[6] drückt es auf seine unnachahmlich kluge wie einfache Art so aus:

> *„Mit dem Charakter ist es wie mit einem lustigen Gesicht, das eine Kinder-Fleischwurst von vorne bis hinten durchzieht. Es ist nicht nur außen aufgedruckt. Wo man die Wurst auch anschneidet,*

---

6 Nicholas Thomas Wright war anglikanischer Bischof von Durham (England) und ist heute Professor für Neues Testament an der University of St. Andrews (Schottland).

immer kommt das Gesicht zum Vorschein. (...) Der menschliche ‚Charakter‘ ist in diesem Sinne das Denk- und Handlungsmuster, das jemanden durchdringt. Wo du eine Person mit Charakter auch ‚anschneidest‘, immer kommt dieselbe Person zum Vorschein. (...) Der Punkt, um den es geht, ist dieser: Ich weiß im Grunde gar nicht, wie die Wurst mit dem Gesicht hergestellt wird, doch eine Fleischwurst hat normalerweise kein lustiges Gesicht. Irgendjemand hat es erzeugt. So entstehen auch die Charakterstärken, auf denen Jesus und seine Nachfolger als den entscheidenden Zeichen eines gesunden christlichen Lebens bestehen, nicht automatisch. Man muss sie entwickeln.“[7]

Das klingt nach Arbeit. Steine schleppen. Doch es ist Arbeit, die sich lohnt. Denn ich kenne keine Persönlichkeit, die der des Jesus von Nazareth auch nur annähernd vergleichbar wäre, und ich bin überzeugt, dass es das Ziel menschlichen Lebens ist, ihm ähnlicher zu werden[8].

Noch etwas solltest du wissen. Ich bin Pastor, und zwar Pastor einer jungen Kirche, die sich zum Ziel gesetzt hat, den Glauben auf eine Art und Weise zu kommunizieren und zu leben, dass er für eine postmoderne und weitgehend „entkirchlichte“ Generation relevant wird. Ein Merkmal dieser Kirche ist zum Beispiel, dass die Gottesdienste der CityChurch[9] (so heißt sie) in einem Multiplexkino stattfinden.

Vor einiger Zeit haben wir uns Gedanken gemacht, wie wir den Leuten – und damit meinten wir auch uns selbst – helfen können, dass der Glaube wirklich im Alltag ankommt und tatsächlich das Leben verändert, Persönlichkeit entwickelt, Charakter prägt, der Seele Gewicht gibt. Was uns beim Überlegen geleitet hat, war die Überzeugung:

Es muss einfach sein.

Und es muss im normalen alltäglichen Leben stattfinden.

---

7 N. T. Wright, *Glaube – und dann? Von der Transformation des Charakters*, Verlag der Francke-Buchhandlung 2011, S. 35.

8 Wenn du mit der christlichen Terminologie vertraut bist, wirst du diesen Vorgang „Nachfolge“ oder „Jüngerschaft“ nennen.

9 Die CityChurch (http://citychurch.de) wurde 2003 gegründet und gehört zum Bund Freier evangelischer Gemeinden.

Wir haben keine Zeit (und irgendwie auch keine Lust) für irgendwelche volkshochschulähnlichen Seminare zu allen möglichen Themen, wie man als Christenmensch nun dies und jenes macht, damit das Leben gelingt.

Das Leben ist wirklich schon anstrengend genug.

Über den Zeitraum von gut einem Jahr haben wir deshalb die **Lebens-Muster** entwickelt. Es sind neun einfache Bilder. Neun Wege, um dem Leben Tiefe zu verleihen. Neun Muster, die wir uns bei Jesus abgeschaut haben und die leicht auf das Leben übertragbar sind. Inspiriert wurden wir von den *Life-Shapes*[10], die Mike Breen entworfen hat. An dieser Stelle gebührt unser Dank darum dem Autor dieser sehr gelungenen Vorlage, die wir für unseren Kontext etwas verändert und – so bilden wir uns natürlich ein – verbessert haben.

Das Buch heißt *Neunmalweise*, weil ich jedes einzelne LebensMuster für *weise* halte. Nicht *weise* in dem Sinne, dass es besonderer Klugheit bedarf, so etwas zu entwickeln und in ein Buch zu schreiben. Sondern *weise* in dem Sinne, dass es klug ist, jedes dieser Muster auf das eigene Leben anzuwenden.

Und ich habe diesen Titel gewählt, weil die Gesamtheit der Neun unsere Art und *Weise* ist, dem Leben seine Form zu geben. Die Lebens-Muster sind so etwas wie unsere LebensPhilosophie.

So – und nun noch ein paar Zeilen darüber, wie du dieses Buch lesen solltest.

Jedes der folgenden Kapitel ist einem LebensMuster gewidmet.

Und jedes Kapitel ist gleich aufgebaut:

Zum Beginn findest du immer ein **LebensBild**. Ich habe dafür einen Menschen interviewt und zeichne nun ein Leben nach, in dem ich das LebensMuster verwirklicht sehe, das ich im Folgenden beschreiben

---

10   Mike Breen und Walt Kallestad beschreiben die Life-Shapes in ihrem Buch *Leidenschaftlich glauben – Jüngerschaft vertiefen*, Verlag der Francke-Buchhandlung, 2007. Es sind acht geometrische Formen, die für acht Impulse geistlichen Wachstums stehen. Wir haben diese Impulse übernommen, teilweise weiterentwickelt und einen neunten hinzugefügt.

will. Diese Menschen sind alle ganz normale[11] Menschen wie du und ich. Ich kenne sie alle persönlich. Sie gehören (oder gehörten) zum Umfeld der CityChurch.

Dann schauen wir zusammen in unsere LebensWelt. In diesem Abschnitt versuche ich, die Welt, wie ich sie sehe, zu beschreiben, und zu begründen, warum ich glaube, dass das LebensMuster für das Leben in dieser Welt Bedeutung hat.

Der dritte Abschnitt jedes Kapitels trägt unterschiedliche Titel, je nach dem, um was es gerade geht. In ihm schaue ich jedes Mal in das Leben von Jesus Christus und zeichne nach, wo ich dieses LebensMuster in seinem Leben entdecke.

Der vierte Abschnitt dreht sich dann um das LebensMuster selbst. Was ich bei Jesus sehe, übertrage ich auf unser Leben und gieße es in eine leicht zu behaltende Form. Wer die Life-Shapes von Breen kennt, wird sie hier wiederentdecken.

Zum Schluss jedes Kapitels wird es dann praktisch. Die MusterVorschläge beschreiben verschiedene Möglichkeiten, wie du das Gelesene in deinem Alltag anwenden kannst, so dass es die Seiten dieses Buches und damit die Theorie verlässt und wirklich im echten Leben ankommt.

Die LebensMuster sind zum *Nachmachen* da. Zum Ausprobieren. Manchmal werden diese Muster genau zu dir passen, aber hier und da werden sie dich hoffentlich auch inspirieren, eigene Ideen zu entwickeln – passendere. Dann wird aus dem *Nachmachen* das *Selberglauben*, deine eigene Art und *Weise*, dem Leben seine Form zu geben. Die neun LebensMuster sind dabei eine Hilfe – aber sie sind eben nur das: Muster. Und Muster passen niemals hundertprozentig!

Ach, wichtig ist noch dies: Dieses Buch ist eigentlich kein Buch, dass du in einem Rutsch von vorne bis hinten durchlesen solltest. Damit es sich lohnt, musst du dir eigentlich nach jedem Kapitel genug Zeit nehmen, das jeweilige LebensMuster auf dein Leben zu übertragen und den einen oder anderen MusterVorschlag wirklich auszuprobieren.

---

11   Jedenfalls mehr oder weniger ...

In echt, meine ich jetzt.

Man sagt, dass man im Schnitt drei Tage Zeit hat, um einen Vorsatz in die Tat umzusetzen. Eine Erkenntnis also, die nach drei Tagen noch nicht zu einem praktischen Ansatz im eigenen Leben geführt hat, gerät wieder in Vergessenheit und wird nichts hinterlassen als die dunkle Erinnerung, *dass da doch mal was war.* Deshalb wird dieses Buch erst dann für dich wertvoll, wenn du es umsetzt. Nicht alles auf einmal! Dafür ist es viel zu viel. Aber etwas!

An meiner Mauer habe ich Monate gebaut. Für dieses Buch brauchst du auch etwas Zeit.

Ein letzter Tipp: Du kannst die Inhalte dieses Buches auch sehr gut mit einer Gruppe durcharbeiten. Ihr könntet euch neun Mal treffen und jedes Mal über ein Kapitel sprechen, dabei voneinander lernen und euch gegenseitig motivieren, dran zu bleiben.

Dabei helfen euch die QR-Codes am Anfang jedes Kapitels. Smartphone-Besitzer wissen, wie sie mit Hilfe derselben auf eine Internetseite weitergeleitet werden. Hier findest du jeweils einen kleinen Film, der das LebensMuster beschreibt, sowie einen Entwurf für das Gruppenmeeting.

Es geht natürlich auch ohne diese technische Spielerei. Indem du einfach diese Seite aufrufst: http://neunmalweise.de

Okay, wollen wir?

Frage: Magst du Triangeln? Ich nicht besonders.

DIE TRIANGEL

1. Die Triangel

Die LebensDimensionen

Liebe ist der Endzweck der Weltgeschichte.
Novalis

Auch wenn alles einmal aufhört – Glaube, Hoffnung und Liebe nicht.
Diese drei werden immer bleiben; doch am höchsten steht die Liebe.
Paulus

Das erste LebensMuster ist die Triangel. Das simpelste aller Musikinstrumente muss herhalten für das bedeutendste unserer Lebensthemen: Beziehungen.

Um schon etwas zu verraten: Es ist unter anderem die *Anzahl der Ecken*, die die Triangel zum Muster für die Beziehungen macht, in denen sich dein Leben abspielt.

LebensBild

Es ist Samstagvormittag, 11 Uhr. In der WG, zu der Mark[1] gehört, wird gerade gefrühstückt. Die Party endete spät letzte Nacht. Man bietet mir Rührreier an. Nach mehrmaligen Danke-Neins nehme ich einen Kaffee.

Seit Marks Studienbeginn hat er in Wohngemeinschaften gelebt und schätzt diese Lebensform immer noch. In den letzten zehn Jahren waren vier verschiedene Wohnungen sein Zuhause und er hat sein Leben mit etwa einem Dutzend unterschiedlicher Menschen geteilt. Heute ist er 31 und berufstätig, und darum haben die Räume auch nichts von einer verlotterten Studentenbude, sondern gefallen mit Parkettboden, stilvollem Inventar und dem MacBook auf dem Schreibtisch. Doch auch wenn es aus finanziellen Gründen nicht mehr sein müsste: das WG-Leben bleibt.

„Bist du ein Beziehungsmensch?", frage ich ihn und bin erleichtert, als er das bejaht. Immerhin ist dies der Grund, warum ich jetzt auf seinem Balkon sitze. „Absolut! Das Beste, was ich in meinem Leben bisher erlebt habe, entstand dadurch, dass wir mit ein paar Leuten gemeinsam eine Sache angepackt haben."

Schon wenn Mark von seiner Kindheit in dem kleinen unterfränkischen Ort am Main erzählt, denkt er an das offene Haus seiner Eltern. Sie hatten häufig Gäste, oft auch über Nacht. Für andere Menschen da zu sein, liegt ihm wohl in den Genen, denn beide Elternteile haben ihre Berufsausbildung im sozialen Bereich absolviert: der Vater als Sozial-, die Mutter als Sonderpädagogin.

Die berufliche Laufbahn des Vaters erzählt sich abenteuerlich. Nach dem Studium und einem Praktikum in einer Jugendeinrichtung wechselt er in die professionelle Werbefotografie, übernimmt einige Jahre später das Schuhgeschäft des Großvaters und führt es zum Erfolg, nur um heute seine Brötchen wieder mit (außergewöhnlich guter!) Hochzeitsfotografie zu verdienen. Da vereint sich also eine soziale Ader

---

1   Er heißt in Wirklichkeit anders, wie alle Menschen, die ich für die LebensBilder interviewt habe.

mit Liebe zur Kunst und unternehmerischem Geschick – eine seltene Kombination.

„Ich glaube", sagt Mark, „die berufliche Flexibilität meines Vaters hat viel damit zu tun, dass es mir heute leicht fällt, mit Leuten Beziehungen zu knüpfen. Ich interessiere mich für Menschen genauso wie für Technik; um ein Haar hätte ich Informatik anstelle von Sozialpädagogik studiert. Ich merke, dass es mir leicht fällt, mit den verschiedensten Menschen Kontakte aufzubauen, weil es eigentlich nichts gibt, was mich nicht interessiert."

Und weil ich ihn kenne, weiß ich, dass das wahr ist. Es gibt wohl kaum einen Menschen, mit dem es leichter ist, über irgendwas zu quatschen.

Im Jahr 1993 geschieht etwas Entscheidendes in seinem jungen Leben. Die Familie findet zu Gott. Die Mutter ist ihren katholischen Wurzeln immer treu gewesen, doch der Vater hat mit Religion bisher nichts am Hut. In einer evangelistischen Veranstaltung mit Billy Graham steht Papa gegen Ende des Vortrags plötzlich auf und verkündet der erschrockenen Familie „Wir gehen! ... Wir gehen nach vorne!", und er bekennt sich öffentlich zum Glauben an Jesus Christus.

Von da an verändert sich das Leben der Familie sehr. Man schließt sich einer kleinen Gemeinde an, lernt andere Christen kennen und die Kinder sind beeindruckt von der positiven Kraft, mit der der Vater nun seinen Glauben lebt. Beziehungen zu Menschen waren schon immer wichtig; nun kommt die Beziehung zu Gott mit ins Spiel.

Schon bald beginnen Mark und sein jüngerer Bruder sich ehrenamtlich in der Kirche zu engagieren. Als er 14 ist, gründen sie eine Jungschargruppe für Kinder. Später leiten sie den Teenkreis. Über Jahre nehmen sie an einem Sommercamp teil und am Ende gehören sie zum Leitungsteam.

Das Telefon klingelt und unterbricht das Interview. „Hallo? ... ja, sorry, ich hatte noch keine Zeit, zurückzurufen ... ja, ich hab Zeit ... wo? ... bei dem Bäcker an der Ecke ... okay, 14.30 Uhr, cool, bis dann." Ein Beziehungsmensch eben, denke ich lächelnd ...

In der Jugendzeit spielen Freunde eine große Rolle in Marks Leben. Er lernt Leute aus Würzburg und eine neue Gemeinde kennen. Es bildet sich eine Clique und ein junger Mitarbeiter sieht das Potenzial dieser Jugendlichen und investiert sich in sie. Begleitet sie. Hat Zeit. Einige dieser damaligen Freundschaften bestehen bis heute. Sie haben Mark sehr geprägt.

„Braucht man Freunde, um sich selber kennenzulernen?", frage ich und weiß, dass ich diese Frage einem Sozialpädagogen stelle. Er nickt: „In meinem Job führe ich mit Jugendlichen ein soziales Kompetenztraining durch. Und der Hauptpunkt dabei ist, dass sie lernen, Freundschaften zu leben. Denn Freunde sind wie ein Spiegel. In Beziehungen erlebst du dich selbst, bekommst eine direkte Rückmeldung auf dein Verhalten. Zu erleben, dass du für andere wichtig bist und dass andere für dich wichtig sind, ist absolut zentral im Leben."

Mark selbst empfindet es als sehr wichtig, dass er damals in Würzburg Kontakte ohne seinen Bruder knüpfen konnte.

„Irgendwie ist mein Bruder immer der Angesagtere von uns beiden gewesen. Die Freunde, die ich hatte, hatte ich über meinen Bruder. Jetzt war das anders und ich merkte: Hey, ich allein bin ja auch cool." Und er lächelt über diese umwerfende Erkenntnis.

Die Dynamik, die sich dann entwickelt, hält Mark eigentlich bis heute in Atem. Aus der Clique entsteht eine Jugendgruppe, aus der Jugendgruppe ein großes Gottesdienstprojekt, das vielen Jugendlichen hilft, wieder in Kontakt mit Gott und der Kirche zu kommen. Mark ist im Leitungsteam und erlebt den Flow, der entsteht, wenn ein paar Leute ein gemeinsames Ziel verfolgen.

Er ist 22, als ein Freund ihm von einer noch verrückteren Idee erzählt. Der Pastor seiner Gemeinde hat den Traum, eine neue Kirche zu gründen. Eine Kirche für junge Leute. Eine Kirche im Kino. Mark ist sofort begeistert.

„Mir war, als hätte ich mein Leben lang auf diese Möglichkeit gewartet. Als Jugendleiter hatten wir einen Ort geschaffen, an dem Jugendliche ihre Freunde mitbringen konnten. Aber ich selbst war kein Jugendlicher mehr. Diese Kirche nun würde ein Ort werden, an dem meine eigenen Freunde einen Zugang zum Glauben finden könnten."

Im Jahr 2003 wird die CityChurch gegründet, die Kirche, in der ich heute arbeite. Mark gehört zu den tragenden Leuten des Gründungsteams und ist bis heute ein Mann, der sehr viele Leute in unserer Kirche kennt und miteinander verbindet.

> *„Das finde ich das Geniale an Kirche. Da kommen Leute zusammen, wie sie unterschiedlicher nicht sein könnten. Aber weil sie ein gemeinsames Ziel haben, stellen sie etwas Tolles miteinander auf die Beine. Das macht für mich die Faszination von Gemeinschaft aus."*

Mark ist ein Beziehungsmensch. Er investiert viel Zeit in seinen Freundeskreis und immer wieder auch in Menschen, die Hilfe brauchen. Seine WG hat schon einige Male Menschen aufgenommen, die übergangsweise ein Zuhause brauchten. Vor einigen Jahren boten sie einem jungen Mann ein Zimmer an, von dem vorher niemand geahnt hatte, dass er Job und Wohnung nur erfunden hatte und stattdessen unter der Brücke schlief. Diese Scheinexistenz hatte funktioniert, bis er im Knast landete. Mark und seine Mitbewohner nahmen ihn auf, bis er sein Leben auf der Reihe hatte. Heute hat er Frau und Kind und Mark sagt: *„Ich glaube, dass Gemeinschaft Leben verändern kann."*

Ich bin froh, Mark interviewt zu haben, denn sein Leben zeigt, welche Bedeutung den Beziehungen in unserem Leben zukommt: der Beziehung zu anderen Menschen, der Beziehung zu Gott und der Beziehung zu uns selbst.

> *„Würdest du auch einen kritischen Gedanken in das Kapitel rein nehmen?", fragt er. Ich nicke. „Was ich in letzter Zeit leider auch merke, ist dies: Ich habe zu oft das Leben anderer geteilt und zu wenig an mein eigenes gedacht. Ich habe oft den Schmerz anderer gespürt, doch den eigenen darüber ganz vergessen. Wenn du das Gleichgewicht nicht hältst zwischen den Beziehungen zu anderen und der Beziehung zu dir selbst, ist die Gefahr groß, dass du dich selbst verlierst. Ich werde da in Zukunft an einer besseren Balance arbeiten müssen!*

Und damit liefert er mir die Steilvorlage für das, was das LebensMuster der Triangel sagen will.

LebensWelt

Dieses Buch soll dem Leser helfen, sein Leben in Form zu bringen. Das ist eine ziemliche Anmaßung. Trotzdem werde ich auf den folgenden Seiten selbstbewusst mit so bedeutungsschweren Begriffen wie *Charakter*, *Reife* oder *Persönlichkeit* um mich werfen.

Und immer wieder das große Wort *Leben*.

*Lebens*Muster.

*Lebens*Bild.

*Lebens*Welt.

Ich ahne es jetzt schon: Ich werde mich während dem Schreiben mehr als einmal fragen, ob diese Thematik nicht eine Nummer zu groß für mich ist, und vielleicht wirst du während des Lesens ab und zu denken, dass ich damit recht haben könnte. Immerhin: wir denken hier über nichts weniger als das Geheimnis des Lebens nach! Doch ich finde: diesem kommt man zweifellos schon sehr nahe, wenn man über *Beziehungen* nachdenkt.

Beziehungen.

Der Mensch ist ein soziales Wesen. Die meisten von uns mutmaßen, dass der Sinn des Lebens irgendwie mit dem zu tun hat, was zwischen uns passiert. Anders gesagt: der Sinn des Lebens hat mit Liebe zu tun.

Nach nichts sehnen wir uns mehr.

Nichts macht glücklicher. Nichts hinterlässt eine grausamere Lücke, wenn es fehlt.

Liebe. Beziehungen. *Seufz*.

Der christliche Glaube – wir werden im nächsten Abschnitt auf ihn zu sprechen kommen – scheint das zu bestätigen. Als Jesus einmal nach dem Geheimnis des Lebens gefragt wird, sagt er (nach einer kurzen Kunstpause, wie ich vermute):

Es ist die Liebe. Liebe Gott, liebe deine Mitmenschen, so wie du dich selbst liebst! Damit tust du alles, worauf es im Leben ankommt.[2]

Dieses erste Kapitel und damit das erste LebensMuster ist also ein sehr grundlegendes. Es steht eigentlich nicht mit den noch folgenden acht Kapiteln in einer Reihe, sondern es ist so etwas wie das Fundament des Buches. Jedes der LebensMuster, so unterschiedlich sie scheinen mögen, hat letztlich dieses zum Ziel: gesundes Menschsein. Und ein gesunder Mensch ist einer, der liebt und sich geliebt weiß, oder nicht?

Jedenfalls – wenn ich in meine LebensWelt schaue, dann ist unverkennbar, dass Liebe *das* große Thema ist. Ich merke das schon daran, dass mein Schreibfluss mit jeder Zeile zähfließender wird.

Was du

in zehn Sekunden liest

kostet mich hier

eine halbe Stunde!

Warum? Weil das Thema *Beziehungen* so bedeutsam ist, dass mir jeder meiner Gedanken billig und oberflächlich vorkommt. Was soll man sagen über ein Thema, über das derart viel geschrieben und philosophiert, komponiert und gesungen, gegrübelt und gestümpert wurde? Na ja, zumindest dieses eine:

Nichts ist wichtiger auf diesem Planeten als die Liebe.

Aber sie gestaltet sich schwieriger als gedacht.

Was die menschliche Spezies wirklich bewegt, kommt in ihren Geschichten zum Ausdruck. Und siehe da – Überraschung! –, fast jede Geschichte, ob am Lagerfeuer erzählt, in Liedern getextet oder als Drehbuch verfilmt, handelt von menschlichen Beziehungen bzw. dem Scheitern derselben. Streich das Thema Liebe aus der Kunst, und du hast nicht mehr viel zu lesen, die Kinos werden geschlossen und deine CD-Sammlung schrumpft auf Helge Schneider und ein paar Metal-Scheiben zusammen.

---

2   Siehe Markus 12,28–34 u. ö.

Es ist offensichtlich: In der Liebe scheint die Menschheit die Antwort auf alle Fragen des Daseins zu vermuten. Und das, obwohl wir feststellen, dass es bei der praktischen Umsetzung dieser Erkenntnis einige Schwierigkeiten gibt.

In Sachen Beziehung liegen Höhenflug und Fall verstörend dicht beieinander. Bei einer Trauung ergreift uns die Romantik der Tatsache, dass hier zwei Menschen das Glück ihres Lebens gefunden haben. Doch schon beim Abendprogramm lachen wir über die beißenden Witze, die über das Joch der Ehe kursieren, und nicken wissend, wenn Woody Allen anmerkt, dass die Ehe der Versuch ist, gemeinsam Probleme zu lösen, die man alleine nicht gehabt hätte.

Nichts ist so hartnäckig mit Hoffnung und Sehnsucht aufgeladen wie die Liebe.

Und nichts scheitert mit so bedauerlicher Regelmäßigkeit wie menschliche Beziehungen.

Paulus sagt, die Liebe sei ewig. Ich hoffe, er hat einen Moment nachgedacht, bevor er diesen Satz schrieb. Denn ... wer glaubt das heute noch?

Vor einiger Zeit lag die Zeitschrift *Brigitte* auf unserem Esstisch. Warum auch immer. Wir haben kein Abo! Jedenfalls – ich las darin einen Artikel mit dem Titel „Hauptsache nicht allein?" Die Autorin ließ sich über die vielen unglücklichen Ehen aus, die aufrechterhalten werden, weil Menschen zu feige sind, der Wahrheit ins Auge zu schauen und sich zu trennen, wenn die Liebe erloschen ist. In der Regel nach fünf Jahren sei es nötig, das Glück in einer neuen Beziehung zu suchen. Es sei die Utopie von lebenslanger Liebe, die verhindere, dass wir glücklich werden.

Der Artikel war brillant geschrieben, schnippisch, witzig ... und so furchtbar desillusioniert. *„Ich halte viel davon, an die ewige Liebe zu glauben"*, schrieb sie. *„Wenn's sein muss, immer wieder."*

Sollte sie Recht haben, ist die menschliche Sehnsucht nach Liebe dann die Sehnsucht nach etwas, was es nicht gibt?

Sie gestaltet sich wohl schwieriger als gedacht, die Liebe.

Und doch ist nichts wichtiger auf diesem Planeten.

Das ist nicht nur bei der sogenannten „romantischen" Liebe so. Das betrifft unsere Beziehungen grundsätzlich.

Beziehungen bilden die Dimensionen, in denen sich unser gesamtes Leben abspielt, in denen sich unsere Identität formt oder verloren geht, in denen wir Sinn finden oder ihn schmerzlich vermissen, in denen wir Heilung erleben oder tiefe Verwundungen davontragen.

Der Mensch ist ein soziales Wesen.

Ich bin zum Beispiel immer wieder verblüfft, wie viele Erwachsene, obwohl schon 40 Jahre alt, noch von Selbstzweifeln geplagt sind, nur weil sie sich mit vier oder vierzehn nicht geliebt fühlten. Manchmal bilde ich mir ein: Es geht allen so!

Immer wieder bin ich erstaunt, welche Lebenskraft anerkennende Worte in ein trauriges Menschenherz hauchen können. Mach einem Menschen ein Kompliment und du hast ihm den Tag und manchmal das Leben gerettet. Erstaunlich ist aber auch, welch selbstzerstörerische Unternehmungen Leute auf der anderen Seite in Kauf nehmen, um von der Welt geliebt zu werden und Applaus zu bekommen.

Und immer wieder kapiere ich neu: Wir Menschen wissen erst im Zusammenleben mit anderen, wer wir selber sind. Allein sein bringt uns auf Dauer um. Sollte ich – durch eine unselige Verkettung von Ereignissen – jemals in Einzelhaft kommen, werde ich wohl verstehen, warum diese Art der Unterbringung eine *Strafverschärfung* und keine Bevorzugung ist.

Der Mensch ist ein soziales Wesen.

Beinahe alles, was das Leben ausmacht, lässt sich in den Dimensionen von Beziehungen beschreiben. Partnerschaft und Familie sowieso. Aber auch Karriere und Arbeit haben ohne Beziehungen keinen tragenden Wert an sich. Wäre ich allein auf der Welt, hätte ich wenig Lust, ein Buch zu schreiben, ein Elektrokabel zu verlegen oder mein Haus zu streichen. Es gäbe niemanden, *für den* ich das tun könnte, und damit wäre es nahezu sinnlos. Und meine Freizeit? Welchen Spaß bringt ein Tennisschläger, wenn man allein ist, oder eine Briefmarkensammlung, wenn man sie niemandem zeigen kann?

Sogar die großen drei, die laut Volksmund die Welt regieren – Sex, Macht und Geld; die großen drei, die die zentralen Triebfedern des Lebens zu sein scheinen – sie würden in Vergessenheit geraten. Denn alle drei beziehen sich auf andere Menschen. Ja, auch das Geld.

Beziehungen, alles dreht sich um Beziehungen.

Nichts ist wichtiger.

Doch die Sache ist schwierig.

Wir sind zum Glück nicht allein auf diesem Planeten, doch wir Menschen kommen unterm Strich nicht gut miteinander klar. Besser gesagt, es läuft miserabel! Und wir alle wissen das.

Würde das mit der Liebe nur halbwegs zufriedenstellend laufen, wir würden diese Welt nicht wiedererkennen. Neun von zehn Psychotherapeuten müssten ihre Praxis schließen, Scheidungsanwälte würden umschulen, die Polizei würde nur noch den Verkehr regeln und im Geschichtsunterricht würden die Schüler verständnislos den Kopf schütteln, wenn man ihnen erzählte, dass es Zeiten gab, in denen Kriege die Welt zerrütteten.

Leider ist es nicht so – im Gegenteil.

Und selbst dann, wenn wir auf eine der Ausnahmen stoßen, oder gar selbst eine sind; selbst dann, wenn du auf 50 glückliche Ehejahre zurückschauen kannst; selbst dann, wenn du weißt, was das Wort Freundschaft wirklich bedeutet, weil du Freunde hast, die für dich durchs Feuer gehen würden und du für sie; selbst dann, wenn deine Kinder mit 40 sehr genau wissen, dass sie mit vier und mit vierzehn geliebt wurden – selbst dann haben Beziehungen und Liebe einen letzten Feind.

Der Tod ist das Ende aller Beziehungen.

Und das bloße Wissen um seine Existenz reicht aus, um uns in Momenten des gemeinsamen Glücks die Gewissheit in die Seele zu brennen, dass wir am Ende doch

ganz

allein sind.

Seltsam, im Nebel zu wandern!
Einsam ist jeder Busch und Stein,
Kein Baum sieht den andern,
Jeder ist allein.

Voll Freunden war mir die Welt,
Als noch mein Leben licht war;
Nun, da der Nebel fällt,
Ist keiner mehr sichtbar.

Wahrlich, keiner ist weise,
Der nicht das Dunkel kennt,
Das unentrinnbar und leise
Von allen ihn trennt.

Seltsam, im Nebel zu wandern!
Leben ist Einsamsein.
Kein Mensch kennt den andern,
Jeder ist allein.

Hermann Hesse

Ja, wer hätte gedacht, dass dieses Buch so traurig macht?

Bin selbst etwas überrascht.

LebensDimensionen

So trübsinnig der letzte Abschnitt endete, so hoffnungsvoll beginnt der neue. Denn über diesen vom Nebel verdunkelten Planeten lief ein Mann, der die Zerrissenheit unserer LebensWelt deutlich vor Augen hatte und dennoch an Beziehungen glaubte.

Jesus.

Viele Male werden wir in diesem Buch den Blick von unserer Lebens-Welt auf diesen Menschen richten und danach fragen, ob in *seinem* Leben Antworten auf *unsere* Fragen stecken und ob es Muster gibt, die man bei ihm erkennen und auf das eigene Leben übertragen könnte.

So auch bei dieser sehr grundlegenden Frage, der Frage nach dem Sinn überhaupt. Ein Zeitgenosse stellt sie ihm – ich erwähnte es bereits. *Meister, welches ist das wichtigste Gebot im Gesetz?* – was in den Begrifflichkeiten eines frommen Juden zur damaligen Zeit nichts anderes als die Frage nach dem ist, was diesem Leben wirklich Sinn verleiht. Jesu Antwort:

> *Du sollst den Herrn, deinen Gott, lieben von ganzem Herzen, mit ganzer Hingabe und mit deinem ganzen Verstand! Dies ist das größte und wichtigste Gebot. Ein zweites ist ebenso wichtig: Liebe deine Mitmenschen wie dich selbst! Mit diesen beiden Geboten ist alles gesagt, was das Gesetz und die Propheten fordern.*[3]

Der Sinn des Lebens liegt in Beziehung. Am Tag deines Todes wird nur eines von Bedeutung sein: Ob du geliebt hast.

Gott.

Die anderen.

Wie dich selbst.

Die Worte dieses Mannes (und seine Taten!) haben Menschen bis heute veranlasst, das Leben und die Welt unter neuen Vorzeichen zu sehen. Die ersten Christen nahmen ernst, was Jesus über die Liebe sagte, und begannen, in Gott selbst den Ursprung vollendeter Liebe zu erkennen. Sie sagten, dass Gott *in sich selbst* Beziehung sei. Er sei *einer*, sagten sie … und doch *drei*, sagten sie … und doch nur *einer* – und waren sich dabei des Paradoxons dieser Aussagen sehr wohl bewusst.

Vater. Sohn. Heiliger Geist.

Der Ursprung des Universums ist Beziehung.

Eins plus eins plus eins ist eins[4].

Dreieinigkeit.

---

3   Matthäus 22,37–40.

4   Diese Formulierung göttlicher Mathematik fand ich bei Dr. Gilbert Bilezikian in *Gemeinschaft*, Projektion J, 1999.

Und nun entdeckten die ersten Christen dieses Geheimnis des Lebens in den uralten Schriften des Judentums wieder. Wie im Buch Genesis der Mensch als Gottes Abbild den Garten Eden betritt und diese göttliche Einheit widerspiegelt: Er ist eins mit Gott und der Welt und seinesgleichen. Wie die Beziehung zu Gott zerbricht und als Folge die Beziehung untereinander vor die Hunde geht. Und wie seither ein tiefer Riss die Weltgeschichte durchzieht, den jeder von uns täglich spürt.

Sie fanden im Alten Testament die dramatische Geschichte eines Gottes vor, der gewillt ist, Beziehung wiederherzustellen. Mit einem einzelnen Menschen zunächst: Abraham – und dann einem Volk, das aus diesem Menschen hervorgeht: Israel. Humane Gesetze sollen das Zusammenleben der Menschen regeln, ein Opferkult den Kontakt zu Gott ermöglichen.

Und immer schwingt der Traum in dieser mehr schlecht als recht funktionierenden Gemeinschaft von Menschen mit, dass es eines Tages wieder so sein wird wie am Anfang. Dass eines Tages die Welt in Ordnung kommen wird. Völlig! Dass sich eines Tages Gott und Mensch wieder im Garten treffen werden. Dass eines Tages einer kommen wird mit dem Himmel im Gepäck.

Der Retter. Der Messias.

Die Juden nannten diesen Traum *Schalom* und erinnern sich noch heute bei jeder Begrüßung an diesen Traum, auch wenn ihn heute sicher die meisten für zu-schön-um-wahr-zu-sein halten.

Die Christen allerdings erkannten: Diese Zukunftsvision ist angebrochen! Der Messias war da. Er hatte von Schalom geredet, vom „Himmelreich". Und dass es *nah* sei, hat er gesagt.

Und er hat Schalom gelebt. Mit jeder Faser seines Seins hat er Menschen geliebt. Gott geliebt. Und beide miteinander in Verbindung gebracht. Mehr noch: er war es selbst!

Gott. Einer von uns.

Jesus war Gott, sagten sie. „Wir haben Gott erlebt, dabei, Beziehungen wieder aufzurichten."

Schaut man sich das Leben Jesu an, entdeckt man in der Tat, dass sich sein Wirken vor allem um Beziehungen dreht. Zum einen lebt er in einem ständigen und so intensiven Kontakt mit Gott, dass viele, die ihn reden hören, sagen, seine Worte seien Gottes Worte. Wenn er handle, handle Gott, sagen sie. Und in der Tat ist das, was im Umkreis Jesu geschieht, einigermaßen verblüffend. Menschen werden gesund, Menschen werden satt, Menschen werden lebendig – es ist wie im Himmel.

Zum anderen investiert er die meiste Zeit des Tages in die Formung einer kleinen Gemeinschaft gewöhnlicher Menschen. Er liebt das WG-Leben. Mark und Jesus hätten sich wohl ein paar wunderbare Insider-Geschichten zu erzählen. Er hält es aus irgendeinem Grund für sinnvoll, zwölf jungen Männern zu zeigen, wie man das macht: den Mitmenschen lieben wie sich selbst.

Und zum dritten ist er ständig unterwegs zu denen, die ihn nicht kennen und Schalom doch so dringend brauchen. Er hat eine *Mission*. Er sucht die von Gott getrennten, die Ungeliebten und vom lieblosen Leben Zermürbten.

Er hat den Himmel im Gepäck.

In den drei Jahren seines Lebens, die wir heute durch die Evangelien überblicken, geht es immer und immer wieder um Beziehung.

Das sind die Dimensionen, in denen er lebt, atmet und schwitzt:

Die Beziehung nach oben – zu Gott.

Die Beziehung nach innen – zu seinen Jüngern.

Die Beziehung nach außen – zu allen anderen.

Man muss sagen, er vernachlässigt dafür beherzt ein paar Dinge, die Männern in seinem Alter für gewöhnlich wichtig sind.

Er baut kein Haus.

Er pflanzt keinen Baum.

Er zeugt keinen Sohn.

Hey, *mir* hat man gesagt, diese Dinge seien bedeutsam! Über den Baum können wir meinetwegen reden, aber …

Jesu Leben hingegen predigt: Fokussiere dich auf Beziehungen! Und dann geht er sogar noch einen bedeutsamen und lebensgefährlichen Schritt weiter ...

Nur mal angenommen, sein Lebenskonzept scheint dir irgendwie sinnvoll. Möglicherweise betrachtest du die Lehre des christlichen Glaubens noch aus einer gewissen Distanz – aber wie Jesus zu leben verstand, fasziniert dich. Es scheint dir tatsächlich der bessere Weg zu sein, zu vergeben statt zurückzuschlagen. Es scheint dir der bessere Weg zu sein, Brücken zu bauen statt Mauern aufzurichten. Es scheint dir der bessere Weg zu sein, an andere zu denken statt nur an sich selbst. Selbstlosigkeit, Freundlichkeit, Geduld, Hilfsbereitschaft, Gnade, Friedfertigkeit – all das scheint dir wirklich der einzige Weg zu einer besseren Welt zu sein. Dann stellen sich immer noch zwei Fragen:

Was mache ich, wenn ich nicht Jesus heiße?

Und was ist mit dem Tod?

Denn zweifellos hat Jesus die Sache mit den Beziehungen vorbildlich hinbekommen. Aber wenn ich das nachmachen soll, muss ich sagen, dass ich wenig Hoffnung habe, dass es mir auch nur halb so gut gelingen wird. Tolles Vorbild! Wirklich. Aber ich werde das nicht schaffen.

Und selbst wenn. Eines traurigen Tages werden alle noch so starken Bänder zwischen mir und anderen zerreißen. Je besser sie waren, desto größer wird der Schmerz sein. Widerlegt der todsichere Ausgang aller Geschichten auf dem Friedhof nicht letztlich die Behauptung, wir könnten wirklich für Beziehungen geschaffen sein?

Deshalb geht Jesus noch einen Schritt weiter.

Er stirbt.

An einem Kreuz.

Und das letzte, was er fühlt, ist der hässliche Riss, der seit Menschengedenken die menschliche Seele zerreißt. Einer seiner letzten Sätze ist ein verzweifelter Schrei. *Mein Gott, mein Gott. Warum hast du mich verlassen?*[5]

Man könnte in diesem Schrei das tragische Schicksal eines Mannes erkennen, der bis zum Ende reinste Ideale und einen unerschütterlichen Glauben an einen großen Traum hat – und doch scheitert.

Die ersten Christen hingegen sahen in Jesu Tod etwas ganz anderes. Sie sahen im Kreuz die Tür, die es mittelmäßig liebevollen Menschen wie dir und mir möglich macht, Schalom zu leben. Erneuerte Beziehungen zu Gott und zu Menschen.

Sie erkannten im Kreuz die Wende der Weltgeschichte, weil hier kein vorbildlicher Mensch gestorben war, sondern Gott selbst, so sagten sie. Und weil er damit gezeigt hatte, wie weit Gottes Liebe zu uns Menschen geht – bis zum äußersten nämlich. Bis zur völligen Selbstaufgabe. Und weil Jesus nach drei Tagen auferstand und somit am Kreuz die Liebe wirklich – unglaublicherweise! – über den Tod gesiegt hatte.

Die Liebe

über

den Tod

gesiegt hatte.

Sie verstanden: Gott kam wirklich auf unsere Seite des Risses. Und ermöglicht jenseits von Eden ein Leben in Verbindung mit ihm. Und wenn die Trennung von Gott der Beginn der Zerstörung menschlicher Beziehungen war, dann ist die wiederhergestellte Beziehung zu Gott der Beginn heilender Beziehungen zwischen Menschen. Und das … das wäre dann der Anbruch des Reiches Gottes! Der Beginn des Himmels auf Erden. Jesus hatte ihn wirklich im Gepäck.

So wurde das Kreuz zum Schlüsselsymbol für die Hoffnung, dass am Ende alles Sinn machen wird und es sich tatsächlich lohnt, an die Liebe zu glauben.

Liebe ist tatsächlich ewig.

---

5   Markus 15,34.

Gottes Liebe!

Allerdings ist es eine andere Art Liebe als die, die wir gewohnt sind. Was wir heute Liebe nennen, hätten die alten Griechen *Eros* genannt. Das klingt nicht zufällig nach Erotik, aber es ist mehr als das. Eros ist jede Art von Liebe, die vom Objekt der Liebe ausgelöst wird. Das ist der Fall, wenn man sich *ver*liebt. Aber auch, wenn ein Kind mit seinem Lächeln unser Herz gewinnt, dich der Anblick einer grandiosen Landschaft überwältigt oder Musik dich verzaubert.

Eros ist die Liebe, die liebt, weil etwas oder jemand so ist, dass es Liebe in uns auslöst. Eros ist eine Reaktion.

Die Griechen haben Eros die *emporsteigende* Liebe genannt. Etwas fasziniert uns, wir schauen auf, wir fühlen uns angezogen, wir wollen es haben, wir brauchen es – wir lieben es.

Oder sie.

Oder ihn.

Klar ist: ewigen Eros gibt es nicht. Spätestens wenn der Traummann 105 ist, verkalkt und mit seinem Nachttopf nach dir wirft, ist Eros Geschichte. Eher schon früher.

Ewige Liebe allerdings ist anders. Die Griechen nannten sie *Agape*, die *herabsteigende* Liebe. Diese Liebe gilt jemandem oder etwas, das nicht zwangsläufig liebenswert ist. Agape beugt sich herunter und indem sie liebt, erhebt sie das Objekt der Liebe. Diese Liebe ist nicht Reaktion, sondern Aktion.

Eros liebt, weil etwas wertvoll ist. Agape verleiht Wert, weil sie liebt.

Was selten sehr romantisch ist.

Was sogar an einem Kreuz enden kann.

Die herabsteigende Liebe ist die, die die ersten Christen in Jesus erkannten. Eine Liebe, die nicht vorhat, glücklich zu werden, sondern zu leiden. Die sich herunterbeugt. Bis ganz, ganz unten. Und die uns Menschen dadurch ungeahnten Wert verleiht.

Die ersten Christen wussten: Diese Art Liebe ist nicht menschlich. Sie liegt uns nicht im Blut. Sie wird schmerzlich vermisst auf diesem

Planeten, weil nämlich *Gott* diese Liebe ist und diese Welt keine Verbindung mehr zu ihm hatte.

Bis jetzt. Bis Jesus. Jetzt ist sie da.

Und sie begannen, an sie zu glauben, die ewige Liebe. Und sie zu leben.

Und das war der Beginn der Kirche.

Sie entstand, weil die kleine von Jesus gegründete Gemeinschaft sich multiplizierte und fortführte, was er begonnen hatte. Zu leben und zu lieben wie er. Man traf sich wöchentlich im Tempel, feierte Gott und half einander, Gott zu lieben *von ganzem Herzen, mit ganzer Hingabe und mit ganzem Verstand.* Man saß täglich in den Häusern beim Essen zusammen, teilte das alltägliche Leben und übte sich darin, der entstandenen Gemeinschaft eine reale Form zu geben. Und man trug die Liebe Gottes zu denen in der Gesellschaft, die sie am nötigsten hatten. Den Alleingelassenen. Denen in Not. Um *die Nächsten zu lieben wie sich selbst.*

Man lebte die drei Dimensionen der Liebe, um die es in diesem Kapitel geht.

Natürlich war die Kirche nie der Himmel auf Erden. Man musste blind sein, um ihre Fehlerhaftigkeit zu übersehen – damals schon. Aber sie war ein Anfang. Eine Gemeinschaft, in der man eine Ahnung bekommen konnte, wie geheilte Beziehungen aussehen. Ein Projekt, das Hoffnung machte, dass eines Tages Schalom Realität werden wird. Eine Bewegung, die an die Kraft der Liebe glaubte und daran, dass Gott ihr Ursprung ist.

Einer der Schüler Jesu – im Zwölferteam war er immer der Jüngste gewesen – schrieb als uralter Mann an seine Kirche:

> *Meine Freunde, wir wollen einander lieben, denn die Liebe hat ihren Ursprung in Gott, und wer liebt, ist aus Gott geboren und kennt Gott. Wer nicht liebt, hat Gott nicht erkannt; denn Gott ist Liebe. Und Gottes Liebe zu uns ist daran sichtbar geworden, dass Gott seinen einzigen Sohn in die Welt gesandt hat, um uns durch ihn das Leben zu geben. Das ist das Fundament der Liebe: nicht, dass wir Gott geliebt haben, sondern dass er uns geliebt und seinen Sohn als Sühneopfer für unsere Sünden zu uns gesandt hat. Meine Freunde,*

da Gott uns so sehr geliebt hat, sind auch wir verpflichtet, einander zu lieben. Ihn selbst hat niemand je gesehen. Doch wenn wir einander lieben, lebt er in uns, und seine Liebe hat uns von Grund auf erneuert.[6]

Ich würde nicht wagen, so was zu schreiben, wenn es nicht in der Bibel stünde. Denn diese Sätze sind krass.

Gott ist Liebe.

Lieben bedeutet Gott kennen.

Liebe ist das Geheimnis des Lebens.

Ab heute lieben wir ewig.

Novalis und Paulus haben doch recht.

LebensMuster Triangel

So, das waren bisher recht *große* Gedanken. In der Einleitung habe ich jedoch versprochen, dass es um *einfache* Muster geht, die du auf dein Leben übertragen kannst.

Also, wenn die großen Gedanken zusammengefasst so lauten:

→ Der Sinn des Lebens liegt in Beziehungen.

→ Jesus Christus lebte uns vor, wie es geht.

→ Sein Auftrag an uns lautet, es genauso zu machen.

→ Am Kreuz hat er alles getan, damit wir das können: Gott lieben. Menschen lieben. Mit Liebe die Welt verändern.

Wenn das die großen Ziele sind, dann brauchen wir einen einfachen Weg, wie wir dem morgen und übermorgen und den Rest unseres Lebens näher kommen können.

---

6   1. Johannes 4,7–12.

Und dabei hilft uns das Bild der Triangel.

Es gibt wohl kein einfacheres Musikinstrument als dieses. Ein simples Metalldreieck, das gerade mal in der Lage ist, einen einzigen Ton zu erzeugen. Und es ist nicht mal ein besonders schöner – durchdringend hell und metallisch. Während eines Musikstücks hat die Triangel deshalb nur alle Schaltjahre mal ihren Einsatz. Irgendwo in den hinteren Reihen des Orchesters erhebt sich ein bisher übersehener Musiker, klopft in der richtigen Sekunde etwas verschämt auf sein Metalldreieck, verleiht damit der Melodie ein klirrendes Glanzlicht und verschwindet dann wieder in der Bedeutungslosigkeit.

Triangel spielen ist einfach. Gehäuft findet sie sich deshalb in den Utensilien eines Kindergartens. Und das Kind, das im Schulorchester die Triangel in die Hand gedrückt bekommt, weiß, wie gut es nach Einschätzung der Lehrerin um seine musikalischen Fähigkeiten bestellt ist.

Kurz: Triangel kann jeder!

Und ihre Form, ein gleichseitiges Dreieck, hilft uns, die drei Dimensionen im Blick zu behalten, um die es in unserem Leben geht.

Dabei steht jede Ecke des Dreiecks für eine Beziehungsdimension:

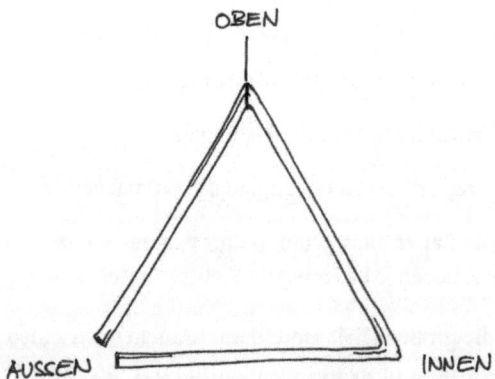

→ **OBEN** bedeutet die Beziehung nach oben – zu Gott.

→ **INNEN** steht für die Beziehung nach innen – zu den Menschen, mit denen wir unterwegs sind.

→ **AUSSEN** ist die Beziehung nach außen – zu denen, die in dieser Welt Liebe am dringendsten brauchen.

Das Geheimnis dieses LebensMusters liegt nun darin, diese drei Beziehungsdimensionen im Gleichgewicht zu halten. Es geht um die Balance. Eine Triangel hängt immer frei an einem Bändel, nicht wahr?

Beginnen wir **OBEN**, mit der Beziehung zu Gott.

OBEN

Wir sehen in Jesus einen Menschen, der aus seiner Verbindung zu Gott eine unglaubliche Kraft für den Alltag gewinnt. Er scheint ständig mit seinem Vater in Kontakt zu sein. Keine Sekunde seines Lebens durchlebt er allein – bis auf eine. Und dieser Moment, als er gottverlassen zwischen Himmel und Erde hängt und sein Leben aushaucht, ist der Augenblick, in dem Gott die Beziehung zwischen uns Menschen und dem Schöpfer wieder herstellt.

Du und ich, wir können nun mit Gott in Verbindung leben, wie Jesus es tat.

Die Beziehung nach OBEN zu leben erschöpft sich nicht in der Ausübung religiöser Rituale wie Gottesdienstbesuch oder Ähnlichem. Diese Dinge helfen, der Gottesbeziehung eine Form zu geben, aber sie ersetzen nicht die Beziehung selbst. Beziehung nach oben, wie Jesus sie verstand, ist hingegen etwas Ganzheitliches, etwas Alltägliches. Ein tatsächliches Mit-Gott-unterwegs-sein.

Es geht um eine Verbindung nach OBEN, die *ständig* besteht. Nicht nur an bestimmten Orten und bestimmten Zeiten, sondern immer.

Im Alltag ständig mit Gott in Kontakt.

Wie soll das funktionieren? Manche sagen, es sei so ähnlich wie bei einem Navigationsgerät.

Wie bei einem Navi?

Seit diese technische Errungenschaft nicht länger betuchten Oberklassefahrern vorbehalten, sondern der breiten Masse der Verkehrsteilnehmer verfügbar ist, wird es – das Navi – gerne auf die ständige Verbindung zwischen Gott und Mensch übertragen. Und das hat ja auch was. Eine höhere Macht, die mich zielsicher durch die verschlungenen Wege des Lebens navigiert. Ich habe keine Ahnung, wo ich bin, aber ich bin trotzdem auf dem direktesten Weg zum Ziel.

Ich halte diesen Vergleich für nicht sehr gelungen. Denn zumindest *mein* Navi hört mir nicht zu! Sooft ich auch eine Unterhaltung mit der freundlichen Dame beginnen will, geht sie nicht wirklich auf mich ein. Und ab und an sind ihre Anweisungen sogar grundverkehrt. Wenn ich dann falsch abgebogen bin, warte ich vergeblich auf eine Entschuldigung. Fazit: Ich habe keine Beziehung zu ihr, nein. Sie ist austauschbar. Längst gibt es bessere auf dem Markt, und ich werde ihr schon bald keine Träne nachweinen.

Ja, Gottes Stimme hilft uns, durch den Alltag zu finden. Und ja, man kann sich darin üben, sein leises Flüstern zu vernehmen. Aber Gott ist kein Navi. Er ist kein Garant für den kürzesten Weg.

Manchmal schweigt er.

Manchmal empfiehlt er lästige Umwege.

Manchmal sagt er nein, wenn man verzweifelt auf ein Ja gehofft hat.

Manchmal sagt er ja, wenn man sich schon mit einem Nein abgefunden hat.

Er ist nicht programmierbar. Er ist Gott.

Zum Glück, denn er hört zu. Wenn wir schon die Technik als Vergleich heranziehen, dann sollten wir eher die Freisprechanlage bemühen. Seit einiger Zeit sieht man immer öfter Autofahrer den Mund bewegen, obwohl sie allein im Auto sitzen. Es sieht etwas komisch aus. Aber es funktioniert. Das ist ein besseres Bild für die Beziehung nach OBEN. Es sieht aus, als ob wir allein wären. In Wirklichkeit stehen wir in Kontakt mit jemand, der uns hört. Und reden mit ihm. Hören ihm zu. Egal, was wir gerade tun.

Natürlich ist das die Idealvorstellung. Wir sind nicht Jesus. Wir sind mit den Gedanken oft hier unten und nicht da OBEN. Müssen wir ja auch. Aber wir können besser werden. Wir können lernen, unsere Standleitung in den Himmel öfter zu nutzen, aufmerksamer für das zu werden, was Gott uns sagen will.

Dieses Buch will dir unter anderem dabei helfen. In den folgenden Kapiteln wird das praktischer werden. Für den Moment geht es nur darum, zu verstehen, dass die Beziehung nach OBEN wichtig ist.

Sie nämlich zu vernachlässigen würde bedeuten, allein durch den Tag zu gehen. Viele tun das, auch Menschen, die sich Christen nennen. Ich oft genug auch.

Die Beziehung nach OBEN *völlig* auszublenden würde sogar bedeuten, nur in zwei Dimensionen zu leben. Wer nicht an die Existenz Gottes glaubt, wird sich nicht mit ihm unterhalten (obwohl es auch das gibt). Ein solches Leben ist deshalb nicht weniger sinnvoll. Menschen leben wunderbare Beziehungen, sind tolle Väter, grandiose Ehefrauen und Freunde fürs Leben. Einige opfern sich auf im Einsatz für andere, retten Leben, pflegen Kranke, riskieren sich selbstlos im Kampf gegen Hunger, Krieg und Ungerechtigkeit.

Sie versuchen zu lieben, aber sie tun es allein. Ohne Gott. Ohne die große Hoffnung, dass ihr Einsatz mit den Zielen dessen übereinstimmt, der diese Welt geschaffen hat und sie eines Tages von der Last des Bösen erlösen wird. Sie haben meinen allergrößten Respekt … doch welche Kraft könnten sie freisetzen, wenn sie wüssten, dass sie nicht allein sind?

„Ich denke, es gibt keinen Gott!", sagt jemand und bekommt die clevere Antwort: „Oh, seien sie unbesorgt, ich habe gerade noch mit ihm gesprochen."

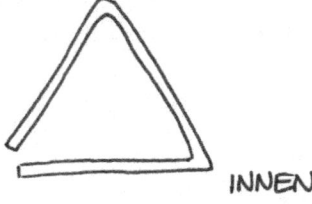

INNEN

Die zweite Dimension ist nicht weniger wichtig: **INNEN**. Denn die Beziehung zu Gott geht Hand in Hand mit der Beziehung zu Menschen. Ich zitiere nochmal den alten Johannes, aus demselben Kapitel wie vor wenigen Seiten:

„Wenn jemand behauptet: ,Ich liebe Gott', und dabei seinen Bruder oder seine Schwester hasst, dann lügt er. Wenn er seine Glaubensgeschwister, die er sieht, nicht liebt, dann kann er Gott, den er nicht sieht, erst recht nicht lieben. Gott gab uns dieses Gebot: Wer ihn liebt, muss auch seine Brüder und Schwestern lieben."[7]

Hm …, geht es mir durch den Kopf, eigentlich finde ich es sehr viel leichter, einen unsichtbaren Gott zu lieben als sichtbare Menschen. Denn die nerven manchmal gewaltig.

Doch offensichtlich kann man das eine nicht ohne das andere bekommen, und darum geht es bei dieser Ecke des Dreiecks um die Zeitgenossen, mit denen du dein Leben teilst. Deine Familie, deine Freunde, die Gemeinschaft, zu der du gehörst. „Brüder und Schwestern" nennt Johannes die, die mit dir auf dem Weg sind. Es sind die Menschen, die irgendwann mal an deinem Grab stehen werden, weil sie jemand verloren haben, der ihnen wichtig war.

Was für eine Art Mensch werden sie dann betrauern?

Jesus würde sagen: Hoffentlich einen, der sie liebte wie sich selbst.

Menschen lieben hat in diesem Fall nicht sehr viel mit Gefühlen zu tun, sondern vielmehr mit Taten. Nicht mit Eros, sondern mit Agape. Deine Kinder werden hoffentlich wissen: *Er/sie hat uns nicht geliebt, weil wir hübsch und erfolgreich, sondern weil wir seine/ihre Kinder waren.* Natürlich waren da Gefühle im Spiel. Aber sie waren nicht die Ursache der Liebe. Die Liebe war die Ursache der Gefühle.

Noch lebst du.

Deine Beziehungen nach INNEN zu pflegen bedeutet, den Menschen um dich herum Zeit und Aufmerksamkeit zu schenken, solange du noch Zeit dafür hast.

---

[7]   1. Johannes 4,20–21

Das sind sehr konkrete und alltägliche Dinge. Niemand hat etwas davon, wenn deine Liebe zwar vorhanden ist, sich aber nicht in Taten äußert. Es geht um so was wie Zeit für deinen Ehepartner, auch wenn dein beruflicher Erfolg darunter leiden sollte. Es geht um Interesse am Fußballspiel deines Sohnes, auch wenn seine Mannschaft immer verliert. Es geht um den Telefonanruf bei Freunden, das Geschenk für den Kumpel, deine Verlässlichkeit in der Gruppe von Leuten, die auf dich zählt. Haben diese Menschen Gewicht in deinem Terminkalender oder laufen sie in deiner Prioritätenliste eher unter Falls-noch-Zeit-bleibt? Die Balance zu halten und die Beziehung nach INNEN zu leben, kostet Zeit.

Viel Zeit!

Es bedeutet auch, großzügig mit Anerkennung und Komplimenten zu sein. Es ist die *herabsteigende* Liebe, die andere erhebt, das Gute entdeckt und wertschätzt. Tu es, und du wirst öfter Menschen lächeln sehen.

Es bedeutet außerdem, Menschen praktisch zu helfen. Bei ihrem Umzug mit anpacken, ihnen das Auto leihen, die Hausarbeit Korrektur lesen, ihre Kinder durchfüttern, während sie sich ein schönes Wochenende in Paris machen.

Und bei all dem wirst du auch selber gewinnen. Man wird sich auch für *dich* interessieren, *dir* das Auto anvertrauen und Zeit zum Reden haben, wenn es *dir* schlecht geht.

Da werden Leute sein, die für dich beten, wenn du es nicht mehr kannst. Leute, deren Glaube an Gott dir Zuversicht einflößt, wenn dein Mut schwindet. Leute, die deine Fragen verstehen und ab und zu sogar eine Antwort wissen.

So ungefähr sollte Kirche aussehen. Menschen, die füreinander da sind. Man kann nicht alleine glauben. Wir brauchen einander.

Möglich, dass du zu den Leuten gehörst, die mehr als kuriert sind von der Illusion, in der Kirche wäre eine heile Welt oder gar der Himmel auf Erden zu finden. Ich gehöre, solange ich denken kann, zu diesem Verein und meine Erkenntnis ist die: So sehr ich meine „Brüder und Schwestern" brauche – manchmal sind wir alle auch ein wenig … sagen wir … eigenartig. Ja, geben wir es ruhig zu – die Kirche besteht aus Menschen, die so sind, wie Menschen eben sind. Und manchmal schmerzt das. *Jeder ist normal, bis du ihn kennenlernst*, so hat John Ortberg sein Buch über Beziehungen – vor allem Beziehungen in der Gemeinde – genannt, und er hat recht.

Ein Trost mag sein, dass das schon immer so war. Die zwölf biblischen Stammväter verkauften sich gegenseitig als Sklaven, belogen ihren Vater und sorgten für Sexskandale. Die zwölf Jünger glichen eher einem Sack Flöhe als einem eingespielten Team. Die erste Kirche bekam Briefe, in denen sie sich von Paulus erklären lassen musste, dass es natürlich *nicht* in Ordnung ist, sich beim Abendmahl zu betrinken und den Armen nichts übrig zu lassen, dass man bitteschön nicht gleich vor Gericht gegeneinander ziehen solle und dass Männer Frauen ab sofort mit Respekt zu behandeln hätten.

Viele der zwischenmenschlichen Probleme rührten daher, dass in der Kirche Menschen zusammen kamen, die bisher nicht gewohnt waren, miteinander klarzukommen: Juden und Heiden, Reiche und Arme, Freie und Sklaven, Männer und Frauen.

Was ich damit sagen will: Das Geheimnis des Lebens in Beziehungen zu suchen, heißt auch: Menschen ertragen. Oft ist das die große Herausforderung in dieser Ecke der Triangel – eigenartige Menschen trotzdem lieben.

Ein Freund von mir hat eine kommunitäre Lebensgemeinschaft gegründet. Nach ein paar Jahren Erfahrung sagt er: *„Gemeinschaft leben ist alles andere als romantisch. Gemeinschaft ist Arbeit."*

Ja, Beziehung leben hat auch einen Preis. Doch er ist gerechtfertigt durch die Hoffnung, dass sich nur so immer wieder auch die Schönheit der Gemeinschaft unterschiedlichster Menschen erleben lässt, die zwar mitunter nervig sind, in denen aber dennoch die Liebe Gottes lebt. Denn *zusammen ist man weniger allein*.[8]

Die Beziehung nach INNEN zu vernachlässigen ist keine Alternative, außer du suchst nach einem Weg, fromm, aber ungenießbar zu werden,

---

8   So lautet der Titel eines sehenswerten Filmes von Claude Berri über den Zauber von Beziehungen zwischen fehlerhaften Menschen.

christlich, aber unfreundlich,

religiös, aber eigenbrötlerisch,

engagiert in Ehrenämtern, aber vermisst von Menschen,

und darum eigentlich allein.

Die Vision vom anbrechenden Schalom, die Jesus beseelte, war eine andere.

Die dritte Dimension ist die Beziehung nach AUSSEN.

Die Kirche hat einen Auftrag. Es ist unübersehbar. Glaube ist nicht nur etwas zwischen mir und Gott und denen, mit denen ich unterwegs bin. Glaube hat auch mit den anderen zu tun. Und zwar sehr!

Jesus war mit der Mission unterwegs, die Welt zu einem besseren Ort zu machen und Menschen mit der Liebe Gottes zu erreichen. Und diese Mission hat er an uns weitergegeben. Kirche ist Kirche für andere! Und um *die anderen* geht es hier.

Diese dritte Beziehungsdimension scheint mir am deutlichsten unterbelichtet zu sein, wenn ich mich so im Christentum umschaue. Logisch, denn wir vermissen sie am wenigsten – die Beziehung zu Menschen, die wir noch gar nicht kennen. Und den Fremden lieben klingt noch ein wenig anstrengender als mit dem klarzukommen, an dessen Eigenarten ich mich so langsam gewöhnt habe.

Nein, die meisten von uns vermissen die da draußen nicht.

Aber immer öfter begegne ich Menschen, die den Sinn vermissen. Den Sinn von Kirche, die sich nur um sich selbst dreht. Den Sinn von Gemeinschaft, wenn niemand dazu kommt. Den Sinn von Jesu Zukunftstraum, wenn das Reich Gottes kaum Einfluss auf den Lauf der Dinge und das Leben der Menschen außerhalb der Kirche zu haben scheint. Immer mehr Menschen spüren: Wenn die Kirche hier nicht etwas ändert, ist die Kirche nicht Kirche.

Sie nennen es „die Gesellschaftsrelevanz", die sie vermissen.

Ich werde mir hier weitere Worte sparen, denn diesem Thema ist ein ganzes Kapitel gewidmet. Es ist das achte LebensMuster, die **Tür**. Bleiben also noch ein paar Seiten Zeit – aber dann müssen wir uns über diese Sache nochmal unterhalten.

OBEN – INNEN – AUSSEN, das Geheimnis der Triangel ist, wie gesagt, die Balance. Das Dreieck muss frei im Raum pendeln, um klingen zu können. Und es ist *gleichseitig*, was auf den Klang einer Triangel, soweit ich weiß, jedoch keinen weiteren Einfluss hat – so schön das auch zu meinem Vergleich gepasst hätte.

Doch es ist wichtig, die drei Dimensionen im Gleichgewicht zu halten. Das passiert leider nicht automatisch. Man kann es bei einzelnen Menschen wie bei ganzen Kirchen beobachten: meist sind sie in der einen Ecke sehr aktiv und vernachlässigen eine andere. Jemand investiert sein Leben für andere, engagiert sich sozial und bewegt etwas „da draußen", aber gleichzeitig haben seine Kontakte nach oben Seltenheitswert. Er ist kurz davor, auszubrennen, da er seine Kräfte allein aus den eigenen Reserven mobilisiert. Jemand anderes verbringt viel Zeit mit Beten, er und Jesus sind „dicke Freunde", aber aus der Gemeinschaft mit Menschen zieht er sich zurück, echte Freundschaften hat er kaum. Ein dritter fühlt sich in der christlichen Subkultur wie ein Fisch im Wasser. Er verpasst keinen Gottesdienst und hat schon die zehnte Bibel zerlesen, aber in dieser Welt und ihrer Kultur ist er längst nicht mehr zu Hause.

Das LebensMuster der Triangel ist ein Instrument, um dir darüber klar zu werden, an welcher Stelle dein Leben nicht ausbalanciert ist. Es geht zunächst mal um eine Analyse ... noch nicht um Maßnahmen.

Also:

Wo liegt dein Schwer- bzw. Schwachpunkt?

Welcher Ecke musst du mehr Zeit und Aufmerksamkeit zuwenden, um in Balance zu kommen?

Um deine LebensDimensionen ins Gleichgewicht zu bringen, wird es nötig sein, Prioritäten zu verschieben. Darum schließe ich dieses Kapitel (wie auch alle folgenden) mit ein paar praktischen Anregungen, wie du das Muster der Triangel auf dein Leben anwenden kannst.

MusterVorschläge

1. Visualisieren I

Vor dir liegt ein großes Blatt. Oder besser: ein richtig großes. Darauf malst du ein Dreieck und schreibst OBEN, INNEN und AUSSEN an die entsprechenden Ecken. Soweit ist es leicht. Und jetzt schreib in die verschiedenen Ecken, welche Ausdrucksformen der drei Beziehungsdimensionen in deinem Leben bereits regelmäßig vorhanden sind.

Bei **OBEN** steht also vielleicht „Gottesdienst", „Gebetsspaziergang" oder der „jährliche Klosteraufenthalt". Bei **INNEN** sind es Namen von „Menschen", deine „Kleingruppe" in der Gemeinde oder ein „Team", zu dem du gehörst. Bei **AUSSEN** deine „Arbeitskollegen", dein Engagement im „Sportverein" oder einem „Sozialwerk". Einfach all das, was an Beziehungsformen in deinem Leben vorkommt und in die jeweilige Ecke gehört.

Nun schreibe mit einer anderen Farbe deine Hoffnungen und Wünsche dazu. Womit bist du nicht zufrieden? Was sollte sich ändern? Was würdest du eigentlich gerne tun (wenn du alle Zeit der Welt hättest)?

Dann nimm eine weitere Farbe und schreib Ideen dazu. Auf welche Weise könnte man etwas ändern?

Und da du nicht alle Zeit der Welt hast, entscheide dich für *eine* Sache unter den vielen, die dir die wichtigste ist. Eine Sache in *der* Ecke, die offensichtlich zu kurz kommt. Und tu etwas. Verschiebe die Priorität.

2. Visualisieren II

Tu dasselbe wie bei 1., nur mit anderen zusammen. Tauscht euch aus über eure Malereien.

3. Visualisieren III

Du nimmst dir deine Zeichnung und überlegst, ob es hilfreiche Quer-verbindungen zwischen den Ecken gibt. Vielleicht gibt es Menschen bei INNEN, die mit dir zusammen ein Projekt angehen könnten, das du unter AUSSEN notiert hast. Oder denen es wie dir ein Anliegen ist, die Beziehung nach OBEN zu stärken. Ruf sie an und überlegt gemeinsam, wie das aussehen könnte.

4. Wochenplan

Prioritäten zu verschieben funktioniert fast nie, ohne es mit einer konkreten Zeitplanung zu verbinden. Wer sich vornimmt, in Zukunft mehr Zeit mit Freunden zu verbringen, wird das nur dann tun, wenn er sich die Zeit dafür nimmt. Und die meisten von uns müssen das planen, sonst passiert es nicht.

Nimm dir zunächst Zeit, um darüber nachzudenken, welche Bezie-hungen dir (eigentlich!) wirklich wichtig sind. In welche Beziehungen (inklusive Gott) willst du im Rückblick auf dein Leben wirklich inves-tiert haben?

Und nun ordne diesen Schwerpunkten feste Zeiten in einem Wochenplan zu. Denn was dir wirklich wichtig ist, sollte Priorität in deiner Zeitplanung haben. Du willst mehr Zeit mit Gott verbringen? Okay, wann? Trag es in deinen Kalender ein – warum nicht? Mach es so mit all den Beziehungen, die dir „eigentlich" wichtig sind, für die aber nie Zeit bleibt. Wenn man sie nicht plant.

5. Das nächste Kapitel

Einige der FormVorschläge des nächsten Kapitels würden auch hier gut passen. Ich schreibe sie aber nicht zweimal auf. Lies einfach weiter, dann stößt du drauf.

6. Triangel kaufen

Kauf eine Triangel und melde dich in der Musikschule an.

Zum Schluss noch

Die Triangel kannst du nicht nur auf dein Leben als Einzelperson anwenden, sondern auch auf jede Gruppe von Menschen, die versucht, miteinander zu tun, was Jesus tat. Jede Gemeinschaft von Christen, ein Hauskreis, ein Arbeitsteam oder eine ganze Kirche sollte die drei Beziehungsdimensionen widerspiegeln. Nutzt das LebensMuster der Triangel, um gemeinsam zu reflektieren, ob und wo ihr als Gruppe Schlagseite habt.

DER WEG

2. Der Weg

Die LebensSchule

Jeden Tag, jeden Moment kannst du dein Leben ändern.
Adrian Silber in „Ein fliehendes Pferd"

Moses Pelham hat so viel aus seinen Fehlern gelernt, dass er darüber
nachdenkt, noch ein paar zu machen.
Moses Pelham via Twitter

Das zweite LebensMuster ist der Weg. Der Weg ist ein klassisches Bild für unser Leben. Unser Lebensweg führt kurvenreich von der Geburt bis zum Tod, und unterwegs geschehen eine Menge Dinge, die uns prägen und verändern. Aus Erfahrung wird man klug, sagt man, und so geht es in diesem Kapitel darum, vom Leben selbst zu lernen.

LebensBild

Der Weg, den ich durch dieses Leben bisher gegangen bin, begann 1973. Ganz schön lange her, wie ich finde.

Vor mir liegt ein großer Bogen Papier. Darauf habe ich mein Leben in Form eines mathematischen Graphs gezeichnet. Auf der x-Achse sind meine Lebensjahre eingetragen. Der Graph steigt an, wo's mir gut ging und er fällt, wo meine Tiefpunkte waren. Und er ist beschriftet mit Dutzenden von Ereignissen, Menschen und Orten. Lebensstationen, die für mich bedeutsam waren.

Ich wurde als ältester Sohn in eine Pastorenfamilie geboren, was sich schlimmer anhört, als es ist. Meine Kindheit war keineswegs von übertriebener Frömmigkeit überschattet. Unsere Eltern haben ihren drei Jungs vorgelebt, was es heißt, aus dem Glauben an Gott Kraft und Hoffnung für das Leben zu ziehen, aber sie unternahmen nie den Versuch, uns in ein konservativ-christliches Korsett zu zwängen. Dieses Kleidungsstück war im Hause Schmitter nicht vorrätig.

Ich muss zugeben, ich war wohl ein eher vorsichtiger und auch etwas schüchterner Junge. Das Leben, so schien es mir, ist ein gefährliches! Ich mochte keine Achterbahnen, zum Fahrradfahren lernen musste man mich überreden, und in der 4. Klasse konnte ich noch nicht schwimmen.

Fremden Menschen begegnete ich mit Scheu. Bevorstehende Klassenfahrten generierten in meinem kleinen Herzen große Sorgen bezüglich der ungewissen Frage, wer mein Sitznachbar im Bus sein würde. Zum Bäcker ging ich als Siebenjähriger nur unter Begleitschutz meines drei Jahre jüngeren Bruders, und ab und an graute mir vor dem unausweichlichen Fakt, dass ich – irgendwann in ferner Zukunft – zwecks Familiengründung ja wohl oder übel mal ein Mädchen würde ansprechen müssen. Ein unverantwortlich riskantes Unternehmen!

Ich weiß nicht, warum, aber aus irgendeinem Grund war ich überzeugt: Dem Leben kann man nicht ohne weiteres über den Weg trauen. Und man müsste eigentlich aus ganz anderem Holz geschnitzt sein als ich, um darin selbstbewusst und siegesgewiss auftreten zu können. Kurz: Ich war ein Feigling.

Immerhin: ein *begabter* Feigling!

Denn auch dies lehrte mich das Leben: dass andere Menschen mir mehr zutrauten als ich mir selbst. Zum einen stellte ich bald fest, dass es mir ein Leichtes war, andere Menschen zum Lachen zu bringen. Keine üble Fähigkeit in einer gefährlichen Welt. Und so tat ich es oft, wenn es sein musste, auf meine eigenen Kosten. Was mir recht bald die dankbare Rolle des Klassenclowns einbrachte. Hinter Heiterkeit lässt sich Unsicherheit wunderbar verstecken.

Zum zweiten konnte ich recht gut zeichnen. Gut malen können ist in der Schule zwar weniger bedeutsam als gut rechnen können, dafür erntet man mehr bewundernde Blicke, besonders vom weiblichen Teil der Klasse. Rechnen konnte ich außerdem auch.

Es gab noch andere Bereiche, in denen der begabte Feigling Bestätigung erfuhr. Er rannte als halbwüchsiger Knirps schon schneller auf Berggipfel als die meisten Erwachsenen und war tief beleidigt, wenn Papa eine Route als zu schwierig für ihn einstufte. Er hatte außerdem eine blühende Fantasie und dafür erntete er immer wieder … nein, eigentlich nichts. Aber Fantasie ermöglicht dem, der sie hat, immerhin unterhaltsame Tagträumereien.

Der Feigling war also ein begabter.

Doch war er außerdem – von Natur aus, möchte ich fast sagen – ein Zweifler.

Wenn ich der eigenen Lebenstüchtigkeit nicht so recht traute, so tat ich es ebenso mit den Dingen, die andere für sehr verlässlich hielten. Zum Beispiel diese Sache mit Gott. Mein Vater erinnert sich an seinen Vierjährigen, der ihm eines Tages einige gewichtige Fragen über die Existenz Gottes und des Himmels stellte. Papa antwortete geduldig, doch am Ende seiner Ausführungen konterte der Kleine mit der nüchternen Frage: „Schön und gut, aber was ist, wenn du dich irrst?" Mit vier Jahren sollte man noch nicht an dem zweifeln, was die Eltern für die Wahrheit halten, oder? Dieser Vierjährige hat bis heute überlebt, irgendwo in mir.

So geht also ein zweifelnder Feigling, der sich hier und da seiner Begabungen bewusst ist, seinen vorsichtigen Weg durchs Leben. Und der Gott, über dessen Existenz er sich nicht immer ganz sicher ist, führt ihn in Lebenssituationen, in denen er lernt und sich verändert.

Es folgt nun ein abrissartiger Überblick über den Weg Christoph Schmitters und die LebensSchule, die er auf diesem Weg durchlief.

Schon als Teenager übertragen ihm Erwachsene Verantwortung als ehrenamtlicher Mitarbeiter in einer Jugendgruppe und fördern seine Begabungen.

Lerneffekt: Es gibt ernstzunehmende Menschen, die einen Leiter in mir sehen. Also jemanden, der dem Leben durchaus gewachsen ist. Interessanter Gedanke!

Ein paar Jahre später sitzt der schüchterne Junge um Mitternacht auf dem Sofa im Wohnzimmer. Völlig durcheinander und im siebten Himmel. Vor 10 Minuten hat ihn das erste Mal ein Mädchen geküsst.

Lerneffekt: Ein „Mädchen anzusprechen", ist weniger riskant als gedacht. Warum auch immer, sie mag mich! Es gibt nicht viele Lebenserfahrungen, die man lieber macht!

Noch ein paar Jahre später wird er beim Militärdienst[1] einige Monate Krieg spielen und diese Zeit auf eine merkwürdige Weise weniger schlimm finden, als er erwartet hatte. Aus einem Bubi wird (zumindest ansatzweise) ein Mann.

Lerneffekt: Vieles, was unangenehm scheint, ist von Nahem betrachtet leichter zu überstehen als erwartet. Was dich nicht umbringt, macht dich stärker. Gut zu wissen!

Ein Jahr später trifft er die mutigste Entscheidung seines Lebens. Sie betrifft das Mädchen, das ihn damals geküsst hat. Sie lebt seit zwei Jahren 200 Kilometer entfernt von ihm. Die Fernbeziehung wird je länger je unerträglicher. Und er steht vor der Entscheidung, ein Studium an einem noch weiter entfernten Ort zu beginnen, was diese Situation für weitere fünf Jahre zementieren würde. Er ist erst 21, sie 22 und mancher schüttelt innerlich (einige auch äußerlich) den Kopf, als er sich in einem Anflug von Willensstärke entscheidet, zum einen ein anderes Studium an einem anderen Ort zu beginnen und zum anderen … seine Freundin zu heiraten. Und zwar sofort!

---

1   Da ich von Geburt Schweizer bin, diente ich bei der stolzen Armee der Eidgenossen.

Lerneffekt: Manchmal muss ein Mann tun, was ein Mann tun muss. Entscheidungen vor sich herschieben ist riskanter, als riskante Entscheidungen zu treffen. Merken!

Er beginnt ein Theologiestudium mit dem Ziel, Pastor zu werden. Natürlich mit der heimlichen Sorge, ob er diesem Job gewachsen sein wird. Die Aussicht auf die erste Predigt hängt über ihm wie ein Damoklesschwert. Doch es gelingt. Sogar recht gut. Am Ende eines siebenmonatigen Gemeindepraktikums bescheinigt man ihm seine Tauglichkeit für diesen Job. Doch es gibt auch Kritik. Sie lautet: Sei mutiger! Trau dir mehr zu! Vor allem: Mach es nicht jedem recht! Kämpfe für das, was dir wichtig ist!

Lerneffekt: Du kannst etwas, doch dafür musst du dir selbst mehr vertrauen! Bis heute hängt eine Karte über meinem Schreibtisch, die mir einer meiner Mentoren damals gab. Auf ihr steht: „Diejenigen, die sagen, etwas sei unmöglich, werden bald von denjenigen überholt, die es einfach tun." [2]

Wenig später wird die erste Tochter des jungen Paares geboren.

Lerneffekt: Das Leben meint es gut mit mir. Die Geburt der zweiten Tochter drei Jahre später bestätigt diese Feststellung.

Als Jugendpastor entwickelt er seinen Arbeitsstil und eine Vision davon, wie er sich Kirche erträumt. Hier und da beginnt er, diese Vision auch gegen Widerstand umzusetzen. In Phasen des Zweifels, wo er Lust hätte, alles hinzuschmeißen, gibt es Leute, die ihm Mut einflößen, weiter an sich zu glauben. Durch viele von ihnen hört er Gottes Stimme, die ihn auffordert, nicht aufzugeben.

Lerneffekt: Manchmal ist es Gott, der stärker an uns glaubt als wir an ihn. Ich hoffe, du weißt, was du da tust, Gott!

2004 wird ihm eine Traumstelle angeboten. Eine gerade gegründete Kirche, die vor allem junge Leute anzieht, möchte ihn als Pastor haben – die CityChurch Würzburg. In der Zeit der Entscheidungsfin-

---

2   An dieser Stelle ein „Danke" an Thomas W. aus Cuxhaven – er wird sich wohl kaum daran erinnern.

dung erlebt er mit seiner Familie, dass Gott sie ungewöhnlich klar zu diesem Schritt herausfordert und die Wege dafür ebnet.

Lerneffekt: Gott hat etwas mit dir vor und lässt dich nicht hängen. Beruhigend und beunruhigend zugleich!

In Würzburg hat er nun die alleinige Verantwortung als Pastor für eine dynamische Gemeinde, was extrem viel Spaß macht und ab und an auch ganz schön nervt. In Konfliktsituationen ist er herausgefordert, zu sich zu stehen und für das zu kämpfen, was ihm wichtig ist. Er erinnert sich an die konstruktiv-kritischen Töne nach seinem Praktikum und entscheidet sich, seinem eigenen Urteilsvermögen zu vertrauen.

Lerneffekt: Krisen sind Chancen, um sie zu überwinden und nachher stärker als vorher zu sein. Leichter gesagt als getan übrigens!

Mittlerweile ist er Mitte dreißig. Die 40 verdunkelt den Horizont. Seine Kinder werden bald Teenager sein. Das, was er später mal machen will, sollte er jetzt tun, denn später ist jetzt und er hat nicht ewig Zeit. Immer öfter denkt er mit mulmigem Gefühl über seine eigene Sterblichkeit nach. Und mehr und mehr muss er erkennen, dass er nicht alles erreichen wird, was man erreichen könnte, so sehr man sich auch anstrengt. Und dass es nötig ist, das Dringende vom wirklich Wichtigen zu unterscheiden.

Lerneffekt: Es gibt Wichtigeres als Erfolg und Anerkennung, zum Beispiel Charakter und Familie. Der zu werden, den Gott in dir sieht, und für die zu leben, die dir anvertraut sind.

So ist auf dem Lebensweg aus dem begabten Feigling ein durchschnittlich mutiger Mensch geworden, der trotz seiner Zweifel immer noch glaubt.

Das Leben hat ihn verändert, oder war es Gott?

LebensWelt

Jeder von uns hat nur dieses eine Leben. Behaupte ich jetzt mal so. Und das Ziel dieses Lebens ist, das volle Potenzial unserer Persönlichkeit zu entwickeln. Behaupte ich jetzt mal so. Du kannst dieses Ziel *Lebenserfahrung* oder auch *Charakter* nennen.

Charakter hat man nicht einfach. Charakter wird geformt. Ich erinnere an N. T. Wrights Kinderfleischwurst mit dem lachenden Gesicht. Einen Menschen mit Charakter kannst du an jeder Stelle „anschneiden", immer findest du dasselbe Gesicht. Der Grund dafür liegt jedoch nicht darin, dass dieser Mensch mit diesem Gesicht auf die Welt gekommen wäre. Der Grund liegt vielmehr darin, dass er die Ereignisse seines Lebens auf eine Weise verarbeitet hat, die ihm ermöglichte, von ihnen zu lernen und an ihnen zu reifen.

Vor soundsoviel Jahren hast du wie ich den Weg durch dein Leben begonnen. Er führte dich durch schöne Landschaften, wilde Gegenden und nicht selten auch durch Einöden und hässliche Landstriche. Wahrscheinlich sah die Kulisse, durch die dich dein Weg bisher geführt hat, völlig anders aus als die Täler und Höhen, die ich in meinen Lebensjahren durchwandert habe. Und keiner von uns beiden weiß, wie die Reise weitergeht und wie lang dieser Weg noch sein wird. Aber wir haben dasselbe Ziel: die Menschen zu werden, die wir aus Gottes Sicht sein sollen.

Wie ich hast du deine Reise mit einem gewissen Startkapital angetreten. Schon mit deiner Geburt war ein Teil deines Equipments, mit dem du deinen Lebensweg bestreiten würdest, in dir angelegt. Einiges, was dich bis heute ausmacht, hast du ungefragt von deinen Erzeugern geerbt. Deine Begabungen waren schon impliziert, dein Aussehen über die Gene festgelegt und manche deiner Eigenarten finden sich auffallend ähnlich bei deinen Vorfahren. Und auch Begrenzungen sind leider von Beginn an Teil deiner Ausstattung. Wie die Begabungen scheinen sie bisweilen ungerecht verteilt zu sein. Einige Menschen starten mit erheblichen Hypotheken auf ihren Lebensweg, die sie nicht selbst verschuldet haben.

So ist das Leben.

Was wie ein billiger Spruch klingt, ist nichts als die harte Realität. Deinen Lebensweg hast du mit Stärken und Schwächen angetreten, an denen du nicht immer etwas ändern kannst.

So – und dann waren da die ersten spannenden Meter auf deinem Weg. Du bist sie weitgehend unbewusst gegangen, aber du hast in dieser Zeit so viel über das Leben gelernt wie später nie mehr. Das war die Zeit deiner frühen Kindheit. In den Jahren, in denen du den Eindrücken der Ereignisse hilflos ausgeliefert warst, ohne die Fähigkeit, Erlebnisse zu reflektieren und dich zur Wehr zu setzen, wurde deine Persönlichkeit und deine Art, das Leben zu verstehen, geprägt.

Glückwunsch, wenn du in eine Familie hinein geboren wurdest, in der deine Eltern deiner kleinen Persönlichkeit Selbstwert und Urvertrauen einhauchten. Falls es anders war, trägst du vielleicht heute noch schwer daran.

Aus dem, was wir als Kapital in dieses Leben mitgebracht haben (Stärken und Schwächen), und dem, was das Leben uns beigebracht hat (Positives wie Negatives), formte sich unsere Persönlichkeit. Der Mensch, der ich heute bin, bin ich aufgrund meiner Gene und der Lehren, die ich auf meinem Weg aus dem gezogen habe, was mir widerfuhr.

Und wie schwer oder schön auch immer unsere Kindheit aussah – das Leben ging weiter und heute ist die Herausforderung die, unseren Weg eigenverantwortlich zu gehen. Immer noch machen wir Erfahrungen, tagtäglich. Aber heute sind wir in der Lage, bewusst mit dem, was wir erleben, umzugehen. Wir müssen die Dinge nicht mehr ungefiltert auf uns einwirken lassen. Wir sind nicht mehr der Spielball unserer Umwelt und Umstände. Aber wir sind immer noch in der Lage, zu lernen.

Erlebnisse zu reflektieren.

Entscheidungen zu treffen.

Eine andere Richtung einzuschlagen.

Jeden Tag, jede Minute, kannst du dein Leben ändern.

Erfahrung ist der beste Lehrmeister, sagt man. Aber das stimmt nur bedingt. Denn entscheidend ist, wie der Mensch die Erfahrung, die er macht, bewertet. Welche Entscheidungen er aufgrund der Erfahrung trifft. Welche Lehren er zieht.

Zwei Menschen erleben denselben Schicksalsschlag. Sie verlieren einen nahen Menschen. Der eine verwindet seinen Schmerz nie. Verliert den Glauben an Gerechtigkeit, verbittert am Ende, gibt sich auf. Der andere spürt dieselbe Verzweiflung, doch einige Jahre später ist er ein Mensch, der immer noch lachen kann und sogar an seiner traurigen Erfahrung gereift ist. Sein Charakter hat an Tiefe gewonnen.

Zwei Menschen haben einen beruflichen Erfolg zu verbuchen. Anerkennung und Aufmerksamkeit von anderen sind die Folge. Die Karriere macht einen Sprung nach oben. Der eine von beiden entwickelt daraus Dankbarkeit und Zufriedenheit mit seinem Leben, die sich in Großzügigkeit anderen gegenüber äußert. Dem anderen steigt sein Erfolg zu Kopf. Selbstüberschätzung, Arroganz und Egoismus sind Züge, die man an ihm wahrnimmt.

Zwei Menschen machen einen schlimmen Fehler. Einen, der nicht zu entschuldigen ist, der den Ruf kostet, der das Spiegelbild zu einem Fremden macht. Den einen führen Scham und Schuldgefühle in Isolation und rauben ihm die Kraft für einen Neuanfang. Der andere steht zu seinem Versagen, durchlebt eine Zeit von Reue und Läuterung und geht später wieder aufrecht durchs Leben, im Besitz großer Barmherzigkeit für Menschen, die Fehler machen.

Aus den gleichen Erfahrungen

lernen Menschen

unterschiedliche Dinge!

Ja, Erfahrung ist ein Lehrmeister, doch nur *reflektierte* Erfahrung hilft uns, einen reiferen Charakter zu entwickeln. Wir müssen lernen, unsere Erfahrungen zu deuten und die *richtigen* Lehren daraus zu ziehen.

Und Gott? Hat er mit unseren Erfahrungen zu tun? Wenn er unseren Weg begleitet, wenn er uns gar führt auf diesem Weg, ist es dann letztlich *er*, der durch unsere Erlebnisse zu uns redet?

Ich meine: ja.

In *gewisser* Weise: ja.

Ich meine nämlich nicht, dass Gott uns schlimme Dinge widerfahren lässt, nur um uns etwas beizubringen. Schicksalsschläge sind keine „Lektionen" Gottes. Jedenfalls in aller Regel nicht. Ich meine, dass Dinge passieren, weil sie eben passieren. Gute wie schlechte. Manche von ihnen haben wir sogar selbst verursacht. Manchmal hatten wir auch einfach nur Glück oder Pech.

Aber könnte es sein, dass Gott diese Geschehnisse nutzt, um zu uns zu reden? Auf Gott zu hören bedeutet, aus diesen Erlebnissen mit seiner Hilfe das zu lernen, was er uns durch sie und in ihnen lehren kann. Wenn ich damit halbwegs Recht habe, könnten wir, je länger wir auf dem Weg sind, desto mehr an Erfahrungen sammeln, durch die Gott uns lehrt und unseren Charakter formt.

Wir könnten zu *erfahrenen* Menschen heranreifen.

Das Leben wäre eine Schule.

Und jeder Tag wäre eine Chance, unsere Persönlichkeit weiterzuentwickeln.

Auf diesem Weg wird es übrigens nötig sein, einiges zu *ver*lernen. Wir haben mit Sicherheit auch ein paar falsche Lehren aus dem Leben gezogen. Ich musste einige meiner kindlichen Grundannahmen über das Leben ablegen und ich bin sicher, ich trage jetzt noch die eine oder andere Überzeugung mit mir herum, die ich (hoffentlich) später einmal als totale Fehleinschätzungen entlarven werde. Ich denke also, dass Gott unser Selbst- und Weltbild verändern will, und zwar durch das Leben selbst.

Auf diesem Weg wird es auch nötig sein, aus den eigenen Fehlern zu lernen. Einige der weniger erfreulichen Vorkommnisse auf unserem Weg gehen auf unser eigenes Konto. Ich rede nicht nur von der Art von Fehlern, die man mit „menschlichem Versagen" umschreiben könnte. Ich rede auch von Fehlern, die man handfestes und bewusstes „Fehlverhalten" nennen muss. Ach, nennen wir das Kind beim Namen: Ich rede von Schuld! Natürlich werden wir schuldig auf unserem Lebens-Weg, wie soll es anders sein? Doch ein großer Charakter ist nicht einer, der nie gefallen ist, sondern einer, der wieder aufstand, die Verantwortung für sein Handeln übernahm und daraus lernte.

Kann es sein, dass Gott uns sogar durch unser Versagen Wichtiges beibringen will?

Bevor wir an diesem Punkt weiterdenken, nehmen wir uns ein paar Zeilen Zeit, um zu überprüfen, ob sich die Vorstellung vom Leben als LebensSchule auch bei Jesus finden lässt – denn immer noch ist er das Vorbild, an dem wir uns in diesem Buch orientieren.

LebensSchule

Der Grundgedanke dieses LebensMusters ist also der: Vom Leben selbst zu lernen, ist Gottes bevorzugte didaktische Methode. Nun ist die Frage, ob sich das bei Jesus erkennen lässt.

Drei Jahre zog er mit seinen Jüngern durchs Land. Sie nannten ihn „Lehrer" und waren seine „Schüler", doch in einem Klassenzimmer saßen sie meines Wissens nie.

Jesus lehrte seine Schüler, indem er mit ihnen das Leben teilte.

LebensSchule eben.

Dinge passierten einfach, und Jesus brachte ihnen in und durch diese Erfahrungen etwas über das Leben, über Gott und das wahre Menschsein bei.

Da war zum Beispiel dieser Sturm[3]. Wirklich dumm gelaufen, ausgerechnet jetzt auf See zu sein! Als Fischerjungs wissen die Jünger um die Gefährlichkeit dieser Fallwinde am See Genezareth. Plötzlich bist du in Lebensgefahr, nur aufgrund einer einzigen fatalen Fehlentscheidung. Verdammt, sie hätten nicht rausfahren sollen! Nicht heute! Todesangst greift um sich auf dem kleinen Kahn. Panisch wecken sie ihren seelenruhig schlafenden Lehrer. Und der knipst Wind und Wellen mit einem Befehl aus wie einen schlechten Film und bringt ihnen etwas darüber bei, wie man auch bei hohem Wellengang ruhig schlafen kann. „Warum habt ihr Angst? Habt ihr immer noch kein Vertrauen?"

---

3   Lukas 8,22–25.

Nie wieder haben die Zwölf diese Frage ihres Lehrers damals auf dem Boot vergessen. Sie flüsterte ihnen Mut ein, jedes Mal, wenn später im Leben der Wellengang gefährliche Dimensionen erreichte. Petrus wird eines Tages an einen panischen Haufen verfolgter Christen schreiben: „Alle eure Sorgen werft auf ihn, denn er sorgt für euch."[4]

Da waren auch Erlebnisse, die weniger schicksalhaft über die Jünger hereinbrachen. Oft genug haben sie ihre Lektionen aus eigener Kraft herbeigeführt. Eines schönen Tages zum Beispiel stecken sie mitten in den für Männer typischen Rivalitätsspielchen.[5] Dass in einer Gruppe von Kerlen, die drei Jahre in einer Art mobiler Wohngemeinschaft zusammen leben, irgendwann mal geklärt werden muss, wer hier eigentlich die Nr. 2 direkt nach dem Chef ist, mag ordinär anmuten. Nichtsdestotrotz ist es wohl ganz normal.

Jesus nutzt diesen Wettbewerb der Alphamännchen als Gelegenheit und bringt ihnen etwas über Führungsqualitäten und wahre Größe bei. In der Nähe spielen Kinder. Er ruft eines her und sie müssen ertragen, dass Jesus ihnen vor den Augen eines vorwitzig grinsenden Lümmels eine Standpauke hält und das Kind als Vorbild vor die großen Jungs hinstellt.

Doch sie haben ihre Lektion gelernt: die von den Schülern Jesu später losgetretene Bewegung der Christenheit wird ein völlig neues Verständnis von Macht und Führungsqualität in die antike Welt hinaustragen.

Andere Lebenserfahrungen führt Jesus bewusst herbei. Zum Beispiel, als er sie zu zweit auf einen Missionstrip losschickt, um wie er – aber ohne ihn! – durchs Land zu ziehen, vom Reich Gottes zu reden, für Menschen zu beten.[6] Und als sie begeistert und mit gewaltigem Adrenalinüberschuss zurückkommen, feiert er mit ihnen das Erlebte, lobt ihre Erfolge und holt sie dabei auch gleich auf den Boden der Realität zurück.

---

4   1. Petrus 5,7.
5   Markus 9,33–37; Matthäus 18,1–5.
6   Lukas 10,1–24.

Matthäus hat das nie vergessen. Er wird später seine Jesus-Biografie mit dem sogenannten Missionsbefehl beenden.[7] Markige Sätze, die heute mancher Glaubende auswendig zitieren kann. Der Auftrag, rauszugehen und den Himmel auf die Erde zu bringen, ist ihm zum zentralen Merkmal eines Lebens mit Gott geworden.

So könnte ich Beispiel an Beispiel reihen, in denen Jesus mit seinen Jüngern auf dem Weg war und ihnen half, vom Leben zu lernen und Charakter zu entwickeln.

Da waren die Ereignisse, die einfach geschahen wie der Sturm: Auf einer Hochzeit geht der Wein aus[8] … Ein Gelähmter wird durch ein aufgebrochenes Dach heruntergelassen[9] … Ein nackter Irrer überrascht sie an einem Ort, der sowieso schon unheimlich genug ist[10] … Die geistliche Elite des Landes geht sie mit harten Vorwürfen an, wohin sie auch kommen[11] … Immer wieder bedrängen Menschenmassen Jesus mit ihrer Bitte um Hilfe und sie erleben erstaunliche Erweise der Nähe und Kraft Gottes[12] … Und am Ende ihrer gemeinsamen Zeit bricht die Verhaftung und Hinrichtung ihres Meisters über die Gruppe herein und sie müssen diesen Schock verarbeiten.

Dinge passieren einfach – und meistens sind die Jünger schlicht die Zuschauer des Geschehens und erleben, wie sich ihr Lehrer in diesen herausfordernden Situationen verhält.

Zum Zweiten sind da die Ereignisse, die Jesus als Gelegenheiten nutzt, um sie auf etwas Wichtiges aufmerksam zu machen. Er bemerkt die Spende einer armen Frau im Tempel und bringt seinen Schülern etwas über den Wert von Selbsthingabe bei[13] … Er lehrt sie über die wahre Bedeutung des Sabbats, als sie durch die Kornfelder streifen und verbotenerweise von den Ähren essen[14] … Vögel und Blumen werden

---

7   Matthäus 28,18–20.

8   Johannes 2,1–11.

9   Lukas 5,17–26.

10   Lukas 8,26–39.

11   Z. B. Matthäus 12,24.

12   Z. B. Lukas 4,40–41.

13   Markus 12,41–44.

14   Markus 2,23–28.

ihm zu Vorbildern für ein sorgloses Leben[15] … Und überhaupt packt Jesus seine Lehreinheiten vorzugsweise in kleine Alltagsgeschichten, die wir heute Gleichnisse nennen. Sein Unterricht findet mitten im Leben statt. Weil er einen Blick hat für die Dinge, die der Alltag über Gott und die Welt predigt.

Und dann sind da die Ereignisse, die Jesus nicht nur aufgreift, sondern bewusst herbeiführt wie den oben genannten Missionstrip. Eindrücklichstes und bis heute weltweit unvergessenes Beispiel ist das Abendmahl[16], ein Erlebnis, das sich über die Jünger hinaus ins Gedächtnis der Menschheit gebrannt hat. Oder der Moment am gleichen Abend, als Jesus beginnt, seinen peinlich berührten Freunden die Füße zu waschen.[17] Und wer weiß, vielleicht hat er ab und zu auch absichtlich zu lang gepredigt, um seinen Jungs im Anschluss die Gelegenheit zu geben, ohne Cateringservice 5000 Leute satt zu machen.[18]

Zwölf Männer sind drei Jahre mit dem Mensch gewordenen Gott unterwegs und sie sind nachher andere als vorher.

Jesus deutet ihre Erlebnisse,

verändert ihr Denken,

beeinflusst ihr Handeln.

Sie werden Menschen mit Charakter. Menschen, die wenige Jahre später eine Bewegung auslösen, die die gesamte damalige Welt verändern wird.

LebensMuster Weg

Angenommen, in diesem Jesus spiegelte sich das Wesen des ewigen Gottes. Angenommen, seine bevorzugte didaktische Methode, unse-

---

15   Matthäus 6,28–34.
16   Lukas 22,14–23 u. ö.
17   Johannes 13,1–20.
18   Markus 6,32–44.

ren Charakter durch unsere Erfahrungen zu formen, hätte sich nicht verändert. Angenommen, der Tag, den du heute erlebst, ist ein Tag in Gottes LebensSchule und eine Chance, Entscheidendes zu lernen.

Wenn das so ist, dann sind wir herausgefordert, diesen Tag mit wacheren Sinnen zu erleben. Dann liegt das Geheimnis der Persönlichkeitsentwicklung zu einem guten Teil darin, bewusster zu leben.

Intensiver.

Aufmerksamer.

Um dann das Erlebte zu reflektieren und darin Gottes Stimme zu bemerken, die uns etwas beibringen möchte.

Im Markusevangelium findet sich ein Satz Jesu, der auf bestechend einfache Weise beschreibt, worum es bei der LebensSchule geht. Dieser Satz fasst darüber hinaus die gesamte Botschaft Jesu zusammen:

> *„Die Zeit ist erfüllt, das Reich Gottes ist nahe. Kehrt um, und glaubt an das Evangelium."*[19]

Ich nehme an, du erkennst in diesem Satz auf den ersten Blick nichts von der LebensSchule und vom Lernen aus Erfahrungen. Aber sie steckt darin. Und wenn du sie mal erkannt hast, wird dir dieser Vers helfen, im Sinn zu behalten, um was es geht. Er wird dir helfen, heute bewusster zu leben und jeden Tag als Lern-Chance zu begreifen.

Meine Lieblingsgottheit der griechischen Mythologie ist ein eigentlich recht unbedeutender Nebendarsteller am olympischen Götterhimmel. Seine Erscheinung ist einigermaßen albern: Ein junger Mann, ständig am Rennen, und zwar auf Zehenspitzen. An den Füßen hat er Flügel, er ist schnell wie der Wind. Auffällig aber ist vor allem seine gewagte Frisur. Heute würden wir sie wohl als „Volahiku" bezeichnen: vorne lang, hinten kurz. Der Junge trägt an der Stirn eine lange Haartolle, ist dafür am Hinterkopf kahl rasiert. Warum? Damit man ihn „am Schopf" packen kann, wenn er vorbei rennt. Ist er aber erst mal vorüber, kriegst du ihn nicht mehr zu fassen.

---

19   Markus 1,15 (Einheits-Übersetzung).

Diese Gottheit trägt den Namen Kairos.

Der Kairos ist die Gottheit der günstigen Gelegenheit.

Wenn sie da ist, musst du sie ergreifen.

Der Kairos ist der Zeitpunkt, den es nicht zu verpassen gilt. Der Zeitpunkt, der bewusst erlebt werden will und der dem unaufmerksamen Zeitgenossen entgeht. Und mit ihm die Chance auf Veränderung. Denn der Kairos ist der Zeitpunkt der Entscheidungen. Jetzt gilt es, die Zeichen der Zeit zu erkennen und zu handeln. Wer zögert, leidet vielleicht an Kairophobie, der Entscheidungsangst.

„Heute ist der Tag, von dem wir später reden", textet Clueso[20] in einem melancholischen Song über die Zeit, die zu schnell vergeht. Wenn wir den Tag heute als Gelegenheit begreifen, werden wir später anders leben, weil wir heute den Kairos beim Schopf gepackt haben.

Und eben dieses Wort – Kairos – steckt in dem vorhin zitierten Satz von Jesus, und zwar an der Stelle, an der wir im Deutschen „Die Zeit ist erfüllt" lesen. Jetzt, heute, hier ist die Zeit, in der die Geschichte ihre Wende nimmt. Das ist die Botschaft Jesu. Gott kommt! Sein Reich ist ganz nah!

Ihr wartet auf ein besseres Leben? Jetzt bricht es an.

Ihr hofft verzweifelt auf Gottes Hilfe? Heute kommt sie zu euch.

Ihr glaubt, es muss sich etwas verändern? Nun denn, hier ist der Ort, an dem die Karten neu gemischt werden.

Natürlich meinte Jesus mit dem Kairos *seine* Zeit, sein Kommen in die Welt der Menschen. Und dennoch impliziert diese Aussage Jesu auch unsere Zeit, diesen Tag, heute, wann und wo immer du gerade diese Zeilen liest. Seit damals ist das Reich Gottes nah. Seit damals ist jeder Tag ein Tag des Kairos, an dem sich alles ändern kann.

Das LebensMuster „Der Weg" sagt: Dinge geschehen. Täglich. Lerne, den Kairos darin zu sehen! Nicht nur das Ereignis, sondern die Gele-

---

20 Songwriter, mit bürgerlichem Namen Thomas Hübner. Clueso klingt eindeutig medienwirksamer.

genheit. Die Gelegenheit, etwas fürs Leben zu lernen. Dich weiterzuentwickeln. Heute ist der Tag, an dem etwas vom Reich Gottes in
deinem Leben real werden kann. Jesus erkannte die Gelegenheiten in
den Dingen, die geschehen. Gelegenheiten, zu lernen.

Ein Sturm – die Gelegenheit.

Ein Streit – die Gelegenheit.

Jünger, die voller Tatendrang sind – die Gelegenheit.

Das Leben wird zur LebensSchule, wenn du beginnst, die Ereignisse
des Tages als Gelegenheiten zu erkennen. Einer der schlimmsten Irr-
tümer ist, zu glauben, im Wesentlichen würde das Leben immer so
weitergehen wie bisher. Wir leben zu oft mit der (meist unbewussten)
Einstellung, wir könnten ja doch nicht viel ändern. Als wären wir und
die Menschen, mit denen wir leben, festgelegt auf die Rollen, die sie
und wir spielen. Aus dieser Lethargie versuchte Jesus die Menschen
damals und uns heute herauszureißen.

„Kehrt um!", sagt er ihnen.

Wieder ist das griechische Wort wichtig, das hier im Grundtext steht.
Es lautet Metanoia. Wo wir das Wort „umkehren" lesen (bei Luther
„Buße tun") und mit diesem Begriff ganz bestimmte Vorgänge asso-
ziieren, spricht Jesus eigentlich davon, dass wir „umdenken", unseren
„Sinn ändern" sollen. Wortwörtlich könnte man es sogar mit „nachher
(meta) erkennen (noeo)" übersetzen.

Hier geht es um mehr als nur um die Änderung einer Verhaltensweise.

Hier geht es um die Veränderung einer Gesinnung.

Hier geht es um die Entwicklung von Charakter.

„Werdet andere Menschen!", so könnte man Jesus hier auch übersetzen.

Verlassen wir Jesus und seine Aussage für einen Moment und wenden
uns der modernen Hirnforschung zu. Denn diese kann uns helfen, zu
verstehen, auf welche Weise Ereignisse, die wir bewusst erleben, und
Entscheidungen, die wir bewusst treffen, unser Wesen verändern. Und
das viel direkter, als man meinen sollte. Jedes Erlebnis, jede Entschei-

dung, jede Tat – so die Neurowissenschaft – hinterlässt in unserem Gehirn elektromagnetische Spuren, die zu einer Veränderung unseres Denkapparates führen. Und zwar im tatsächlich physischen Sinne. Anders gesagt, das Gehirn gleicht nicht nur einem Datenspeicher, der zu füttern ist, sondern mehr noch einem Muskel, den man trainieren kann. Nach dem Lesen dieses Buches wird dein Gehirn anders aussehen als vorher.

Dass ich mich an den ersten Kuss auch nach Jahrzehnten noch erinnere, ist nicht weiter verwunderlich. Aber dass auch manch weniger historische Moment ein Kairos ist, der in meinem Gehirn Nervenbahnen anlegt, die meine zukünftige Denkweise in ähnlichen Situationen prägen und meine Entscheidungen und Handlungen beeinflussen wird, das ist für die meisten von uns neu. N. T. Wright beschreibt es so:

> Die Neurowissenschaften stecken vergleichsweise noch in den Kinderschuhen. Doch vieles deutet bereits heute klar darauf hin, dass bedeutsame Ereignisse in deinem Leben, inklusive der bedeutsamen Entscheidungen, die du hinsichtlich deines Verhaltens triffst, neue Informationswege und -muster in deinem Gehirn erzeugen. (…) Mit anderen Worten: Während wir lernen, verschiedene Dinge auf neue Weisen miteinander zu verbinden, zeichnet unser Gehirn jene Verbindungen auf. Das Ergebnis ist der Entdeckung eines Gärtners nicht unähnlich, dass ein Beet, das schon mal umgegraben wurde, sich beim zweiten Mal leichter umgraben lässt. Wenn eine bestimmte Reihe von Assoziationen im Gehirn durch intensive Emotionen oder physische Reaktionen ausgelöst werden, seien sie angenehm oder schmerzvoll, ist es leichter, sie durch die selben Begleitumstände ein weiteres Mal hervorzurufen. Die gegenwärtige Neurowissenschaft ist also tatsächlich in der Lage, den Weg zu studieren und aufzuzeichnen, auf dem lebenslange Gewohnheiten gebildet werden.[21]

Lebenslange Gewohnheiten – ein anderes Wort für unseren Charakter. Bewusst leben, Gelegenheiten erkennen und sie beim Schopf packen, Entscheidungen treffen und umdenken bewirkt einen Lernprozess, der nicht nur psychisch, sondern auch physisch einen anderen Men-

---

21   N. T. Wright, *Glaube – und dann? Von der Transformation des Charakters*, S. 42–43.

schen aus mir macht. Vergleichbar dem Training im Fitnessstudio, das, wenn es gut geht, tatsächlich meine Figur verändert und die Muskelmasse erhöht. Aus vielen einzelnen Lernprozessen wird etwas, das in unser Wesen übergeht.

Metanoia, Umkehr – die älteren Bibelausgaben übersetzen dieses Wort mit „Buße". Dass diese Bedeutung mit obigen Ausführungen nicht vom Tisch gewischt werden darf, dazu am Ende des Kapitels mehr.

Zunächst wenden wir uns dem dritten und letzten wichtigen Begriff in Markus 1,15 zu, der uns zusammen mit den anderen beiden die LebensSchule erklärt: Der erste Begriff, der Kairos („die Zeit ist erfüllt") fordert uns auf, die Ereignisse des Lebens als Gelegenheiten zu begreifen. Der zweite Begriff, Metanoia („kehrt um") fordert uns auf, umzudenken und uns für einen neuen Weg zu entscheiden. Der dritte Begriff nun lautet pisteuo („glauben").

Mir ist bewusst, dass wir auch mit diesem Wort bestimmte Dinge assoziieren, die sicher nicht falsch sind, den gemeinten Horizont aber stärker eingrenzen, als es für das Verständnis dessen gut ist, was Jesus meinte. Wenn wir „glauben" sagen, meinen wir in der Regel das Fürwahr-Halten gewisser religiöser Aussagen. Wenn Jesus und die Menschen zur Zeit des Neuen Testaments „glauben" sagten, meinten sie „Handeln aus Vertrauen". Für wahr halten, dass man mit einem Gummiseil an den Füßen von einem Fernsehturm springen kann, ist aus Jesu Sicht noch nicht glauben. Tatsächlich springen – das ist glauben!

Jesus prägte noch einen anderen, etwas bildhafteren, Begriff für diesen Vorgang, den er hier *pisteuo* nennt. Bis heute gebraucht die Christenheit dieses andere Wort, um das gesamte Leben eines Christen zu beschreiben: Nachfolge. An Jesus zu glauben, aus dem Vertrauen auf ihn zu handeln, bedeutet ihm nachzufolgen.[22]

Auf dem eigenen Lebensweg ihm nachgehen.

Die Jünger taten es drei Jahre lang buchstäblich und entwickelten durch unzählige Erlebnisse mit Jesus einen von ihm geprägten Charakter. Der heutige Glaubende ist zu einem Leben herausgefordert,

---

22 Jesus rief seine Jünger nicht zum „Glauben", sondern zur „Nachfolge", so z. B. in Markus 1,17.

in dem er sich ebenfalls täglich von Gott die Richtung vorgeben lässt. Durch Nachfolge – so lernt man von einem Lehrer, der das reale Leben als die beste aller Schulen ansieht.

Fassen wir zusammen, was der Weg, die LebensSchule bedeutet:

→ Wir sind auf einem Weg. Dinge passieren. Einfach so oder selbst verschuldet. Wer das Leben als LebensSchule begreift, wird sich jetzt nicht einfach weiter treiben lassen.

→ Er erkennt den Kairos und hält inne.

→ Er besinnt sich. Denkt nach. Sucht nach Gottes Weisung in dieser Situation. Denkt um.

→ Und er geht in eine neue Richtung. Weil er der Stimme und dem Vorbild folgt, an die er glaubt.

Und was tut man, wenn man auf einem Weg innehält, um sich über die nächsten Schritte klar zu werden? Richtig, man setzt sich auf eine Parkbank. Also: Wir brauchen mehr Parkbänke an unserem Lebens-weg. Um über die kleineren und größeren Ereignisse reflektieren zu können, bevor wir weitergehen.

Die Parkbank ist, im Bild gesprochen, unser Ort der Entscheidung.

Stell dir vor, du sitzt auf dieser Bank.

Der Puls noch in Wallung vom gerade Erlebten. Die Gedanken noch in Aufruhr durch die Geschehnisse. Die Lungen noch um Atem ringend wegen der Anstrengung.

Nun stell dir vor, du sitzt nicht allein auf dieser Bank.

Da ist der Gott, der mit dir auf dem Weg ist, seit Jesus behauptete, dass das Himmelreich uns viel näher ist, als wir meinen. Wenn du über das, was geschehen ist, nachdenkst – mit kühlem Kopf oder derart verwirrt, dass kaum ein klarer Gedanke möglich ist – dann tu es nicht, ohne mit *ihm* darüber zu reden. Stell deine Fragen, klag deinen Schmerz, sag deine Meinung, fass deine Wut in Worte und deine Freude in Lieder – aber richte all das an den, der dir helfen kann, damit klarzukommen, zu verarbeiten, was geschah oder was du getan hast … und daraus zu lernen.

Kurz gesagt: Reflektiere deine Erlebnisse im Austausch mit Gott. Damit aus Erfahrung *gedeutete* Erfahrung wird. Denn nur reflektierte Erfahrung ist ein guter Lehrmeister.

Und noch etwas, ebenso wichtig! Mit dir auf dieser imaginären Parkbank sitzt nicht nur Gott. Da sitzen auch die Menschen, die dir nahestehen und die schon lange oder gerade jetzt im Moment mit dir auf dem Weg sind.

Bevor du deine Entscheidung triffst und weitergehst, sprich mit einem Menschen darüber, dem du ein gewisses Urteilsvermögen zutraust. Insbesondere dann, wenn deine Entscheidung in ihrer Bedeutung über den Wechsel zu einer neuen Joghurt-Sorte oder das Vorhaben, nun doch die Winterreifen aufzuziehen, hinausgeht.

Deine Erlebnisse, Entscheidungen und nächsten Schritte mit Freunden zu reflektieren, ist ein einfaches Mittel, um angemessen mit dem Geschehen umzugehen und Missinterpretationen zu vermeiden. Nicht selten wirst du in den Gedanken anderer Menschen Gottes Stimme deutlicher hören als in deinen eigenen. Kluge Freunde bewahren dich vor dem Verzweifeln genauso wie vor der Selbstüberschätzung. Sie flößen dir Mut ein, wenn du vor einem wichtigen Schritt zurückschreckst, rücken dein Selbstbild gerade, wenn du in Selbstanklagen unterzugehen drohst, und waschen dir den Kopf, wenn du blind bist für deine eigenen Macken.

Und dann stehst du auf und gehst deinen Weg. Dem hinterher, der dich herausfordert, die Chance zu ergreifen, umzudenken und vertrauend zu handeln.

Und mit den Jahren in dieser LebensSchule

wirst du etwas entwickeln,

das man mit Recht

Charakterstärke

nennen kann.

MusterVorschläge

Wie kannst du ein Mensch werden, der bewusster lebt? Wie kann es praktisch aussehen, deinen Tag als LebensSchule zu begreifen? Was kannst du heute tun, um später als *erfahrener* Mensch zu gelten? Im Folgenden einige einfache Vorschläge, die nicht schwer umzusetzen sind, und die sich alle auf der Parkbank abspielen.

1. LebensLinie

Die erste Übung ist keine tägliche Übung. So etwas macht man alle paar Jahre mal. Die LebensLinie richtet den Blick zurück auf den vergangenen Weg deines Lebens. Du lernst dabei viel über dich und das, was das Leben dir bisher (zu Recht oder nicht) beigebracht hat. Diese Übung erfordert etwas Zeit und ist vor allem in der Gruppe sinnvoll. Dann aber wird sie zu einem echt intensiven und spannenden Erlebnis.

Nimm dir ein großes Blatt Papier. Je älter du bist, desto größer. Eine Tapetenrolle eignet sich oder ein Flipchart-Block. Darauf zeichnest du die x- und y-Achse eines Koordinatensystems. Auf die x-Achse trägst du deine Lebensjahre ein. Und nun stellst du dein ganzes Leben in Form eines Graphen dar. Ging's (gefühlt) aufwärts in deinem Leben, geht auch der Graph nach oben, ging's abwärts, neigt sich auch die Linie nach unten. Du verzeichnest alle wichtigen Lebensstationen mit

Worten oder kleinen Zeichnungen: Ereignisse, wichtige Menschen, Höhen und Tiefen.

Besser noch als mit *einem* Graph wird es, wenn du drei Linien in drei verschiedenen Farben zeichnest. Einen für die *Lebensumstände*. Hier sind die äußeren Faktoren gemeint, die die Lebensphasen prägten. Eine zweite Linie beschreibt dein *emotionales Befinden*. Wie ging es dir innerlich? Nicht immer ist diese Linie genau parallel zu der ersten. Die dritte Kurve ist dein *geistliches Leben*. Wie ging es dir mit Gott? Hast du ihn erlebt? Kann sein, dass diese Kurve über weite Strecken in deiner Zeichnung fehlt. Kann auch sein, dass du sie in der Rückschau sogar für Zeiten einzeichnen kannst, als dir Gott unglaublich fern schien. Auch diese Linie ist nicht parallel zu den anderen. Mancher hat Gott besonders intensiv erlebt, als es ihm äußerlich mies ging.

Nun nimm dir mit einer Gruppe vertrauter Menschen Zeit und stellt euch gegenseitig anhand der Lebenslinie euer Leben vor. Gebt jeder Person dafür mindestens eine halbe Stunde Zeit. Die Gruppe hört aufmerksam zu und gibt am Ende Feedback: Wo sehe ich einen roten Faden im Leben dieser Person? Welche charakterlichen Stärken sind in diesem Leben erkennbar? Wo sehe ich Gottes Wirken in diesem Leben? Was ist das Positive an dem Menschen, den dieses Leben formte?

2. Tagebuch

Im Gegensatz zur Lebenslinie ist diese Übung eine, die du täglich machen kannst, die du dir vielleicht sogar für den Rest deines Lebens aneignen solltest. Tagebuch schreiben – früher hätte ich gesagt, dass das nur was für Mädchen ist. Heute tue ich es mehr oder weniger regelmäßig, jeden Tag.

Dabei schreibe ich keinesfalls alle Ereignisse des vergangenen Tages auf. Vielmehr halte ich das fest, was meine Seele wirklich beschäftigt. Und beim Schreiben reflektiere ich, ganz automatisch, was das Erlebte mit mir macht. Warum es passiert ist. Wie ich damit umgehen will.

Manchmal trete ich darüber sogar in einen schriftlichen Austausch mit Gott, wenn man das so nennen will. Ich tue quasi so, als ob ich mich mit ihm über eine Sache unterhalten würde. Wie in einer Art

Chat. In meinem Tagebuch entsteht ein Dialog. Du willst wissen, ob ich Gottes Antworten dann für reines Reden Gottes halte? Nun, ich bin mir bewusst, dass dieser Dialog aus meinem Hirn stammt, und ich bin mir auch bewusst, dass manches, was aus meinem Hirn kommt, bisweilen Blödsinn ist. Aber wenn Gott auf irgendeine Weise zu mir reden sollte, wie dann anders als durch meine Gedanken?

Und nicht selten nehme ich das, was dort steht, dann einfach mal mutig als Gottes Reden und entscheide mich, entsprechend zu handeln. Im vollen Bewusstsein, dass ich trotzdem selbst verantwortlich bleibe für das, was ich dann tue.

Du kannst es auch einfach Selbstreflexion nennen. Ich nenne es ein Gebet – beides schadet jedenfalls nicht, oder?

Wer das Tagebuchschreiben noch intensiver betreiben möchte, kann sich jede Woche die Aufzeichnungen der letzten sieben Tage durchlesen und die wichtigsten Erkenntnisse zusammenfassen. Und diese Zusammenfassungen liest du dann einmal im Monat. Jetzt erkennst du vielleicht einen roten Faden, etwas, woran Gott mit dir derzeit offensichtlich arbeitet. Und wenn du diese Übung zur Perfektion treibst, nimmst du dir einmal im Jahr ein Wochenende Zeit und blickst anhand deines Tagebuchs zurück auf die vergangenen Monate und fokussierst dein Leben auf das, was jetzt wichtig ist.

3. Zweierschaft

Was ich eine Zweierschaft nenne, nennen andere vielleicht einfach eine gute Freundschaft. Zumindest das weibliche Geschlecht, so habe ich mir sagen lassen, tausche sich mit der besten Freundin durchaus regelmäßig über persönliche Themen aus.

Vielleicht sind es also nur die Männer, die sich das, was ich jetzt beschreibe, explizit vornehmen müssen. So sieht es aus: Zwei Menschen gleichen Geschlechts treffen sich regelmäßig (ca. alle 3–4 Wochen), reflektieren ihre in den letzten Wochen gemachten Erfahrungen und aktuellen Herausforderungen und halten sich gegenseitig dazu an, die nötigen Schritte zu gehen. Sie treffen sich, um im Bild zu bleiben, auf der Parkbank.

Verbindliche Beziehungen dieser Art sind ein ungeheurer Katalysator in Sachen Persönlichkeitsentwicklung. Jemand spiegelt mir zurück, wie er mich sieht. Jemand korrigiert mich gegebenenfalls bzw. ermutigt mich. Jemand fragt die unangenehmen, aber heilsamen Fragen. Das kann durchaus die Form einer Beichte annehmen.

Wer keinen persönlichen Mentor oder Coach sein eigen nennen kann, findet in der Zweierschaft eine einfache (und preisgünstige) Variante. Und vielleicht ja doch nicht nur die Männer. Wer sich intensiver mit diesem Thema auseinandersetzen möchte, dem sei das Buch *Klein und stark* von Neil Cole empfohlen.

4. Testament schreiben

Als Campino (Leadsänger der *Toten Hosen*) 40 Jahre alt wurde, saß er in Johannes B. Kerners Talkshow und beschrieb eine überaus kluge Praxisübung. Alle paar Jahre, sagte er, schreibe er sein Testament. Darin stehe nicht, wem er seine Plattensammlung vererbe. Darin stünden seine letzten Worte an Menschen, die er kenne.

Mach so was mal! Danach weißt du, wer dir was bedeutet. Was überhaupt Bedeutung hat in deinem Leben und was zwar vordergründig wichtig scheint, aufs Ganze gesehen aber eigentlich nicht wert ist, zu viel deiner Aufmerksamkeit zu beanspruchen.

Diese Übung hilft dir, die Erfahrungen, die dich aktuell beschäftigen, im Licht der ewigen Perspektive Gottes zu sehen und Wichtiges von Unwichtigem zu unterscheiden. Dich nicht treiben zu lassen von den Dingen, die sich aufdrängen, sondern bewusst zu leben und entschieden deinen Weg zu gehen.

5. Stille

Das Bild der Parkbank impliziert es schon. Vom Leben zu lernen braucht die Zeit, anzuhalten und nicht gleich weiterzurennen. Die Hektik ist ein Feind der LebensSchule.

Regelmäßige Zeiten der Ruhe und der Reflexion einzuplanen, ist wichtig, klingt aber einfacher, als es ist. Deshalb werden wir es an dieser Stelle nicht vertiefen. Viel mehr widmen wir ihm ein eigenes LebensMuster. Die Schaukel nimmt sich der Sache an.

6. Mentoringgruppe

Manche Menschen haben die Chance, über einen langen Zeitraum mit einer Gruppe von Freunden unterwegs zu sein, die man über Jahre zwar nicht oft, dafür aber regelmäßig wiedertrifft. So etwas ist Gold wert.

Seit ein paar Jahren habe ich so etwas. Wir sind ein knappes Dutzend Männer und wir sehen uns einmal im Jahr für eine Woche. Treffen uns an inspirierenden Orten im In- oder Ausland, oft da, wo einer von uns lebt. Und jeder erhält irgendwann in diesen Tagen genug Zeit, um von sich und den Erlebnissen des letzten Jahres zu erzählen. Die anderen hören zu, fragen nach, teilen Schmerz und Freude, helfen mit ihrem Rat und beten für jeden Einzelnen.

Was für einen Halt eine solche Gruppe von Freunden gibt, lässt sich kaum beschreiben. Vielleicht gibt es Menschen, mit denen du so etwas ins Leben rufen könntest.

7. Lies dieses Buch

N. T. Wright, *Glaube – und dann? Von der Transformation des Charakters*, Verlag der Francke-Buchhandlung, 2011 → Der Autor gräbt den alten Begriff „Tugend" wieder aus und zeigt, dass das Neue Testament auf Charakteränderung abzielt.

Eine wichtige Sache noch

Wir haben in diesem Kapitel über das Lernen aus Erfahrungen gesprochen und darüber, Gottes Reden in den Erlebnissen auf unserem Weg durchs Leben zu hören.

Eine wichtige Form der Erfahrungen habe ich weitgehend ausgeklammert, obwohl sie einige Male in Andeutungen vorkam – die Erfahrung eigenen Versagens. Wir treffen falsche Entscheidungen, handeln aus unlauteren Motiven, nehmen destruktiven Einfluss auf unsere Umwelt. Nicht immer natürlich – aber es wäre unaufrichtig, uns und anderen nicht einzugestehen, dass Schuld zu unserem Lebensweg gehört, nicht selten eine ganze Menge.

Es würde an dieser Stelle zu weit führen, die biblische Einschätzung des menschlichen Herzens darzulegen. Die Kurzfassung lautet: Das menschliche Herz ist krank und bedarf einer grundlegenden Heilung, die es nicht aus sich selbst heraus erwirken kann. Ich habe im letzten Kapitel die Therapieform angerissen, die die Bibel als einzig mögliche empfiehlt und die mit dem Wirken, Sterben und Auferstehen Jesu verknüpft ist. Die Kurzform lautet: Jesus erlöst den Menschen durch sein Sterben am Kreuz zu einem völlig neuen Sein und Wesen.

Im Bewusstsein, dass über diese Zusammenhänge mehr zu sagen und zu schreiben wäre (und ja auch gesagt und geschrieben wurde), möchte ich am Ende des Kapitels den praktischen Umgang mit eigenem Versagen in dem LebensMuster Weg verankern.

Ich habe von der Bedeutung des *Kairos* gesprochen. Das Erkennen der günstigen Gelegenheit. Diese Ausdrucksweise auch bei der bitteren Erfahrung selbstverursachter dunkler Momente beizubehalten, mag zynisch klingen. Aber ich glaube, es ist wichtig, dass wir genau das tun! Der Moment des Versagens, genauer gesagt, der Moment der Erkenntnis des eigenen Versagens ist ein Kairos!

Die Chance, die es zu ergreifen gilt.

Petrus erlebt einen solchen Moment in dem wohl dramatischsten Augenblick seines Lebens. Er verrät seinen Freund, als es für diesen um Leben und Tod geht.[23] Er verrät ihn, trotz vorheriger vehementer Beteuerungen des Gegenteils ("Lieber sterbe ich, als dass ich dich im Stich lasse!"). Und dieser Freund ist ausgerechnet Jesus selbst. Petrus verrät ihn und damit die Person, die zum Zentrum seines Glaubens und Lebens geworden war. Er verrät ihn, als dieser vor Gericht steht, und das gleich drei Mal.

Und dann – ausgelöst durch einen Hahnenschrei und einen Blick seines Freundes – überkommt ihn schlagartig die furchtbare Erkenntnis seines Versagens und er läuft davon und bricht in bittere Tränen aus.

Dies ist sein Kairos.

---

23   Lukas 22,54–62.

Natürlich nicht erkennbar für Petrus. Er kann nur die Katastrophe sehen, die es zweifellos auch ist. Aber eben nicht nur die Katastrophe, sondern auch die Chance auf Umkehr und Charakterentwicklung. Jesus hatte diesen Moment kommen sehen und ihn darauf vorbereitet[24] und möglicherweise ist es dieses Wissen, das Petrus vor der völligen Verzweiflung und Selbstaufgabe bewahrt. Vielleicht hat er Jesu Wort noch im Ohr:

„Wenn es so weit ist, dann gib den Glauben nicht auf, Petrus!"

Es sind die Tränen der Selbsterkenntnis, mit denen Veränderung beginnt. *Metanoia*, Sinneswandel, neues Denken – dies beginnt mit der schonungslosen Selbsterkenntnis, der wir ausgesetzt sind, wenn uns unsere eigene Schuld wirklich klar wird. Diese Augenblicke sind die schmerzhaften Tiefpunkte unseres Lebens, aber eben auch die Umkehrpunkte. Keine schönen Momente, aber gute.

Metanoia wird oft auch mit „Buße" übersetzt, habe ich oben gesagt, und genau dies wird immer wieder die Herausforderung für uns sein, wenn wir auf der Parkbank sitzen und auf den Scherbenhaufen blicken, den wir gerade angerichtet haben. Buße – ein altes Wort für ein Herz, das die Verantwortung für das Geschehene übernimmt und zu einem Neuanfang bereit ist.

Dieser Sinneswandel ist manchmal keine Sache von einigen kurzen reuevollen Minuten. Nicht alles können wir mit einem kurzen „Sorry, kommt nicht wieder vor!" ins Lot bringen.

Petrus sitzt einige Wochen später mit dem Auferstandenen an einem Feuer.[25] Sie braten Fisch. Es ist die erste intensivere Begegnung seit der Szene in dem Gerichtssaal. Jesus spricht die Sache an, ohne sie direkt beim Namen zu nennen. Er fragt Petrus drei Mal, ob er ihn liebt (so oft, wie dieser behauptet hatte, ihn nicht zu kennen). Jesus fragt nicht nach Entschuldigungen für sein Versagen, er fragt nach seinem Herzen. Und er erkennt in diesem Versager einen Mann, der – gerade durch seine Fehler – gelernt, einen Sinneswandel vollzogen,

---

24 Lukas 22,31–34.
25 Johannes 21,15–17.

Buße getan hat und deshalb der richtige Mann ist, um eine große Verantwortung übertragen zu bekommen.

Jesus vertraut Petrus die Leitung seiner Kirche an und Petrus wird kurz darauf glaubend und vertrauend von der Parkbank aufstehen und seinen Weg als veränderter Mensch weitergehen. Aus einem übermütigen, selbstüberzeugten, aber wenig verlässlichen Mann ist ein Leiter geworden, der um seine eigenen Abgründe weiß und gelernt hat, dass Jesus ihn trotzdem nicht fallen lässt.

Unser Versagen als „günstige Gelegenheit", um daraus zu lernen und Charakterstärke zu entwickeln! Was für eine Hoffnung für Menschen, die wissen, was es heißt, mit erschreckender Regelmäßigkeit auf dem LebensWeg der Enttäuschung über sich selbst zu begegnen.

DIE SCHAUKEL

3. Die Schaukel

Der LebensRhythmus

> *Ich habe oft gesagt, dass alles Unglück der Menschen dem*
> *entstammt, dass sie unfähig sind, in Ruhe allein in ihrem*
> *Zimmer bleiben zu können.*
> **Blaise Pascal**

> *Bei Licht betrachtet sind Ruhe und Glück überhaupt dasselbe!*
> **Theodor Fontane**

Das dritte LebensMuster ist die Schaukel. Eine Schaukel symbolisiert „freie Zeit". Wer schaukelt, genießt das unproduktive Sein. Und vor allem: eine Schaukel schaukelt! Sie pendelt hin und her und hin und her … In diesem Kapitel geht es um den Rhythmus von Ruhe und Aktivität.

LebensBild

Als ich Fabian kennenlerne, kommt er schon seit eineinhalb Jahren zu unseren Gottesdiensten. Er hat damals bereits eine spannende spirituelle Reise hinter sich, und eine ebensolche liegt heute noch vor ihm.

Fabian ist Ende zwanzig, Psychologe und durchtrainierter Taekwondo-Kämpfer. Und er ist einer der ehrlichsten, eigensinnigsten und sympathischsten Menschen, die ich kenne. Seine Geschichte ist die Geschichte einer Suche; einer Suche nach Gott, aber auch einer Suche nach einem Leben, das seine Kraft täglich aus einem inneren Ort der Ruhe schöpft.

Fabian wächst als Sohn gut-katholischer Kirchgänger auf. Von Gott enttäuscht, wendet sich seine Familie jedoch von der Kirche ab und seine Mutter findet in der Esoterik eine neue Lebensquelle. Von Mama inspiriert, macht sich nun auch der Sohn auf seine Suche nach Orten, aus denen Kraft fließt.

Fabian erzählt mir von einem Traum, den er als Teenager hatte: Inmitten einer wilden Berglandschaft badet er in einer Quelle. Er fühlt sich rein. In ein einfaches Gewand gekleidet, schreitet er über eine lange Brücke. Auf der anderen Seite liegt ein Kloster. Am Tor stehen zwei Wächter. Sie lassen ihn passieren. Als er eintritt, hat er das Gefühl, nach Hause zu kommen.

Nach Hause kommen – dieses Bild wird Ziel und innere Triebfeder eines jungen Mannes, der ahnt, dass dieses Leben ein Geheimnis birgt, das ihm eine von Geld, Sex und Macht regierte Welt nicht verraten wird.

Fabian ist ein leistungsorientierter Mensch, der in diesem schnellen und lauten Leben zu Hause ist. Doch schon als Jugendlicher entdeckt er in regelmäßiger Ruhe und im Alleinsein eine Kraftquelle. Er treibt viel Sport. Jeden Sonntag sieht man den jungen Basketballer im Frühnebel mutterseelenallein sein Wurftraining auf dem Sportplatz absolvieren. Der Junge ist diszipliniert, findet im Training Inseln der Ruhe und ein Stück zu sich selbst.

Seine spirituelle Suche führt ihn von der mütterlichen Esoterik zu den fernöstlichen Weltanschauungen. Menschen wie Mahatma Gandhi und der Dalai Lama scheinen Leute zu sein, die ihr inneres

Zuhause gefunden haben. Ihr starker Glaube, ihre innere Kraft und die gelebte Friedfertigkeit ziehen Fabian an. Er liest Hermann Hesse und findet in ihm einen Seelenverwandten. Hesses Romanfiguren werden bei ihrer Suche meist im fernöstlichen Gedankengut fündig.

Fabians Weg führt ihn deshalb nach dem Abitur über eine anthroposophische Lebensgemeinschaft in Israel schließlich auf einen Backpacking-Trip nach Indien. Weitab der westlichen Hektik und Reizüberflutung lernt er in einem Kloster eine Meditationsform kennen, die seinen Alltag bis heute prägt.

Die Vipassana-Meditation ist eine Achtsamkeitsübung bei stundenlangem Sitzen und Schweigen. „Wenn du lange in einer Haltung verharren musst, kommt irgendwann der Schmerz. Doch du kannst entscheiden, ob du ihm Aufmerksamkeit schenkst oder nicht. Die Konzentration auf eine andere Stelle deines Körpers nimmt dem Schmerz seine Kraft."

Fabian lernt: Nicht alles, was deine Aufmerksamkeit fordert, hat sie auch verdient. Du kannst entscheiden, worauf du dich fokussieren willst. Du kannst zur Ruhe kommen.

Er studiert darauf Psychologie in Würzburg. Ein Kommilitone ist überzeugter Christ und verwickelt ihn in lange Diskussionen über den Glauben. Schließlich trifft er eine folgenschwere Entscheidung:

„Warum nur im fernen Osten nach der Wahrheit suchen? Schauen wir doch mal, was das christliche Abendland zu bieten hat."

Er landet in den Kinogottesdiensten der CityChurch, hört zu, wird inspiriert – doch es dauert eineinhalb Jahre, bis er Kontakt zu den Leuten hier sucht. Er schließt sich einer Kleingruppe an, diskutiert über Glaube und Zweifel und offene Fragen und spricht irgendwann diesen Gott an, von dem schon der katholische Pfarrer seiner Kindheit und nun auch die Leute dieser Kirche erzählen: „Okay, Gott, dann lass es uns mal miteinander versuchen."

„Und das war der Augenblick, in dem dein damaliger Traum wahr wurde und du endlich zu Hause angekommen bist?", frage ich ihn. „Nein", sagt er und ich bin enttäuscht. „Nein, aber ab diesem Zeitpunkt wurde ich für Gott berührbar." Gott ist nicht länger jemand,

über den man nachdenkt, meditiert, diskutiert – sondern einer, mit dem man lebt.

Das ist die Zeit, in der ich ihn kennenlerne. Ein selbst denkender junger Mann, der Gott kennt und liebt, jedoch viele bissige Fragen an das Christentum stellt und dessen Suche nach einem inneren Zuhause und einem Leben, dessen Kraft aus der Ruhe kommt, noch nicht zu Ende ist.

Immer noch glaubt er, dass ein regelmäßiger geistlicher Rhythmus, ähnlich wie sein diszipliniertes Training im Sport, der Schlüssel zu diesem Leben ist. Und er tut etwas. Jeden Morgen um sieben Uhr weckt er seinen WG-Mitbewohner und die beiden beten zehn Minuten in dessen Zimmer. Ein wohl eher ungewöhnliches Verhalten zweier sonst (ich kann das bezeugen!) völlig normaler Jungs. Ab und an verbringt er seine Mittagspause in einer der Kirchen Würzburgs und lädt per Mail Bekannte ein, dort zu einem kurzen Gebet mit ihm zusammenzutreffen.

Ende 2009 geschieht das beinahe Unvermeidliche: er entscheidet sich, ins Kloster zu gehen. „Schade", denke ich, denn ich hätte seine Power gerne in einem der vielen Projekte unserer jungen Kirche eingesetzt. Doch Fabian lässt sich nicht aufhalten.

Als er am Tor der Christusträger-Bruderschaft in Triefenstein steht, weiß er, dass sein Traum wahr wird. Er kommt nach Hause! Im Innenhof polstert gerade ein älterer Bruder einen genauso alten Stuhl, ein Radio dudelt dazu und Fabian weiß: „Hier gehöre ich hin."

Also ist Fabian heute Mönch? Nein. Nur ein paar Monate wird er im Kloster bleiben, denn er ist längst in eine Frau verliebt. Das Zölibat ist sein Ding nicht. Aber für einige Monate lebt er nun einen Tages-Rhythmus, der nur aus Gebet, Arbeit, Taekwondo, Schlaf und Telefonaten mit seiner Freundin besteht. Und er genießt es. Verzichtet auf Tageszeitung, Fernsehen, die meisten seiner Freunde und vor allem auf Musik, ohne die er früher kaum leben konnte. „Ich brauchte ständig Musik zum Runterkommen." Im Kloster ist das anders.

Gefragt, was die wichtigsten Erkenntnisse aus dieser Zeit waren, sagt er heute: 1. Mehr schlafen. 2. Weniger Informationen aufnehmen. 3. Öfter Ruhe suchen.

Seit kurzem lebt Fabian in München. Er sucht einen Job als Psychologe und eine Form, im normalen Großstadtalltag einen Rhythmus zu leben. Wie er sich das vorstellt, frage ich ihn. „Leicht wird das nicht", sagt er. Aber er hat ein paar Ideen.

LebensWelt

Unsere Welt ist schnell, laut und komplex. Wenn du jetzt nicht gerade auf einer einsamen Insel sitzt, dann ist die Wahrscheinlichkeit hoch, dass du darin mit mir einer Meinung bist.[1] Ich jedenfalls lebe in einer Welt, in der das Offline-Symbol – du weißt schon, dieses rechts unten auf deinem Bildschirm – sofortige Nervosität auslöst, nur getoppt von null Balken auf dem Handydisplay.

„Kein Netz!" …

… Worte, die vor 20 Jahren nur dem Kapitän eines Krabbenkutters echte Sorgen bereitet hätten, avancieren mittlerweile zur landesweiten Schreckensmeldung. Denn wir brauchen Informationen! Und zwar schnell! Weil es so viele davon gibt in dieser Welt und wir Zugriff auf sie brauchen, um im Leben klarzukommen.

Unsere Welt ist schnell.

Außerdem ist sie laut. Ich schreibe diese Zeilen, während ich in unserer Küche sitze. Neben mir brummt der Kühlschrank, über mir lärmen meine Töchter mit ihren Freundinnen und jetzt stimmt noch der Lüfter meines Laptops in dieses Orchester ein. Trotzdem würde ich diesen Moment als einen *stillen* bezeichnen, sonst könnte ich gar nicht schreiben. Jetzt klingelt es an der Tür – ah, noch eine Freundin mehr.

---

1 Solltest du doch auf einer einsamen Insel sitzen, fühle ich mich sehr geehrt, dass du ausgerechnet mein Buch mitgenommen hast.

Wo war ich? Ach ja! Es ist so gut wie nie leise in meiner Welt. Wir sind unter Dauerbeschallung. Wie laut diese Welt ist, erkennst du erst, wenn es mal wirklich still wird. Ich erinnere mich an einen solchen Moment im Hochgebirge. Unsere Seilschaft stoppt in einem Gletscherkessel auf 3500 Metern. Die knirschenden Schritte verstummen, die Karabiner hören auf zu klimpern und der Atem kommt zur Ruhe und du hörst ... nichts. Absolute, unbekannte, unheimliche Stille.

Unsere Welt ist schnell. Und sie ist laut.

Und komplex. Ich bin Pastor. Ich nehme an, meine Branche hat nicht gerade den Ruf außerordentlicher Komplexität und Schnelllebigkeit. Trotzdem fühle ich mich meistens überarbeitet. Ich bedaure, dass der Tag zu wenige Stunden enthält und dass in meinem Gehirn Prozessor und Arbeitsspeicher nicht aufgerüstet werden können, um komplexe Vorgänge schneller bearbeiten zu können.

Ich bin verheiratet. Meine Frau ist berufstätig. Ihr Tag ist nicht weniger voll und laut als meiner. Ihr Alltag muss mit meinem synchronisiert sein, sonst klappen die Abläufe zu Hause nicht. Denn da sind noch unsere Kids. Und auch in ihren jungen Jahren hat der Leistungsdruck bereits an die Türe geklopft und wird Bestandteil eines Lebensalters, das zu meiner Zeit im Wesentlichen noch aus Playmobil und dem BMX-Rad bestand. Schule wird immer stressiger, scheint mir.

Kurz gesagt: das Leben macht Druck. Es fordert unsere volle Konzentration, ein hohes Maß an Kraft und es lässt uns im Allgemeinen wenig Zeit. Meine Generation, die der 25- bis 45-Jährigen, jammert über Stress. Wir sind die Generation der Überforderten. Burn out! – so lautet immer öfter die Diagnose[2] in meinem Umfeld.

Unsere Welt ist schnell. Und sie ist laut. Und komplex.

Soll das ein Abgesang auf das böse 21. Jahrhundert werden, angestimmt von einem frustrierten Kirchenmann, der sich zurück ins Mittelalter wünscht?

Nein, ich liebe die schnelle Welt, in der ich lebe. Ich liebe das Online-Symbol und die Vernetzung des Informationszeitalters. Ich

---

2   Ich weiß, „Burn out" als Diagnose gibt es genau genommen nicht, aber es klingt halt besser als „Erschöpfungsdepression".

erliege gerne dem Charme der oberflächlichen Kommunikation über Facebook und Twitter. Ich würde auch mein i-Phone lieben, könnte ich mir eines leisten. Ich habe eine gewisse Schwäche für die linke Spur auf der Autobahn und wenn ich nach der Fahrt vergesse, das Radio leiser zu stellen, erleidet der nächste nichtsahnende Fahrer einen Schock, wenn er den Zündschlüssel rumdreht. Ich mag die lauten Partys und auf den leisen wird mir langweilig. Ich liebe ein aktives Leben und rede in weniger hellen Momenten sogar mit Stolz von meinem übervollen Terminkalender. Und manchmal finde ich die Komplexität dieses Lebens nicht nur *über-*, sondern auch *heraus*fordernd.

Aber ... ich habe ein Problem!

Aktiv leben kostet Kraft und die muss irgendwo herkommen. Wer Gas gibt, muss irgendwo auftanken. Weil Dauerbeschallung krank macht, brauchen wir stille Momente. Wir brauchen einen gesunden Rhythmus ...

... von Tempo und Stillstand.

... von Lautstärke und Ruhe.

... von Komplexität und Einfachheit.

Diesen Rhythmus müssen wir nicht erfinden, denn eigentlich ist diese Welt gar nicht so schnell, laut und komplex, wie wir meinen. Wir *Menschen* sind es! Im Besonderen wir *westlichen Menschen*.

Die Schöpfung selbst tickt anders.

Erstens ist da mal der ewige Rhythmus von Tag und Nacht. Wir Menschen machen gerne die Nacht zum Tag, aber wer das dauerhaft tun muss, weiß, wie sehr das gegen unsere Natur geht. Sprich mal mit einem Schichtarbeiter, einer Krankenschwester, einem DJ oder den Eltern eines Neugeborenen. Gegen den Rhythmus schlafen macht fertig.

Der menschliche Organismus ist auf den Wechsel von Tag und Nacht, von Ruhe und Aktivität geeicht. Und auch wenn wir wach sind, pendelt unsere Leistungsfähigkeit zwischen *hoch* und *niedrig*. Wir nennen es Biorhythmus. Heute Mittag um 13.30 Uhr wird er bei dir vorbeischauen. Und wenn du vorher gut gegessen hast, wird er dir mit verführerischer Stimme ein Nickerchen vorschlagen. Solange wir uns also evolutionär noch nicht zum Nacht- oder daueraktiven Tier weiterentwickelt haben, lautet die simpelste Aufforderung dieses Kapitels: Schlafe ausreichend! Wenn du zu oft übermüdet durch den Tag stolperst, kannst du deinem Leben keine gesunde Form geben.

Zweitens: Unsere Erde dreht sich nicht nur um die eigene Achse, sondern auch um den Fixstern Sonne. Die Folge ist, dass die Natur um uns herum einem weiteren Rhythmus unterworfen ist. Er läuft mit seinen zwölf Monaten langsamer ab und gehört doch zum Leben wie das leise Ticken zu der alten Standuhr meiner Großmutter: der Jahresrhythmus von Frühling, Sommer, Herbst und Winter.

Die Natur fährt ihre Lebenskraft in der kalten Jahreszeit fast vollständig zurück, nur um dann im Frühling wieder mit explosionsartiger Vitalität zurückzukehren. Du kennst diese typischen Zeitraffervideos von Bäumen oder Wäldern? Dann hast du ihn jetzt vor deinem inneren Auge: den jahreszeitlichen Rhythmus von Ruhe und Aktivität.

Scheinbar braucht die Natur den jährlichen Wechsel zwischen Rückzug und Kraftentfaltung. Nur der Mensch des 21. Jahrhunderts glaubt, dass drei Wochen „Malle" als jährliche Regenerationszeit ausreichen müssen.

Also, ich muss wohl damit leben, dass die Welt rhythmisch konstruiert ist. Hätte *ich* sie erfunden, hätte ich mir den Menschen wohl ohne Schlafbedürfnis ausgedacht. Betten gäb's trotzdem – die kann man ja auch anders verwenden –, aber wozu fast ein Drittel der wertvollen Lebenszeit im bewusstlosen Traumzustand verbringen? Auch die Sache mit dem herbstlichen Verfall und der Wiederbelebung im Frühling wäre mir kaum in den Sinn gekommen. Schnee hätte ich dennoch erfunden – den brauchen wir zum Skifahren –, doch wozu der lange winterliche Produktionsstopp?

Weil Gott das für eine gute Idee hielt, behauptet der christliche Glaube.

Mein Problem ist somit dies: Die Welt, in der ich lebe, funktioniert rhythmisch. Aber das Gefühl für diesen Rhythmus habe ich in einem lauten, schnellen und komplexen Leben schlicht und einfach nicht mehr im Blut.

Wir haben unser Rhythmusgefühl verloren, oder?

Wir müssen ein neues entwickeln.

Und lernen, ihm im Alltag zu folgen.

LebensRhythmus

Auf den ersten Seiten der Bibel wird Gott als rhythmisches Wesen vorgestellt.

> *So entstanden Himmel und Erde mit allem, was lebt. Am siebten Tag hatte Gott sein Werk vollendet und ruhte von aller seiner Arbeit aus. Und Gott segnete den siebten Tag und erklärte ihn zu einem heiligen Tag, der ihm gehört, denn an diesem Tag ruhte Gott, nachdem er sein Schöpfungswerk vollbracht hatte.*[3]

Die ersten Kapitel der Bibel beschreiben einen vor Aktivität und Vitalität strotzenden Gott, der das Universum ins Leben ruft, um dann eine Pause zu machen!

Eine Pause zu machen?

Nach nur einer Arbeitswoche?

Vielleicht ist der Gedanke gewagt, aber könnte es sein, dass sich der Pendelschlag zwischen Ruhe und Arbeit sogar in Gott selbst findet?

Gott schätzt Aktivität und Produktivität.

Und er gebietet Entspannung und Ruhe.

Arbeit ist nämlich ohne Zweifel etwas Gutes. Der Mensch fühlt sich überflüssig, wenn er nicht arbeiten *kann*, und er degeneriert zum faulen Sack, wenn er nicht arbeiten *will*. Wir sind geschaffen, um etwas zu (er)schaffen. Wir brauchen es, gebraucht zu sein. Wir fühlen uns

---

3   Genesis 2,1–3.

lebendig, wenn wir uns in einer Sache verlieren können, die wir wirklich drauf haben.[4] Der Mensch ist wie sein Schöpfer ein Macher.

Trotzdem und gerade deshalb ist Ruhe ein Gebot. Im jüdischen Kontext heißt diese Ruhe *Sabbat*. Den Puls runterfahren. Die Muskeln lockern. Den Kopf frei kriegen. Das einfache Sein genießen. Sich neu auf Gott justieren. Die zehn Gebote fordern:

> *Halte den Ruhetag in Ehren, den siebten Tag der Woche! Er ist ein heiliger Tag, der dem Herrn gehört. Sechs Tage sollst du arbeiten und alle deine Tätigkeiten verrichten; aber der siebte Tag ist der Ruhetag des Herrn, deines Gottes. An diesem Tag sollst du nicht arbeiten, auch nicht dein Sohn oder deine Tochter, dein Sklave oder deine Sklavin, dein Vieh oder der Fremde, der bei dir lebt.*[5]

Gott verordnet Ruhe, wie es ein Arzt beim Patienten tut. Er steht auf das Offline-Symbol und er empfiehlt es mit Nachdruck. Aus Gottes Sicht ist zu viel arbeiten nicht ehrenhaft, sondern krank. Bei ihm kann ich mit meinem vollen Terminkalender nicht angeben. Und wenn auf deinem Grabstein zu lesen sein wird, dass dein Leben „Mühe und Arbeit gewesen" ist, wird einer nicht applaudieren.

Gott verordnet uns Ruhe, weil aus der Ruhe die Kraft kommt. Das Ziel ist ein Leben, das näher am Takt Gottes schlägt.

Denn alles andere

ist schlicht

gegen unsere Natur.

Ich bilde mir irgendwie ein, dass die Menschen früherer Zeiten diese Sache mit dem Rhythmus besser drauf hatten als wir heute. Sie lebten abhängiger von der Natur und daher auch stärker im Einklang mit ihrem Rhythmus. So stelle ich mir das jedenfalls vor.

Interessant ist aber, dass es schon immer Leute gab, denen das Leben zu laut und hektisch war und die sich zurückzogen – in Klöster und Einsiedlerklausen. *„Das Maß der Eindrücke, denen wir heute aus-*

---

4   *Flow* nennen wir diesen Zustand, wenn das, was wir tun, unsere volle Konzentration fordert, gleichzeitig aber mit Leichtigkeit gelingt.

5   Exodus 20,8–10.

gesetzt sind, vergiftet die Psyche." Dieser Satz stammt nicht aus einer Soz.-Päd.-Vorlesung des 21. Jahrhunderts, sondern von Benedikt von Nursia, und der ist seit fast 1500 Jahren tot.[6]

Also zogen sich Leute wie er schon immer aus der lauten Welt ins stille klösterliche Leben zurück und entwickelten ihren eigenen Rhythmus aus Arbeit, Gebet und Schlaf.

Im Unterschied zu den Mönchen und anderen Heiligen lebte der Gründer der christlichen Bewegung jedoch niemals zurückgezogen von der Öffentlichkeit. Ganz im Gegenteil: Jesus ist Kind seiner Zeit und aktiver Teil der damaligen Gesellschaft. Er arbeitet als Handwerker im elterlichen Betrieb und als er später eine Volksbewegung auslöst, hat sein Lebensstil mehr mit einem Rockstar als mit einem Geistlichen gemeinsam. Wo er auftaucht, strömen die Leute zusammen, wollen ihn anfassen, hängen ihm an Lippen und Rockzipfel und versuchen, ihn an die Spitze einer Revolution zu jubeln.

Jesu Leben strotzt vor Aktivität und Schaffenskraft und er erinnert mich damit an den Schöpfergott. Doch was in seinem Leben genauso zu erkennen ist, ist dies:

Jesus hat Rhythmusgefühl!

Er weiß um die Ruhe, aus der die Kraft kommt.

Und er lebt sie, konsequent und mitten im Leben.

Lies mal eine seiner Biografien. Jesus war oft im Stress, aber nie in Hektik. Er war oft unter Strom, aber er brannte nicht aus. Sein Terminkalender war voll, aber manchmal las er einfach nicht darin. Bewusst und regelmäßig entzog sich der Rockstar der Menge und ließ Arbeit Arbeit sein und war … verschwunden.

Ja, genau: verschwunden!

Seine Mitarbeiter hat das ab und an einiges an Nerven gekostet. Markus berichtet im ersten Kapitel seiner Jesus-Biografie von einer Stadt, in der Jesu Anwesenheit für Wirbel sorgt. Er hat bis spät in die Nacht Kranke geheilt und das zieht die Menschen in Massen an.

---

6 Benedikt von Nursia (480–547 n. Chr.) ist der Begründer des Benediktiner-Ordens.

Nach einer kurzen Nacht stehen die Leute darum schon früh morgens wieder auf der Matte. Und Jesus? Er glänzt durch Abwesenheit! Sein Freund Simon kämpft eine kleine Panikattacke nieder und findet Jesus schließlich irgendwo in der Landschaft beim Beten. Er drängt ihn zur Rückkehr. Nein, zurück wolle er nicht, sagt er unaufgeregt. „Lass uns woanders hingehen."[7]

Die Berichte aus seinem Leben zeigen: Jesus zieht sich oft und überraschend zurück, manchmal in den unpassendsten Momenten. Er gönnt sich Stille und zwar ausgiebig! Nicht selten sucht er die Einsamkeit auf Bergen und Hügeln, und das dauert länger als ein paar kurze Minuten. Oft ist er stundenlang weg.

Ein Berg ist brillanter Ort, um Abstand zum Alltag zu bekommen. Gipfel sind wie Inseln, die sich aus dem Meer der Hektik und Aufgaben erheben. Von oben auf das Leben zu schauen, bringt eine neue Perspektive. Und es bringt dem näher, zu dem Jesus regelmäßig Verbindung sucht: dem Schöpfer der Welt, den Jesus vertraulich „Vater" nennt. Ihn trifft er regelmäßig wie einen Freund, ohne dessen Rat und Zuspruch man dieses schnelle Leben einfach nicht meistern kann.

Die großen Entscheidungen seines Lebens trifft Jesus aus Zeiten der Stille und des Redens mit Gott heraus. Zurück von einem seiner Berge wählt er zum Beispiel die zwölf Männer aus, von denen er glaubt, dass sie mit ihm die Welt auf den Kopf stellen werden. Und als der schwerste Weg seines Lebens vor ihm liegt, der Weg in die Hände seiner Feinde, der Weg in Schande, Schmerz und Untergang, sucht er nicht nach einem guten Anwalt oder einem Fluchtfahrzeug, sondern nach einem einsamen Ort, wo er seinen Vater treffen kann.

An mehr als einer Stelle wird deutlich, dass seine verblüffende Kraft und seine entwaffnende Weisheit in eben dieser Verbindung mit Gott ihre Quelle haben:

> *„Ich sage euch: Der Sohn kann nichts von sich selbst aus tun; er tut nur, was er den Vater tun sieht. Was immer der Vater tut, das tut auch der Sohn."*[8]

---

7 Siehe Markus 1,32–38.
8 Johannes 5,19.

In seiner berühmtesten Predigt erklärt Jesus ganz praktisch, wie es aussehen kann, diese Quelle für Kraft und Weisheit regelmäßig aufzusuchen:

> *„Und wenn ihr betet, macht es nicht wie die Heuchler, die sich zum Gebet gern in die Synagogen und an die Straßenecken stellen, um von den Leuten gesehen zu werden. Ich sage euch: Sie haben ihren Lohn damit schon erhalten. Wenn du beten willst, geh in dein Zimmer, schließ die Tür, und dann bete zu deinem Vater, der ‚auch' im Verborgenen ‚gegenwärtig' ist; und dein Vater, der ins Verborgene sieht, wird dich belohnen."*[9]

Jesus empfiehlt also die Einsamkeit, und weil es nicht dauernd ein Berg sein kann, mach wenigstens die Tür hinter dir zu.

Denn Stille findest du am leichtesten allein.

Gott hörst du am besten, wenn es leise ist.

Das erinnert mich an Elia, den Prototyp des Workaholics im Alten Testament. Elia ist eine Art Guerillakämpfer für die gute Sache. Er legt sich in seinem glühenden Eifer gegen den moralischen und religiösen Verfall seiner Zeit mit den mächtigsten Leuten seines Landes an, fordert eine ganze Armee heidnischer Priester zum Duell, betet extrem riskant und öffentlich, zuerst um Dürre und dann um eine Regenzeit, lässt Flammen vom Himmel fallen – kurz: der Mann hat so viel Feuer unterm Hintern und Adrenalin im Blut, dass man beim Lesen seiner Story wenig Lust verspürt, ihm persönlich zu begegnen oder gar in die Quere zu kommen.

Nun, Elias Psychotherapeut hat es kommen sehen: Dieser Mann bricht zusammen, und zwar am Höhepunkt seines Erfolges. Kein Wunder, denn auf den Seiten vorher ist nichts von Rhythmusgefühl, dafür viel von Rennerei, lauten Auseinandersetzungen, Kampf, Schweiß und Blut zu lesen gewesen.[10] Und nun landet Elia völlig ausgebrannt und mehr gezwungen als freiwillig in der Einsamkeit der Wüste.

Und begegnet Gott.

---

9 Matthäus 6,5–6.
10 Die ganze Story ist nachzulesen in 1. Könige 17–19.

Und lernt etwas Entscheidendes über ihn.

Zunächst zerreißt es den Himmel durch Blitz und Donner, dann bebt die Erde und schließlich begegnen ihm Feuer und Flammen. Das ist Elias Sprache. Damit kennt er sich aus. Das entspricht seinem Lebensgefühl, doch er muss feststellen:

> *„Aber der Herr war nicht im Feuer. Als das Feuer vorüber war, kam ein ganz leiser Hauch."* [11]

Und erst in diesem leisen leichten Luftzug ist Gott gegenwärtig. Elia lernt, was Jesus später lehren wird:

Gottes Wesen ist leise.

Seine Stimme hört man selten, wenn das Leben laut ist.

Deshalb sollte die Tür hinter uns geschlossen sein. Deshalb sucht Jesus die Ruhe ein paar Höhenmeter weiter oben. Deshalb sagt er, dass Gott vor allem *im Verborgenen* zu treffen ist.

Wir brauchen den Pendelschlag zwischen aktiver Arbeit und stiller Ruhe und wir brauchen ihn dringend, wenn wir diese Lektion nicht wie Elia auf die harte Tour lernen wollen.

LebensMuster Schaukel

Schaukeln ist eine ziemlich zweckfreie Tätigkeit. Wer schaukelt, hat frei. Wer schaukelt, lässt die Seele baumeln. Dass mir beim Schaukeln schlecht wird, tut nichts zur Sache. Eine Schaukel wird meist von Kindern benutzt und damit von Menschen, die noch nicht in der Gefahr stehen, die entspannenden und spielerischen Zeiten dieses Lebens zu verpassen.

Und: eine Schaukel schaukelt.

Und damit beschreibt sie genau die Bewegung, die wir brauchen.

---

11   1. Könige 19,12.

Jesus beschreibt in einem bekannten Bild, was die Schaukel uns beibringen will.

*Ich bin der wahre Weinstock, und mein Vater ist der Weinbauer. Jede
Rebe an mir, die nicht Frucht trägt, schneidet er ab; eine Rebe aber,
die Frucht trägt, schneidet er zurück; so reinigt er sie, damit sie noch
mehr Frucht hervorbringt.*

*Ihr seid schon rein; ihr seid es aufgrund des Wortes, das ich euch
verkündet habe. Bleibt in mir, und ich werde in euch bleiben.*

*Eine Rebe kann nicht aus sich selbst heraus Frucht hervorbringen;
sie muss am Weinstock bleiben. Genauso wenig könnt ihr Frucht
hervorbringen, wenn ihr nicht in mir bleibt.*

*Ich bin der Weinstock, und ihr seid die Reben. Wenn jemand in mir
bleibt und ich in ihm bleibe, trägt er reiche Frucht; ohne mich könnt
ihr nichts tun.*[12]

Ich weiß, in diesem Abschnitt steht nichts von einer Schaukel. Trotzdem lässt sich ein rhythmischer Pendelschlag hinter diesen Zeilen
vom Weinstock erkennen.

Ich lebe in einer Weingegend und auch vor meinem Haus steht
ein Weinstock. Im Herbst schneide ich ihn zurück, und zwar radikal.
Als ich das das erste Mal gemacht habe, war ich mir beinahe sicher,
dass ich der Pflanze damit den Todesstoß verpasst hatte. Nur noch
ein krüppeliger Strunk war übrig. Aber weil ich mir dieses brutale

---

12   Johannes 15,1–5.

Vorgehen bei den hiesigen Weinbauern abgeschaut hatte, gab es wohl Hoffnung. Und im Frühjahr ging es dann rund. Der Weinstock trieb aus, und wie! Ich hätte ihm das nicht mehr zugetraut.

Könnte man einen Weinstock im Zeitraffer sehen, würde man den Pendelschlag deutlich erkennen: Austreiben … Frucht bringen … Zurückschneiden … Kraft sammeln … Austreiben … Frucht bringen …

An diesem Bild gefällt mir als zielorientiertem Menschen, dass die Frucht das Ziel ist. Gott ist ein Schöpfer, wir erinnern uns. Und der Mensch als sein Abbild ist es auch. Auf der linken Seite des Pendels geht es um den Output des Lebens, das kreative Ergebnis, die Aktivität, die Gutes hervorbringt. Das Ziel ist, dass der Weinstock im Herbst erstklassige Trauben trägt.

Es geht um produktive *Arbeit*.

Doch wie ein Winzer kennt Jesus das Geheimnis, dass die Kraft zur Produktivität aus dem Rückzug entsteht. Das Pendel muss regelmäßig zurückschwingen, zum Input, zur Passivität, zur winterlichen Ruhe, sonst werden keine guten Ergebnisse erzielt.

Es geht um regenerative *Ruhe*.

Für diesen Pendelschlag nach rechts gebraucht Jesus seltsame Worte. Er nennt es *in mir bleiben*. Der Rückzug ist mehr als ausreichend viel nächtlicher Schlaf, mehr als sportlicher Ausgleich, mehr als ein Hobby, bei dem du abschalten kannst.

Der regelmäßige Rückzug aus der aktiven Welt ist eine Bewegung hin zu einer inneren Heimat[13], in der wir *bleiben* sollen. Und diese Heimat setzt Jesus selbstbewusst gleich mit seiner eigenen Person. Die Rebe zieht ihre Kraft aus dem Weinstock und dieser ist Jesus selbst. Ohne ihn können wir nichts tun, behauptet er kühn. *Ihn ihm zu bleiben,* ist das Kennzeichen eines rhythmischen Lebens.

In ihm bleiben.

Wie kann das aussehen?

Am Schluss wird's deshalb wieder praktisch.

---

13   Das Zuhause, von dem Fabian träumte, das er suchte und schließlich fand.

MusterVorschläge

Wie Jesus selbst durch regelmäßigen Rückzug mit Gott in Verbindung blieb, sollen wir es auch tun. Es grenzt an Selbstüberschätzung und Missachtung unserer Natur, zu meinen, wir könnten in Kontakt mit Gott bleiben, wenn das Pendel immer nur nach links ausschlägt.

Hingegen: wenn wir in Kontakt mit der Kraftquelle bleiben, wird Frucht fast automatisch wachsen, wird Leben Sinn machen und unsere Aktivität etwas Gutes in dieser Welt bewirken.

Wie kannst du einen Rhythmus entwickeln, der dir hilft, in dauerhafter Verbindung mit Gott zu leben und Kraft aus der Ruhe zu schöpfen?

1. Mut zu Individualität

Zuerst mal ist wichtig, dass es *dein* Rhythmus ist, den *du* entwickelst. Du wirst ausprobieren und experimentieren müssen. Du kannst dich von anderen inspirieren lassen, aber du solltest nicht einfach kopieren, was einem anderen gut tut.

Denn unsere Lebenssituationen sind verschieden. Den Rhythmus, den Fabian im Kloster lebte, kann er in München nicht durchhalten. Er muss einen neuen erfinden. Der Rhythmus, der zu einem Pastorenalltag wie meinem passt, ist für einen Bäckerlehrling oder Jungunternehmer völlig ungeeignet. Darum entwickle deinen eigenen!

2. Regelmäßigkeit

Ein Rhythmus ist nur rhythmisch, wenn er regelmäßig ist. Leider ist das so. Ich liebe die Flexibilität, aber sie hilft mir in dieser Hinsicht nicht weiter. Man sagt: „Wenn du es nicht schaffst, zweimal pro Woche joggen zu gehen, versuch es siebenmal."

Etwas regelmäßig zu tun, ist am Anfang schwer, doch mit der Zeit wird es umso leichter. Die Regelmäßigkeit gräbt eine Spur in deinen Tagesablauf, in der das Leben mit der Zeit immer leichter eine Bahn findet. Ja, das hat mit Disziplin zu tun. Wenn du wie ich ein eher unstrukturierter Mensch bist, solltest du dich mit der Disziplin anfreunden. Sie ist eine von den Guten, glaub mir!

Disziplin heißt: Du setzt dir selbst eine Regel, der du folgen willst. Nicht weil du musst! Niemand zwingt dich zu regelmäßiger Stille, regelmäßigem Gebet, regelmäßigem Runterfahren. Auch Gott verlangt das nicht von dir. Sich einem Rhythmus zu unterwerfen, weil du meinst, du *musst*, führt dich nur in falsche Religiosität und Gesetzlichkeit.

Ich kenne kaum einen freiheitsliebenderen Menschen als Fabian. Und doch hat er sich einem sehr strengen Rhythmus im Kloster unterworfen. Für ihn war wichtig, das *freiwillig* zu tun. Er ordnete sich aus freien Stücken einer strengen Regel unter, weil er wusste, dass er einen gewissen Zwang braucht, um im Alltag wirklich umzusetzen, was er sich vorgenommen hat.

Ein kleines Hilfsmittel kann sein, deinen Rhythmus wie jeden anderen Termin im Kalender zu planen. Steht er mal da drin, hast du schon halb gewonnen. Zumindest werden dir jetzt nicht mehr so leicht andere Termine in die Quere kommen.

Und die High-End-Version eines wiedergefundenen Rhythmusgefühls klang im letzten Kapitel beim Tagebuch-führen schon an: Jeden Tag zehn Minuten, jede Woche eine Stunde, jeden Monat ein halber Tag, jedes Jahr ein paar Tage … Stille.

3. Alltagskompatibel

Ein regelmäßiger Rhythmus zwischen Arbeit und Ruhe wird deinen Alltag sicher verändern. Aber du kannst ihn so gestalten, dass er zu deinem Leben passt. Du *musst* es sogar, denn viele Gegebenheiten deines Alltags sind unveränderbar. Eine stillende Mutti braucht gar nicht erst auf die Idee zu kommen, Ruhe genau in den Zeiten zu suchen, wo der Kleine plärrt. Einem Manager ist nicht zu empfehlen, während seinen Teammeetings auf Standby zu schalten. Und ein Pastor kann sonntags nicht frei machen.

Also überlege dir: Welche Rhythmen enthält dein Alltag sowieso schon? Wo gibt es Regelmäßigkeiten, an die du deine Ruhezeiten angliedern könntest?

Ein Beispiel: Vielleicht fährst du jeden Morgen zur Arbeit und jeden Abend zurück und die Fahrt dauert jeweils 15 Minuten. Mittlerweile findest du den Weg sogar ohne Navi. Das heißt, du bist jeden Tag 30 Minuten allein! Die Tür ist zu und es wird nichts von dir verlangt als ein wenig Aufmerksamkeit auf den Straßenverkehr. Lass in dieser Zeit das Radio aus und rede mit Gott. In Zeiten der Freisprechanlagen sieht das nicht mal merkwürdig aus. Oder schieb eine Hörbibel in den CD-Schacht und lass dich auf der Hinfahrt inspirieren. Überlege auf der Rückfahrt, ob das Gehörte irgendwas mit diesem Tag zu tun hatte, und rede darüber mit deinem Vater im Himmel.

Noch eine Idee: Wahrscheinlich stehst du jeden Morgen auf. Tu es zehn Minuten früher und schreib täglich nach dem Duschen ein paar Zeilen in ein Tagebuch. Nicht deine Erlebnisse von gestern, sondern deine Gespräche mit Gott. Das Schreiben hilft beim Wachbleiben. Wenn du kein Morgenmensch bist, nutz deine Mittagspause dafür oder die tägliche Zugfahrt oder tu es nur einmal in der Woche, dafür ausgiebiger, immer sonntags mittags, wenn dein Partner das Geschirr spült oder gerade auf der Couch wegdämmert.

Greif mal auf deine gottgegebene Kreativität zurück. Da gibt es Möglichkeiten.

4. Ganzheitlichkeit

Denk bei deinen Ruhezeiten nicht nur an die geistlich-seelische Seite, sondern auch an deinen Körper und deinen Spieltrieb. Tatsächlich kann regelmäßiger Sport etwas fertigbringen, was stundenlanges Meditieren niemals schafft: Abnehmen zum Beispiel. Ein fitter Körper setzt wesentlich leichter Energie frei als ein träger Bierbauch.

Leben aus und mit der Kraft Gottes ist etwas Ganzheitliches. Für mich besteht im *Laufen* eine direkte Verbindung zwischen Fitness und Gottesbegegnung. Bei nichts anderem kann ich auf so einfache und direkte Weise vom Alltag abschalten und den Kopf frei kriegen. Die rhythmische Bewegung und das stetige Atmen helfen mir, innerlich zur Ruhe zu kommen. Wenn ich allein unterwegs bin, hab ich manchmal einen Knopf mit einer Predigt im Ohr. Oder ich bete beim Laufen – geht wunderbar. Und ich werde oben drauf noch leichter und aktiviere ein paar der Muskeln, die ich mein eigen nenne.

Auch das Spielen hat einen festen Platz in deinem Leben verdient. Machst du regelmäßig etwas, was du einzig und allein deshalb tust, weil es dir Spaß macht und ansonsten das Prädikat „sinnfrei" verdient hat? Nein? Achtung, das ist nicht im Sinne des Erfinders! Das Sabbatgebot Gottes ist auch eine Aufforderung, das Leben zu feiern, mit unseren Kindern einen Drachen zu bauen, mit deinen Freundinnen ins Kino zu gehen, kuriosen Hobbys zu frönen oder einen Biergarten zu bevölkern. Ein Tipp: Tu die schönen Dinge im Leben mit Leuten, die dich zum Lachen bringen, denn die „Albernheit ist eine Erholung von der Umwelt". Das hat Peter Bamm gesagt. Wer auch immer das ist, er hat recht.[14]

5. Abstand

Wenn du Stille suchst, such sie da, wo der Alltag auch räumlich etwas auf Abstand ist. Für manchen ist das ein gemütlicher Sessel mit Blick aus dem Fenster – für mich geht das gar nicht. Zu Hause ist der Alltag zu präsent. In meinem Büro erst recht.

Jesus stieg nicht umsonst auf Berge. Vielleicht gibt es in deiner Gegend eine nett gelegene Bank, von der man übers Land schauen kann. In der Zeit, als ich an der Nordsee lebte, war es der Deich und woanders mag es ein Waldweg oder eine kleine Kapelle sein.

Such dir einen Ort, den du immer wieder aufsuchst. Denn Orte und ihre Atmosphäre machen etwas mit uns. Sie erleichtern das Ruhigwerden (so wie sie es auch erschweren können). Mit der Zeit kann das Aufsuchen dieses Ortes etwas wie „nach-Hause-kommen" werden.

6. Gemeinsam

Nicht wenige Menschen finden ihr Rhythmusgefühl nur in der Gruppe. Gemeinsam ist es leichter, wie so vieles. Das ist der Grund, warum es in den letzten Jahren in der jungen Generation eine Renaissance kommunitären Lebens gibt. Menschen suchen nach gemeinsamen Lebensrhythmen, indem sie zusammen wohnen, zusammen arbeiten, zusammen beten. Eine alte Idee kehrt zurück, auch wenn braune Kutten und Tonsur nicht mehr zum Programm gehören. Vielleicht hat ja

---

14 Du meinst, im Zeitalter von Google sei das leicht rauszufinden? Na dann ... niemand hindert dich.

wenigstens das Bierbrauen eine Chance. Auf jeden Fall verfolge ich die Entwicklung mit Spannung.

Aber man muss nicht gleich einer Lebensgemeinschaft beitreten, um gemeinsame Ruhezeiten zu gestalten. Fabian, der jetzt wieder ohne den klösterlichen Rhythmus lebt, will sich in München ein paar gleichgesinnte Leute suchen, um sich regelmäßig zu kurzen Gebetszeiten zu treffen. Treffpunkt könnte eine öffentliche Kirche oder ein Wohnzimmer sein.

Wer weiß, vielleicht gibt es solche Leute in deiner direkten Nachbarschaft oder am Arbeitsplatz. Leute aus deinem Umfeld zu suchen ist von Vorteil, denn euer Alltag bietet mehr Überschneidungspunkte. Wenn du in einer WG wohnst, frag deine Mitbewohner, was sie von dieser Sache mit der Schaukel halten. Wenn du einen engen Freund hast, trefft euch alle 14 Tage und tauscht euch intensiv über euer Leben, eure Probleme und eure Erfolge aus. Wenn du Kinder hast, such mit ihnen vor dem Zu-Bett-Gehen einen Moment Ruhe. Kurz: andere Menschen können eine Hilfe sein.

7. Lies dieses Buch

Elke Werner/Klaus-Günter Pache, *Stille – Dem begegnen, der alle Sehnsucht stillt*, SCM R. Brockhaus, 2009 → Geschrieben anlässlich des Jahres der Stille 2010.

Achtung: Es fühlt sich falsch an!

Zum Schluss noch dies: Einen Rhythmus zwischen Ruhe und Arbeit einzuüben, wird sich genauso falsch anfühlen wie das Wort *Rhythmus* falsch geschrieben aussieht. Ich habe es in diesem Kapitel so oft verwendet wie in meinem ganzen vorigen Leben nicht – und die zwei ‚h‘ gehen mir immer noch nicht leicht von der Hand.

Der Rhythmus zwischen Ruhe und Arbeit fühlt sich so falsch an, wie es falsch aussieht, wenn ein Winzer einen Weinstock zurückschneidet. Es tut sogar ein bisschen weh, denn regelmäßige passive Zeiten haben ihren Preis. Wenn ich meinen Schreibtisch und damit die Arbeit verlasse und stattdessen eine Runde laufen gehe, stelle ich die Produktivität ein und entscheide mich fürs Nichts-Tun. Das riecht ganz erheblich nach Faulheit.

Es fühlt sich falsch an.

Es fühlt sich falsch an, das Handy abzuschalten oder einen ganzen Tag das Mailpostfach nicht zu leeren. Es erscheint fahrlässig, nicht erreichbar zu sein.

Es fühlt sich falsch an.

Ich bin Pastor und trotzdem meine ich, es sei verlorene Zeit, zu beten, anstatt zu arbeiten. Skurril, aber es ist so.

Es fühlt sich falsch an.

Die Ruhe hat schlicht und ergreifend einen miesen Ruf in einer Gesellschaft, in der das Termindruck-Gejammere zum guten Ton gehört und ein saftiger Herzinfarkt als Kennzeichen von Leistungsbereitschaft verstanden wird. Darum rechne damit, dass es dich Überwindung kosten wird, dieses LebensMuster in deinen Alltag zu integrieren.

Und noch aus einem zweiten Grund fühlt sie sich falsch an, die Ruhe: Wir sind sie nicht mehr gewohnt. Ich selbst kenne sie schlechter, als ich sie kennen sollte.

In seinem Film *Die große Stille*[15] hat Philip Gröning das Leben der Mönche des Kartäuserordens dokumentiert. In diesem Kloster wird geschwiegen – und zwar immer![16] Der Film ist eine echte Herausforderung: Über zweieinhalb Stunden Stille, in der schon bedächtiger Schneefall als Geräusch und das Blättern eines Mönches in seinen Unterlagen als Krach wahrgenommen wird. Der Film ist anstrengend, weil wir uns an die Stille erst wieder gewöhnen müssen. Wir kennen sie nicht mehr.

Und drittens: Es fühlt sich falsch an, weil es in der Stille gar nicht so still ist; weil unsere Gedanken schreien, wenn wir ruhig werden. Es gibt begründete Sorge, auf das laute Chaos unserer Seele zu treffen, wenn wir Einsamkeit suchen. Mancher ist nicht gern mit sich allein.

---

15   www.diegrossestille.de.
16   *Fast* immer, es gibt wenige Ausnahmen.

Aus diesem Grund suchen wir nach einem hektischen Tag lieber nach der Fernbedienung als nach der Stille, weil ein Rendezvous mit der eigenen Seele so mühsam sein kann. Aber das ist normal, denn Stille ist nicht dasselbe wie Wellness.

Wundere dich also nicht, wenn dich die Entwicklung eines Lebens-Rhythmus zunächst Überwindung kosten wird. Vielleicht wird die Stille Entzugserscheinungen vom lauten Leben mit sich bringen und du brauchst eine gewisse Hartnäckigkeit, um sie trotzdem zu suchen. Mit Sicherheit wirst du deshalb immer wieder aus dem Takt kommen.

Dann halte durch und halte sie aus, die Ruhe. Und warte darauf, noch eine andere Stimme als nur deine zu hören.

Eine leise,

aber bestimmte,

deren Worte Kraft und Leben bringen.

DIE TELEFONZELLE

4. Die Telefonzelle

Das LebensGebet

> *Wenn et Bedde sich lohne däät,*
> *wat meinste wohl, wat ich dann bedde däät.*
> **Wolfgang Niedecken, BAP**

> *Das Vaterunser ist wahrlich das Gebet, das die Welt umspannt:*
> *die Welt mit den alltäglichen Bagatellen und den „welthistorischen*
> *Perspektiven"; die Welt mit den Stunden des Glücks und den abgrün-*
> *digen Qualen (…); die Welt der unbeschwerten Kinder und doch*
> *zugleich der Probleme, an denen Männer zerbrechen können.*
> **Helmut Thielicke**

Das vierte LebensMuster ist die Telefonzelle. Für die, die nicht mehr wissen, wozu so was gut sein soll: In früheren Zeiten ermöglichten sie das Telefonieren von unterwegs. Leider gibt es sie kaum noch, diese kleinen Räume, die dir für einen Moment Privatsphäre mitten im öffentlichen Leben boten, die mit dem Schließen der Türe den Krach der Welt ausblendeten, um einer einzigen Stimme zuhören zu können. Denn in diesem Kapitel geht es um die Kommunikation mit Gott.

LebensBild

Sie heißt Ariane und sie hat ihren Jüngsten auf dem Arm. Wie verabredet, habe ich pünktlich um 10 Uhr morgens an ihrer Tür geklingelt. Ich ahne, dass hier der Tagesbeginn schon ein paar Stunden her ist. Untrügliches Zeichen dafür ist der Kaffeeautomat, der sich bereits wieder im Standbybetrieb befindet. Ariane ist vierfache Mutter. Die beiden älteren sind im Kindergarten, ihr Mann auf Arbeit, die dreijährige Tochter schaut fern und der Kleinste sitzt jetzt neben mir im Babystuhl und sabbert begeistert meinen Schlüsselbund voll. *„Heute schon gebetet?"*, ist meine erste Frage und sie bejaht lachend. Sie weiß natürlich, über welches Thema ich heute mit ihr reden will. *„Wobei das nicht der Normalfall ist. Aber die Kids waren so kräzig[1] heute morgen ..."* – da war ein wenig Unterstützung von oben nötig.

Ariane ist in einem sehr christlichen Elternhaus aufgewachsen. Es wurde viel gebetet zu Hause. Bei Tisch, jeden Abend am Bett und überhaupt für alles und jedes. *„Sogar dafür, dass meine kleine Schwester wächst. Sie war zu klein für ihr Alter."* Das Gebet wurde erhört, was ja so erstaunlich nicht ist.

> *„Manchmal kam mein Vater an unser Bett und hat einen Segen über uns gesprochen. Du weißt schon, diesen, den man oft in der Kirche hört. Dabei hat er uns die Hand auf den Kopf gelegt. Das hat sich immer irgendwie sehr gut angefühlt."*

Mit sechs Jahren trifft sie eine persönliche Glaubensentscheidung für Jesus und sie erinnert sich heute noch an diesem Moment. *„Ich weiß noch, dass ich danach total fröhlich ins Bett gehüpft bin."* Mit neun Jahren lässt sie sich bereits taufen und ich hoffe beim Zuhören bereits insgeheim auf die Teenager-Phase und einen pubertären Ausbruchsversuch aus dieser heilen Christenwelt. Fehlanzeige. *„Im Gegenteil. Ich galt als oberfromm und superheilig. Ja, ich war schon ein bisschen komisch damals."*

---

[1] Unterfränkisch für ... nein, man weiß eigentlich nicht, wofür. Sogar, ob's unterfränkisch ist, ist zweifelhaft.

Dabei hätte ein wenig jugendliche Rebellion so gut in das Bild gepasst, das ich von dieser Frau habe. Sie ist nämlich alles andere als weltfremd und langweilig. Begriffe wie impulsiv, emanzipiert und couragiert würden sie besser beschreiben.

Mit der heilen Welt allerdings ist es dann plötzlich vorbei. Als sie 15 ist, trennen sich ihre Eltern. Es passiert, was nicht passieren darf. Und noch so viele Gebete verhindern es nicht. Man sollte erwarten, dass ein Teenager sich nun enttäuscht vom Glauben abwendet, doch Ariane findet in ihrer Gemeinde eine Art Ersatzfamilie und bei Gott den einzigen Halt, der ihr noch bleibt.

Und da fällt ihr die Lila-Lederjacken-Geschichte ein. Damals sieht sie das gute Stück in einem Laden und verliebt sich unsterblich. Leider viel zu teuer. „Gott, die muss ich haben, aber mehr als 100 Mark kann ich nicht ausgeben." Oft steht sie in diesem Geschäft. Betet täglich für eine lila Lederjacke. Die Seelennöte eines Teenagers – ein Ignorant, wer darüber lächelt.

Und eines Tages sind die Jacken reduziert. Alle, bis auf eine! Frustriert fragt sie trotzdem nach und – oh Wunder – es ist ein Versehen! Auch diese Jacke ist billiger geworden. Die nächsten Wochen wird sie jedem erzählen: „Gott hat mir eine lila Lederjacke geschenkt."

Eine kleine Aufmerksamkeit Gottes für ein Mädchen, das ein Zeichen des Himmels gut gebrauchen kann?

Ariane jedenfalls hält an ihrem Glauben fest. Nach dem Abitur erlebt sie, dass Gott ihr zeigt, wie es nun weitergeht. Ihr Gebet lautet: „*Gott, zeig mir, welchen Weg ich einschlagen soll. Ansonsten mach ich, was ich will."* Eine ältere Bekannte lädt sie zu einer Konferenz einer freikirchlichen Bibelschule ein. Als sie dort ist, geht ihr plötzlich ein merkwürdiger Gedanke durch den Kopf. „*Frag, ob du hier ein Praktikum machen kannst."* Also fasst sie sich ein Herz und fragt. Man reicht sie von Verantwortlichem zu Verantwortlichem weiter, bis sie schließlich vor der Hauswirtschaftsleiterin steht und ihre Frage wiederholt. Die Frau ist perplex. Sie braucht dringend jemanden, ja! Und war schon ganz verzweifelt, weil sie nur Absagen bekam. Und hat sich gerade gefragt, ob sie nicht drüben im Konferenzsaal nochmal einen Aufruf starten sollte.

„Und, wie war das Jahr?", frage ich. „Boah, Scheiße!"[2] rutscht es ihr raus und sie denkt dabei ans häufige Toilettenputzen. „Für meinen Glauben war's ein tolles Jahr. Ich hab so viel gelernt. So viele besondere Momente. Aber es war echt harte Arbeit."

Und dazu die Fernbeziehung zu ihrem Freund. Kaum wieder zurück, beginnt sie eine Ausbildung zur Handelsassistentin bei einem Modehaus. Und heiratet. Mit zwanzig.

Von den ersten Ehejahren erzählt sie nicht viel. Doch dann – nach vier Jahren – bricht ihre heile Welt ein zweites Mal zusammen. Diesmal verursacht sie die Katastrophe selbst. Sie geht ein Verhältnis mit einem Arbeitskollegen ein. Von heute auf morgen ist sie weg. Verlässt ihren Mann und schockierte Freunde und zieht zu ihm in eine andere Stadt.

„Das war die einzige Zeit in meinem Leben, in der ich null Bock auf Beten hatte."

Aber andere tun es. Ihre Freunde. Der Hauskreis der CityChurch, zu dem sie mit ihrem Mann gehört. Ariane weiß damals, dass sie vor einer entscheidenden Weichenstellung ihres Lebens steht. Auf der einen Seite stehen die neue Beziehung und eine Karriere in einer neuen Stadt. Auf der anderen ihre Ehe und die Rückkehr nach Würzburg. Sie spürt, dass sie den ersten Weg ohne Gott gehen müssen würde. Und sie weiß, dass die Rückkehr eine radikale Veränderung ihres Lebens bedeuten würde. Ihren Job würde sie auf jeden Fall aufgeben müssen und ob ihre Ehe noch zu retten ist …?

Ein paar Wochen ringt sie mit sich. Dann entscheidet sie sich, zurückzukommen. Sie beschreibt es heute als ein Wunder. Ohne die Gebete ihrer Freunde hätte ich das nicht geschafft, glaubt sie.

Und dann geschieht noch etwas Verblüffendes. Gott stellt ihre kaputte Ehe wieder her. *„Einfach so!",* sagt sie und ist sich absolut bewusst, wie außergewöhnlich das ist. *„Wir haben nichts anderes*

---

2   Unterfränkisch für „nicht ganz so gut".

gemacht als viel geredet und viel gebetet." Das allerdings ist etwas Neues in ihrer Beziehung. Was mit jedem anderen Menschen möglich war, war mit dem eigenen Mann immer komisch: beten.

Kaum ein Jahr später wird ihr Sohn geboren. Nathanael. *Geschenk Gottes* bedeutet der Name. Heute haben sie vier Kinder und leben eine glückliche Beziehung.

Ariane ist eine Frau, in deren Leben Gebet wirklich eine große Rolle spielt. Ich sitze ja nicht zufällig in dieser und keiner anderen Küche.

Wie sie das im Alltag macht, will ich wissen.

Mehrfache Mütter sind nicht selten Menschen, die rund um die Uhr keine ruhige Minute finden. Leicht ist es nicht, gibt sie zu. An einen festen Gebetsrhythmus etwa ist nicht zu denken. Aber es gibt Möglichkeiten. Zum Beispiel betet sie immer, wenn sie mit dem Kinderwagen unterwegs ist. Kaum geht sie los, fängt sie an, mit Gott zu reden. Leise – nehme ich mal an.

Regelmäßig trifft sie sich auch mit anderen Müttern zum Beten. Die Kinder toben durch den Raum, doch offensichtlich kann man eine erstaunliche Lärmtoleranz entwickeln. Und dabei mit Gott reden. Auch wenn man gleichzeitig Windeln wechseln oder die kleinen Mäuler mit Karottenbrei ruhigstellen muss. Überhaupt macht dies für Ariane den Kern von Gebet aus:

Mit Gott im Alltag in Kontakt sein.

Ständig! Im normalen Leben!

Mag es sein, wie es will,

das Leben.

Da kann es auch mal vorkommen, dass sie eben das Haus verlassen wollen, um Freunde zu besuchen, und eine innere Stimme fordert sie auf, das gerade gebackene Brot mitzunehmen. Sie hat aufgehört, so etwas albern zu finden. Sie tut es einfach. Als es am Abend Zeit zu gehen ist, würden die Freunde sie ja gerne noch zum Abendessen einladen, aber: „Es tut mir leid. Ich hab kein Brot im Haus. Total vergessen", entschuldigt sich die Gastgeberin. „Aber ich hab eins im Kofferraum!", sagt Ariane und fügt mir gegenüber an:

„Unwichtiger und banaler kann's doch kaum sein. Und trotzdem kümmert Gott sich drum."

Sie hat erlebt, wie Gott Gebete erhört. Als Gemeindeleitung haben wir für Nathanael gebetet, als er ein Baby war. Daraufhin verschwand seine Neurodermitis.

Doch sie hat auch erlebt, dass Gott Gebet nicht erhört. Ein guter Freund stirbt an Krebs, obwohl so viele beten. Und jede ihrer Geburten endet mit einem Kaiserschnitt, obwohl sie sich so sehr eine normale Geburt wünscht und jedes Mal aufs Neue sicher ist, dass Gott dieses Mal ihren Wunsch erfüllen wird.

„Einmal, nach so einer Enttäuschung, hab ich mir gesagt: Ich höre jetzt mit dem Beten auf. Es bringt ja doch nichts. Doch dann hab ich gemerkt, dass ich drei Möglichkeiten habe. Ich kann bockig das Beten aufgeben und werde wohl daran verbittern. Ich kann einfach weitermachen und so tun, als ob alles in Ordnung wäre. Oder ich kann weinen und es ‚Kacke' finden – und dabei darauf achten, dass mein Herz weich bleibt."

Und dann sagt sie einen Satz, der zu ihr passt:

„Ich habe mich entschieden, lieber mit der Enttäuschung zu leben, als dass ich nie geträumt hätte."

Arianes Geschichte ist keine Geschichte wundersamer Gebetserhörungen, die jeden Zweifler verstummen lässt. Aber es ist die Geschichte einer Frau, die in Höhen und Tiefen hartnäckig auf Gott vertraut und versucht, in all dem ehrlich mit sich und ihren Fragen zu bleiben. Und die erlebt hat, dass Gebet tatsächlich etwas bewegt. Allerdings nicht immer alles …

„Ich glaube, wir müssen beten! Gottes Wille geschieht nicht einfach so und von alleine. Wie im Vaterunser. Da beten wir, dass sein ‚Wille geschehe'. Darum höre ich nicht mit dem Beten auf, auch wenn manchmal nicht geschieht, was Gott will, obwohl wir beten. Ja wirklich, ich glaube nicht, dass alles, was passiert, Gottes Idee ist. Was soll man einer Frau sagen, deren Kind stirbt? Gott habe sich schon was dabei gedacht?"

Sie hat aufgehört, von ihren Erfahrungen darauf zu schließen, wie Gott ist – was ich für eine sehr kluge Sache halte.

Ich frage sie zum Schluss, was Beten für sie ist. Ist es vor allem Dank, ist es Anbetung, ist es Fürbitte ...? „Beziehung!" sagt sie. „Es ist Beziehung. Reden und Zuhören. Mitten im Alltag sensibel sein für das, was er sagen will."

Ich fahre nach Hause und denke darüber nach, dass ich diese lila Jacke eigentlich gerne noch gesehen hätte.

Sie hat sie nämlich immer noch.

Irgendwo im Keller.

LebensWelt

Gebet. Welche Rolle spielt es noch in einer modernen Welt? Um dieser Frage näher zu kommen, zuerst nochmal eine Geschichte.

Lisa Jefferson arbeitet in einer Telefonvermittlung. Es ist vormittags um 9.45 Uhr, als sie einen Anruf erhält, wie sie wohl nie wieder einen erhalten wird. Am Apparat ist Todd Beamer, ein junger Familienvater und leitender Angestellter einer Softwarefirma. Er ruft aus einem Flugzeug an. Das Flugzeug ist in den Händen von Entführern.

Man schreibt den 11. September 2001.

Vor einer Stunde flog die erste der beiden Maschinen in einen der Zwillingstürme des World Trade Centers in New York. Todd Beamer und die anderen Passagiere wissen bereits davon und können eins und eins zusammenzählen. Sie werden hier nicht lebend rauskommen, denn dieses Flugzeug ist ganz offensichtlich mit einer ähnlich tödlichen Absicht unterwegs. Er telefoniert lange mit Lisa, erzählt ihr von dem Vorhaben einiger Fluggäste, das gekaperte Cockpit zu stürmen. Heute wissen wir, dass ihnen dies wohl gelungen sein muss. Denn der Flug United Airlines 93 endete nicht, wie von den Terroristen geplant, im amerikanischen Kapitol, sondern auf einem Feld südlich von Pittsburgh.

In den letzten Minuten seines Lebens bittet Todd Beamer Lisa Jefferson um zwei Dinge: seine Frau und seine Kinder von ihm zu grüßen … und mit ihm das Vaterunser zu beten. Und so sprechen zwei sich unbekannte Menschen diese Worte, die vor 2000 Jahren ein Mann auf einem Hügel am See Genezareth zum ersten Mal formulierte. Eine zitternde Telefonistin in einem Callcenter irgendwo in Chicago und ein relativ gefasster Manager in der Sitzreihe eines todgeweihten Flugzeugs wenden sich an Gott. Und die gleichen Sätze, die sonst millionenfach in halbleeren Kirchen tonlos daher gemurmelt werden, gewinnen plötzlich unvorstellbare Kraft:

> *Vater unser im Himmel!*
> *Geheiligt werde dein Name.*
> *Dein Reich komme.*
> *Dein Wille geschehe wie im Himmel so auf Erden.*
> *Unser tägliches Brot gib uns heute.*
> *Und vergib uns unsere Schuld,*
> *wie auch wir vergeben unseren Schuldigern.*
> *Und führe uns nicht in Versuchung,*
> *sondern erlöse uns von dem Bösen.*
> *Denn dein ist das Reich und die Kraft und die Herrlichkeit*
> *in Ewigkeit.*
> *Amen.*

Mit dem Tod vor Augen werden die sonst so oft phrasenhaft heruntergebeteten Zeilen auf eine fast unheimliche Weise lebensrelevant und drücken die tiefsten Sehnsüchte eines Menschen in höchster Not aus.

Dein Reich komme.

Dein Wille geschehe.

Vergib uns unsere Schuld, wie auch wir …[3]

Erlöse uns von dem Bösen!

---

3   Was für ein Gebet im Angesicht von Menschen, die gerade dabei sind, dir und anderen das Leben zu nehmen!

Das letzte, was Lisa von Todd hört, ist sein an eine Gruppe mutiger Männer gerichtetes „*Let's roll!*" (Los geht's!) – danach Geräusche von Kampf und Chaos, bis die Verbindung abreißt.

Auf den ersten Blick mag diese über ein Jahrzehnt zurückliegende Ausnahme-Situation in Folge eines Terroranschlags wenig mit deinem Alltag zu tun haben. Mit meinem auch nicht. Auf den ersten Blick! Denn auf den zweiten lehren mich Todd Beamer und Lisa Jefferson und ihr berühmt gewordenes Telefonat tatsächlich etwas über mein Leben und welche Rolle das Gebet darin spielt.

Man sagt, in einem abstürzenden Flugzeug gebe es keine Atheisten. Wenn das Leben endet, wird Beten plötzlich wichtig, nötig und auf eine seltsame Weise natürlich. Man muss schon ein hartgesottener Zyniker sein, wenn man diese intuitive menschliche Reaktion des Gebetes in Todesnot nur als erbärmliches Klammern an einen letzten Strohhalm deutet – verständlich, aber unreif.

Wer ist er, der in Todesgefahr betende Mensch? Ist er ein Beispiel dafür, dass erwachsene Menschen in letzter Sekunde doch noch den gesunden Menschenverstand gegen einen infantilen Glauben eintauschen?

Oder ist er ein Beispiel dafür, dass Menschen in letzter Sekunde das tun, was jetzt das einzig Logische ist: Kontakt zu dem Gott suchen, von dem sie kommen und zu dem sie nun wieder gehen. Weil jetzt die Zeit vorbei ist, in der man das Leben noch selbst in der Hand hatte. Weil es jetzt um eine Realität geht, die größer ist als das Diesseits.

Ich weiß nicht, was du tun würdest.

Ich würde beten.

Mit dem, der in dieser Sitzreihe neben mir säße, egal, wer es wäre.

Aber wenn Gebet wichtig und natürlich ist im Angesicht des Todes, dann müsste es auch wichtig und natürlich sein im Angesicht des Lebens, oder? Wenn Gebet die Kraft gibt, dem Tod in die Augen zu schauen, wie viel mehr müsste es dann ebenso Kraft geben, das gewöhnliche Leben zu meistern. Wenn es intuitiv Sinn macht, sich in Extremsituationen an einen Größeren zu wenden, dann müsste dieser

Kontakt mit Gott doch auch im stinknormalen Alltag eine wichtigere Rolle spielen.

Die Kölschrock-Gruppe BAP drückte das seinerzeit (und übersetzt) so aus:

> Wenn das Beten sich lohnen würde,
> was meinst du wohl, was ich dann beten würde.
> Ohne Prioritäten, einfach so, wie es käme, finge ich an.
> Nicht bei Adam und nicht bei Unendlich,
> trotzdem, jeder und jedes käme dran.
> Für all das, wo der Wurm drin,
> für all das, was mich immer schon quält,
> für all das, was sich wohl niemals ändert.
> Klar – und auch für das, was mir gefällt.
> Vom Choral für die Domtaube,
> die verkrüppelt verendet in der Gosse,
> bis zu Psalmen für das Wetter
> und die Stunden mit dir, die zu kurz.
> Ich würde beten, was das Zeug hält,
> ich würde beten auf Teufel komm raus,
> ich würde beten für was ich gerade Lust hätte,
> doch für nichts, wo mir wer sagt: „Du musst!"[4]

Aus Wolfgang Niedeckens Sicht lohnt sich das Beten nicht, deshalb bleibt sein Lied im Konjunktiv. Und dennoch ist sein Song jedem eine Mahnung, der dem Gebet *eigentlich* Wirkung beimisst und es dennoch selten tut.

In einem abstürzenden Flugzeug gibt es keine Atheisten. Am Boden unten finden sich übrigens auch nicht mehr viele. Die meisten Deutschen glauben … irgendwas. So behaupten es wenigstens die Trendforscher. Aber beten? Beten scheint nicht mehr wirklich gesellschaftsfähig zu sein, oder?

Nun, wenn man fragt, welche Rolle das Gebet in unserem Land eigentlich noch spielt, erhält man ambivalente Antworten. Zumindest

---

4   Der neunte Track auf ihrer vierten Platte „Von drinne noh drusse" (1982).

gefühlt[5] taucht es in der Welt, in der ich lebe, eher selten auf. Man ahnt, dass wahrscheinlich jeder in seinem Leben schon mal gebetet hat, doch geredet wird nicht darüber. Umfragen zeigen ein uneinheitliches Bild. In einer Umfrage des Statistischen Bundesamtes lese ich, dass der Deutsche durchschnittlich vier Minuten am Tag betet, und ich denke: *Wow, das ist viel!* Selbst wenn ein paar Extrembeter den Schnitt nach oben ziehen sollten. In der Shell-Studie von 2006 hingegen heißt es, dass nur zehn Prozent der Menschen täglich beten, und zwar zehn Prozent *der* Menschen, die glauben oder dem Glauben offen gegenüber stehen. Das wiederum scheint mir ernüchternd wenig.

Also lasse ich die Umfragen beiseite und frage mich, wo ich selbst es denn noch entdecke, das Gebet. Einfach nur in dem kleinen Teil der Welt, den ich überblicke und wahrnehme. Und siehe da, ich entdecke es noch, auch wenn es vergleichsweise selten geworden ist. Es sind meines Erachtens vier Formen, in denen es vorkommt.

Die erste, nicht tot zu kriegende Form, ist das **Stoßgebet**. Es taucht immer dort auf, wo es wirklich um etwas geht. Und es wird angewandt vom Tiefgläubigen bis zum latent religiös Angehauchten, der die Existenz Gottes schlicht nicht völlig zweifelsfrei ablehnt.

Man beobachtet das Stoßgebet vor allem im Sport, genauer gesagt im Fußball. Da bekreuzigen sich südamerikanische Spieler beim Auflaufen auf den Platz in der WM-Endrunde und manch deutscher Public Viewer versucht dies – zur Sicherheit – mit ein paar stillen Ave Marias zu neutralisieren. Und wenn zum Ende der Saison der Abstiegskampf ansteht, titelt manche Zeitung in ihrem Sportteil ungeniert: *„Da hilft nur noch beten!"* und meint das wohl auch so.

Nach dem Motto *„Hilft's nix, schad's nix"* wird nach wie vor stoßgebetet in diesem Land. Vor Klausuren, in Autobahnstaus und Weltwirtschaftskrisen – also immer dann, wenn wir Wünsche haben, deren Erfüllung nicht in unserer Macht steht.

Die zweite Erscheinungsform ist das, was man unter dem Begriff **Kontemplation** zusammenfassen kann. Nenne deine Gebetszeit eine meditative Auszeit und schon liegst du im Trend. Die Verbindung zwischen

---

5   Welch wunderbares Wort – füge es in deine Aussage ein und erspare dir damit langwierige Recherchen bezüglich des Wahrheitsgehaltes derselben.

diesseitigen und transzendenten Wirklichkeiten wird mehr und mehr gesucht in unseren Breiten. In Frankfurt hätte ich vergangene Woche mitten in der Fußgängerzone an einer buddhistischen Reinigungszeremonie teilnehmen können; in Reinhold Messners Bergmuseum bei Bozen zieren religiöse Exponate aus Fernost die Bergsportausstellung (oder umgekehrt); die Klöster unseres Landes vermelden steigende Belegungszahlen; und der bekannteste Lebens- und Managementberater meiner Region ist ein Mönch.[6]

Ganz klar: längst nicht jede kontemplative Suche nach Bewusstseinserweiterung ist mit dem gleichzusetzen, was im christlichen Kontext Gebet genannt werden kann. Aber zumindest die Suche nach „so etwas wie Gott" und einer geistigen Verbindung zu dem Höheren ist vielen meiner Zeitgenossen gemeinsam.

Drittens: **Anbetung.** Fast jeder Mensch betet an. Ich glaube, das liegt uns im Blut. Jedenfalls dann, wenn man diese Beobachtung nicht nur auf den religiösen Bereich beschränkt. Denn *irgendetwas* brauchen wir, wofür wir leben, woran wir glauben und was wir ehren. Dieses *etwas* ist immer größer als wir selbst. Und uns an dieses Große hinzugeben, macht uns selbst nicht kleiner, sondern vermittelt uns ein erhebendes Gefühl.

Für mich zum Beispiel gibt es wenig, was mir derartig Ehrfurcht einflößt wie ein hoher Berg. Ich denke gerade an einen Alpengipfel, von dessen Bezwingung ich noch träume. Ich nenne ihn *„majestätisch"*, von *„ewigem"* Eis bedeckt und sage von mir selbst, dass ich *„Respekt"* vor diesem Berg habe. Wenn ich ihn sehe, kann ich den Blick kaum abwenden, und sollte ich irgendwann auf seinem Gipfel stehen, werde ich mich winzig klein und besonders groß gleichzeitig fühlen.[7]

Das kann man Anbetung nennen. Anbetung ist die Hingabe an das Große, das deinem Leben (vermeintliche) Bedeutung verleiht. Das kann der BVB sein, die oder der „Angebetete", die Firma, für die man seine Lebenszeit opfert, eine Idee, deren Realisierung alles ändern würde, oder auch eine Ideologie, die Menschen verblendet.

---

6 Pater Anselm Grün aus Münsterschwarzach.

7 Wer mir eine Freude machen will, kann mir die Kosten für einen Bergführer auf das Weißhorn im Wallis bezahlen.

Einfach nur *sein* ist uns Menschen zu wenig. Wir leben *für* etwas. Nichts anderes ist die christliche Anbetung Gottes. Die Hingabe an Gott, einfach weil er Gott ist und weil seine Erhabenheit anzubeten unseren kleinen Menschenleben Wert verleiht.

Und zu guter Letzt entdecke ich das **Ritual** in meiner Welt. Wir Menschen brauchen Rituale, besonders in den bedeutenden Momenten unseres Lebens. Darum pusten wir an Geburtstagen die entsprechende Anzahl Kerzen auf einem Kuchen aus; darum kann man die erste Klasse nicht ohne Schultüte beginnen; darum beginnt ein gemeinsames Essen wenigstens mit einem „*Guten Appetit*"; darum endet der Tag mit einem Gute-Nacht-Kuss; darum werfen Menschen Münzen in Brunnen oder zünden in einer Kirche eine Kerze für einen Freund an.

Rituale sind wichtig, selbst wenn man nicht daran glaubt. Und darum hat im Ritual auch das Gebet immer noch seinen Platz in der Gesellschaft. Eine Hochzeit steht an, ein Kind wird geboren, ein Teenager wird konfirmiert, die Oma ist gestorben … und völlig glaubensferne Menschen wünschen sich nun doch den Segen oder die Fürbitte eines Geistlichen und beten wie selbstverständlich zu einem Gott, von dessen Existenz sie gar nicht überzeugt sind.

Denn irgendwie geben Rituale Sicherheit und dem Leben eine Ordnung. Gebet als Ritual trägt, wenn es zum *rein äußerlichen* Ritual degradiert wurde, nur noch wenig von seiner ursprünglichen Kraft in sich. Und doch ist es noch von Bedeutung.

Bis jetzt hat das Gebet die westliche Säkularisierung also überlebt. „*Gerade so*", könnte man denken. Aber ich glaube, dass wir uns um sein Überleben keine großen Sorgen machen müssen. Menschen empfinden immer noch ein natürliches Bedürfnis, sich *nach oben* zu wenden, wenn es *hier unten* schwierig wird.

Dem Gebet geht es soweit gut.

Die Frage ist eher, wie es um *unsere* Gesundheit bestellt ist.

Die Frage ist, ob wir das Gebet in seiner ihm innewohnenden Kraft neu entdecken werden.

Eine Kraft, die viele Menschen hier und da immer noch erahnen. In abstürzenden Flugzeugen, im Stoßgebet vor der Abiturklausur, in der kontemplativen Stille einer Klosterzelle, in der Ehrfurcht vor der Größe des Lebens und in den rituellen Segensworten über dem glücklichen Brautpaar.

Das LebensMuster der Telefonzelle weiß von der Kraft des Gebets und hat das Ziel, ihm über die genannten Lebensbezüge hinaus in deinem Alltag Bedeutung zu verleihen. Es will dich motivieren, das Gebet zu einem prägenden Element in deinem Leben zu machen. Die Telefonzelle will dir hinaus helfen über das, was du bisher mit dem Beten verbindest, sei es viel oder wenig.

LebensGebet

Schaut man in die Evangelien, sieht man: Beten ist eine der Kernkompetenzen von Jesus.

Seine Freunde erleben täglich, wie er sich zum Beten zurückzieht. Sie hören, wie er sich manchmal mit seinem Vater unterhält, als stünde dieser direkt neben ihm. Sie staunen darüber, wie sein Gebet eine himmlische Kraft aktiviert, die Tote auferweckt und ein Strahlen auf leidverzerrte Gesichter zaubert.

Jesus kennt das Stoßgebet, die einfache Bitte um Hilfe, wenn man sich selbst nicht mehr helfen kann und hält diese Art, sich an Gott zu wenden, für völlig selbstverständlich. Er äußert sich beinahe erstaunt darüber, dass man von Gott etwas anderes erwarten könnte als konkrete Hilfe in Not:

Oder würde jemand unter euch seinem Kind einen Stein geben, wenn es ihn um Brot bittet? Würde er ihm eine Schlange geben, wenn es ihn um einen Fisch bittet? Wenn also ihr, die ihr doch böse seid, das nötige Verständnis habt, um euren Kindern gute Dinge zu geben, wie viel mehr wird dann euer Vater im Himmel denen Gutes geben, die ihn darum bitten.[8]

---

8   Matthäus 7,9–11.

Jesus verbringt zudem viel Zeit in der Stille, wie das LebensMuster Schaukel ausführlich gezeigt hat. Er praktiziert das kontemplative Gebet und zieht daraus Kraft für seinen Weg.

Jesus betet seinen Vater an, wenn er begeistert ist von dessen Macht und Wirken. Als seine Schüler ihre erste eigene Mission erfolgreich beendet haben, sieht man ihn ausgelassen auf der Stelle springen und voller Enthusiasmus die Arme zum Himmel strecken.

Damals wurde Jesus vom Geist Gottes mit jubelnder Freude erfüllt und rief: „Vater, Herr über Himmel und Erde, du hast angefangen, deine Herrschaft aufzurichten. Das hast du den Klugen und Gelehrten verborgen, aber den Unwissenden hast du es offenbar gemacht. Dafür preise ich dich! Ja, Vater, so wolltest du es haben![9]

Jesus betet an, weil Gottes Handeln seinem eigenen Wirken Sinn verleiht. Er hat sich in seine Schüler investiert. Er hat sie voller Hoffnung ausgesandt. Und jetzt hat Gott seine Macht erwiesen.

Yesss!

Und ja, Jesus schätzt auch die Bedeutung ritueller und vorformulierter Gebete. Das einfache Tischgebet, das manchmal leerer Worthülsen verdächtigt wird, gehört zu seinem Repertoire an Gebetsformen. Lukas berichtet, dass ihn zwei seiner Vertrauten sogar an seiner Art, bei Tisch zu beten, wiedererkannten.[10]

Jesus scheint also ständig mit dem Himmel im Kontakt zu stehen. Und darum haben seine Schüler einen Wunsch. Sie bitten ihn: „Herr, lehre uns beten!"

Und Jesus beginnt: Okay, wenn ihr betet, betet so:

Vater!
Dein Name werde geheiligt.
Dein Reich komme.
Unser tägliches Brot ...

---

9   Lukas 10,21.
10   Lukas 24,30–31.

So überliefert es Lukas in seinem 11. Kapitel. Er zitiert eine Kurzversion des bekannten Vaterunsers. Nach Matthäus findet sich der kleine Crashkurs in Sachen Gebet innerhalb der eher umfangreichen Bergpredigt. Ich habe den ersten Teil dieses Abschnitts im letzten Kapitel (Die Schaukel) schon zitiert:

> *Und wenn ihr betet, macht es nicht wie die Heuchler, die sich zum Gebet gern in die Synagogen und an die Straßenecken stellen, um von den Leuten gesehen zu werden. Ich sage euch: Sie haben ihren Lohn damit schon erhalten. Wenn du beten willst, geh in dein Zimmer, schließ die Tür, und dann bete zu deinem Vater, der ,auch' im Verborgenen ,gegenwärtig' ist; und dein Vater, der ins Verborgene sieht, wird dich belohnen. Beim Beten sollt ihr nicht leere Worte aneinander reihen wie die Heiden, ,die Gott nicht kennen'. Sie meinen, sie werden erhört, wenn sie viele Worte machen. Macht es nicht wie sie, denn euer Vater weiß, was ihr braucht, und zwar schon bevor ihr ihn darum bittet. Ihr sollt so beten: Unser Vater im Himmel ...*[11]

... und dann folgt das Gebet, dass Todd Beamer viele Jahrhunderte später in einem Flugzeug sprechen wird, bevor er sein Leben opfert. Wer hätte damals auf dem Hügel am See Genezareth geahnt, dass Jesus hier gerade derart welt- und zeitumspannende Worte formuliert? Nun, er selbst vielleicht?

Ein einfaches Gebet beinhaltet alles, was es zwischen Mensch und Gott zu sagen gibt. Dies ist eine der Begebenheiten, in denen mir Jesus sehr sympathisch wird.

Er hat eine Vorliebe für einfache Lösungen.

Jesus hat keine Bücher über Gebet geschrieben. Er sprach nicht von einem schwergewichtigen Thema, dem man sich nur mit viel Erfahrung und geistlicher Reife nähern sollte. Nein – er sagt:

Gebet? – Das ist einfach!

Ihr wollt beten lernen? – Kein Ding.

---

11 Matthäus 6,5–9 a.

Lasst euch nur nicht von den frommen Leuten beeindrucken (er nennt sie *Heuchler*) und macht bloß nicht so viele Worte, als ob ein Gebet mit der Anzahl seiner Worte an Kraft gewinnen würde. Es ist auch nicht so wichtig, dass ihr heilige Orte aufsucht. Beten kann man überall. Zieh dich in dein Zimmer zurück und mach die Tür zu. Gebet ist etwas zwischen dir und Gott,

etwas Intimes,

Leises,

Schlichtes,

Intensives.

Also, wenn das Gebet zu Jesu Kernkompetenzen gehörte … und wenn wir es lernen wollen … dann könnte es ratsam sein, es von Jesus zu lernen, denke ich mal. Und wenn er Lernwilligen eine Empfehlung gibt, wie man beten soll … dann könnte es ratsam sein, dieser Empfehlung zu folgen, oder nicht?

Das Lebensmuster der Telefonzelle schlägt dir darum vor, vom Vaterunser das Beten zu lernen.

Merkwürdigerweise jedoch ist das Gebet Jesu in den christlichen Kreisen, in denen ich mich bewege, weitgehend in der Bedeutungslosigkeit versunken. Man betet es noch – ab und an –, aber es spielt neben den freien Gebetsformen eher in der zweiten Liga. Den prägenden, quasi pädagogischen, Einfluss, den Jesus ihm beimaß, hat es kaum noch. Wir haben eine Empfehlung Jesu und wir ignorieren sie erfolgreich. Komisch eigentlich.

Natürlich ist richtig: Es gibt Gebet in vielen Formen. Jesus selbst hat nicht nur so, sondern auch ganz anders gebetet. Aber das Vaterunser ist dennoch eine Art Prototyp des Gebets.

Ein Beispiel, ein Modell.

Ein Muster eben.

Ein Gebet zum Beten lernen.

Ein Gebet, das zum LebensGebet werden will.

LebensMuster Telefonzelle

Jesus empfiehlt das „Zimmer" als Ort der ungestörten Kommunikation mit Gott. Dabei liegt die Betonung auf der bestechenden Alltagstauglichkeit dieses Ortes – man kann ihn jederzeit aufsuchen – und auf der simplen Möglichkeit, für einen Moment Ruhe zu finden – man kann die Tür hinter sich schließen. Der gedankliche Weg bis zur Telefonzelle ist nicht weit. Ein kleiner Raum, erschaffen eigens zur Telekommunikation, der mitten im Alltag eine kleine Insel der Ruhe anbietet.

Wie das Gebet ist die Telefonzelle im Zeitalter der mobilen Telefonie weitgehend aus unserem Alltag verschwunden. Dieses LebensMuster fordert darum eine Auferstehung der Telefonzelle! Zumindest im übertragenen Sinne. Denn Gebet gehört in den Alltag. Nicht nur in Notsituationen, ins Kloster oder an den Mittagstisch. Gebet kann eine Lebenshaltung werden und das normale Leben durchdringen. Und das nicht nur in Form von Stoßgebeten.

Das Vaterunser lässt sich in *sechs Sinnabschnitte* unterteilen. Von Jesus beten lernen wir, indem wir diese sechs Abschnitte verstehen und sie uns einprägen. So wird das Gebet Jesu zu einem Muster, das uns helfen kann, unsere eigenen LebensGebete zu formen.

1. Gottes Wesen

Vater unser im Himmel! Geheiligt werde dein Name.

Im ersten Abschnitt lernen wir, wie wir Gott ansprechen sollen. Leider gibt die deutsche Übersetzung nicht wieder, welches hebräische Wort Jesus hier benutzt: *Abba* – vergleichbar mit dem deutschen Papa.

Jesus lehrt uns, vertraulich mit Gott zu reden. Ungeniert. Ungekünstelt.

Du und Gott – ihr seid per Du.

Dies war damals und ist heute einmalig im Vergleich mit anderen Religionen. Kein Gott der Welt lässt sich so ansprechen. Einzig der, den Jesus kennt. Dessen Wesen Liebe ist und der die Nähe zu seinen Geschöpfen sucht.

Im gleichen Atemzug aber betont Jesus, dass dieser Vater *im Himmel* ist, von einer anderen Welt, König eines Reiches, das wir mit unseren Sinnen nicht erfassen können. Deshalb nennt er seinen Namen mit Ehrfurcht. Das ist es, was ich vorhin Anbetung nannte.

Gebet erhebt den Namen Gottes. Anbetung allein wäre Grund genug, regelmäßig zu beten. Denn wer anbetet, hat begriffen, wer Gott ist. Gottes Namen heiligen ist die natürliche Reaktion eines Menschen, der eine Ahnung von Gottes Wesen bekommt.

Also – wenn du betest, mach dir als erstes bewusst, mit wem du redest. Mit dem Gott, mit dem du genauso vertraulich sprechen kannst, wie es meine Tochter tut, wenn sie Papa von seiner Schreibtischarbeit abhält, um ihm strahlend von ihrer Eins in Mathe oder weinend von ihrem Streit mit der besten Freundin zu berichten.

Und mit dem Gott, dessen Namen man nicht nennen kann, ohne den großartigen Schauer zu spüren, den die wirklich großartigen Dinge des Universums auf unsere Haut zaubern.

Und dann tu beides: Fall vor ihm auf die Knie, applaudiere respektvoll seiner Erhabenheit. Und sag unverfroren Du zu ihm, nimm kein Blatt vor den Mund, sag, was immer du zu erzählen hast.

Diese unvergleichliche Spannung zwischen totaler Vertrautheit und Ehrfurcht macht den Kontakt mit Gott so unverwechselbar.

2. Gottes Reich

Dein Reich komme. Dein Wille geschehe wie im Himmel so auf Erden.

Dieser Abschnitt im Vaterunser ist eine echte Herausforderung und formuliert Worte, die bei der Mehrheit heutiger Gebete entweder nicht gesprochen oder nicht ernst gemeint werden.

Dein Reich komme!

Dein Wille geschehe!

Das zu beten solltest du dir dreimal überlegen. Willst du das wirklich? Jesus lehrt uns, Gott Gott sein zu lassen. Mit allen Konsequenzen, die es hat, wenn Menschen das tun.

So zu beten bedeutet, ihn regieren zu lassen. Es bedeutet, zu wollen, dass geschieht, was Gott will, dass es geschieht. Es bedeutet, dass sein Reich wächst, was nicht selten zur Folge hat, dass die Reiche von Menschen abnehmen – mein eigenes zum Beispiel.

Dieser zweite Abschnitt des Vaterunsers lehrt uns, Gott mit unserem Gebet das Ruder zu überlassen. Mehr noch! Er lehrt uns, Gottes Ziele zu unseren eigenen zu machen. Mit ihm für die Realisierung *seiner* Zukunft zu kämpfen und mit ihm von *seinen* Träumen zu träumen.

Dein Reich komme – mein persönlicher Lieblingssatz in diesem Gebet.

Wenn du betest, wie Jesus betet, dann erwartest du zusammen mit dem Schöpfer von Himmel und Erde die Ausbreitung seiner neuen Welt! Eine Welt mit mehr Frieden, mehr Gerechtigkeit, Freundlichkeit, Heil und Leben. Wenn du betest, wie Jesus betet, wünschst du dir den Himmel auf die Erde und lässt Gott in deinem Leben freie Hand, seinen Willen umzusetzen, so dass sein Reich kommen kann – angefangen in deinem direkten Umfeld.

So ist der zweite Abschnitt des Vaterunsers eine Folge aus dem ersten. Denn über mich regieren lasse ich nur den, dem ich wirklich vertraue und die Kompetenz und Größe zutraue, seine Ziele tatsächlich zu erreichen. *Dein Wille geschehe* – so etwas sagt man nur zu einem echt *guten* Vater.

Gebet wird also zu einer regelmäßigen Eichung deines inneren Kompasses. So was ist tatsächlich ab und zu mal nötig, jedenfalls bei dem elektronischen Teil, das ich besitze. Regelmäßig muss ich ihn neu auf Norden justieren, damit er mich zuverlässig in die richtige Richtung führt.

Die Eichung deines inneren Kompasses lautet etwa so:

Gott ist Gott.

Ich bin nur ein Mensch.

Deshalb sind seine Ziele meine Ziele.

Und nicht umgekehrt.

3. Gottes Versorgung

Unser tägliches Brot gib uns heute.

In diesen Satz packt Jesus das, was wir oft in Stoßgebete packen: unsere Bitten, die das tägliche Leben betreffen.

Das *tägliche Brot* war zwar für mich noch nie Gegenstand meiner Sorgen und Wünsche[12], aber es gibt andere Dinge, die wir zum Leben brauchen und die manchmal außerhalb unserer eigenen Reichweite liegen.

Mit dieser dritten Lektion von Jesu Gebetslehrgang tun wir uns auf eine gewisse Weise am leichtesten und auf eine andere am schwersten. Am leichtesten, weil uns das Wünsche-

---

12 Wie würde ich wohl diese Worte beten, wenn ich zu einer Zeit oder in einem Erdteil geboren wäre, in denen Hunger zum Alltag gehört?

äußern im Blut liegt. Am schwersten, weil uns hier die tiefsten Enttäuschungen auflauern. Mit diesem Abschnitt des Vaterunsers verbinden sich die größten Hoffnungen und die schwersten Zweifel.

Denn bitten ist einfach.

Aber bitten ist auch riskant.

Mein letztes Stoßgebet liegt zehn Minuten zurück und es drehte sich um den Laptop, an dem ich diese Zeilen gerade schreibe. Wie so oft gibt es ein Problem und wie so oft kann ich es nicht beheben. Trotz mehrfach bemühter Internetforen und ausprobierter Lösungsvorschläge. Das Problem legt den Rechner nicht völlig lahm, aber es nervt.

Und es ist absolut und total überflüssig.

Ein Stoßgebet wert also.

Sogar eine leidenschaftlich vorgetragene Bitte, wenn man es genau nimmt, unter eindringlicher Darstellung der Win-Win-Situation: eine wundersame Genesung des Computers würde mir Nerven ersparen und dieses Buch um ein aktuelles Beispiel für erhörtes Gebet bereichern, was Gott doch eigentlich nur recht sein müsste. Doch er funktioniert nicht. Der Rechner. Und Gott auch nicht.

Und nun habe ich neben einem kaputten Laptop ein weiteres Problem. Ein nicht erhörtes Gebet nämlich. Sie funktioniert offensichtlich nicht, die Himmelshotline. Und ich weiß nicht, warum.

Eine Bitte riskiert die Erfahrung, dass Gebet nicht „funktioniert".[13]

Auf der anderen Seite: Nur eine Bitte ermöglicht die Erfahrung, dass Gott versorgt. Wenn ich das Bitten aus Angst vor Enttäuschung nicht wage, werde ich dies niemals am eigenen Leib erleben, oder? Lila Jacken würden seltener herabgesetzt, Ehen blieben zerrüttet und die Berliner Mauer[14] stünde vielleicht immer noch.

---

13 Pete Greig hat eines der besten Bücher zum Umgang mit unbeantwortetem Gebet geschrieben: *Offline – Warum antwortest du nicht, Gott?* Brunnen, 2009.

14 „Mit allem haben wir gerechnet, nur nicht mit Kerzen und Gebeten. Sie haben uns wehrlos gemacht", Horst Sindermann, 1989 Präsident der Volkskammer der DDR.

Jesus sagt: *Klar – bittet Gott. Er ist der Versorger! Haltet ihn nicht für geizig! Und denkt darüber nach, warum ich „täglich" gesagt habe.* Es geht um heute, um die alltäglichen lebensnotwendigen Dinge. Ich bezweifle, ob es Sinn macht, um einen Porsche zu beten.

Wenn du betest, bitte Gott um Hilfe und Versorgung. Das Bitten wird dein Bewusstsein dafür wach halten, dass du von Gott abhängig bist, und es birgt die Chance, dass du sein Handeln im Alltag erlebst.

4. Gottes Gnade

Und vergib uns unsere Schuld,
wie auch wir vergeben unsern Schuldigern.

Beten ist einfach, aber nicht billig. Das Vaterunser fordert uns einigermaßen unsensibel auf, mit Gott über den Dreck an unserem Stecken und die Leichen in unserem Keller zu reden.

Und um Vergebung zu bitten.

Was ja noch einfach wäre, wenn Jesus nicht diese kleine, aber folgenreiche, Spitzfindigkeit anfügen würde: Wir sind gefragt, denen, gegen die wir zu Recht etwas in der Hand haben, mit Gnade zu begegnen, und – Achtung! – es klingt fast so, als würden wir Gott auffordern, unsere eigene Vergebungsbereitschaft als Maßstab für seine uns gegenüber zu nehmen.

Aua!

Das macht aus einer schnellen Beichte eine echte Aufgabe und stellt uns die Frage, wie ernst wir das meinen mit der Gnade. Diese nur für sich selbst zu beanspruchen und anderen nicht zu gewähren – so wird das nicht funktionieren!

Jesus legt in seinem Gebet Wert auf den Kern dessen, was diese Welt einzig retten und heilen kann: Gnade und Vergebung. Nichts anderes wird Hass und Gewalt und Trennung und Streit beenden.

Nichts anderes als Gnade.

Und zwar nur *die* Gnade, die nicht nur von Gott erbeten, sondern auch unter uns gelebt wird.

Wenn du also betest, schau ehrlich in den Spiegel und sei dir bewusst: Du kannst nicht um Gnade bitten, aber selber keine gewähren. Jedoch: Wenn dich dein Gebet zu einem gnädigen Menschen macht, der zu eigenem Versagen steht, hat das weltverändernde Auswirkungen.

5. Gottes Führung

Und führe uns nicht in Versuchung.

Diese Welt ist komplex, bisweilen verwirrend konfus und vollgestopft mit Möglichkeiten, zu scheitern. Dauernd haben wir Entscheidungen zu fällen und nicht immer leiten uns ein brillanter Intellekt, eine geerdete Vernunft und lautere Motive. Wer sich kennt, hat zumindest eine Ahnung davon, wie leicht er in der Lage ist, einen Schritt zu gehen, den er noch bereuen wird.

Mögliche Wege, die Zerstörung und Leid in unser und anderer Leute Leben bringen, obwohl man es ihnen zunächst nicht ansieht, nennt Jesus *Versuchungen*.

Bittet Gott, euch zu führen!

Nicht unbedingt den leichten Weg, sondern den guten.

Nicht unbedingt den kurzfristig attraktivsten, sondern den langfristig gesündesten.

Einen, auf dem sich das Leben mehr und mehr entfalten wird, statt immer mehr Verletzungen und Narben davonzutragen.

Nicht selten, wenn Menschen um Gottes Führung bei Entscheidungen beten, denken sie in anderen Kategorien als Jesus im Vaterunser.

Nicht die moralisch-ethischen Entscheidungen sind es, in denen wir vor allem Gottes Führung suchen. Hier trauen wir unserem Urteilsvermögen meistens zu, das allein zu schaffen.

Wir wünschen uns göttliche Weisungen vielmehr bei Fragen wie diesen: Soll ich wirklich Elektrotechnik studieren? Soll ich wirklich Erwin heiraten? Soll ich wirklich im Kindergottesdienst mitarbeiten? Wir suchen Gottes Führung an Weggabelungen, an denen uns eine Fehlentscheidung Unannehmlichkeiten einbringen würde. Zwischen richtig und falsch zu entscheiden, trauen wir uns in der Regel zu. Aber bei der Wahl zwischen Erfolg und Pleite hätten wir gerne ein paar göttliche Insiderinformationen.

Interessanterweise scheint Jesus hier anders zu gewichten. Er verbindet die Bitte um Führung mit der Bewahrung vor Versuchungen. Aber er formuliert keine Bitte um Bewahrung vor den normalen Fehlentscheidungen des Lebens.

Könnte es sein, dass er uns in vielen Lebensentscheidungen wesentlich mehr Selbstverantwortung zumutet, als dem lieb sein kann, der vor jeder Pizzabestellung *zunächst den Herrn fragen* will, und dass es ganz andere Entscheidungen sind, bei denen Gott daran interessiert ist, dass wir den richtigen Weg gehen? Entscheidungen, die mit Charakterstärke zu tun haben, mit ethischer Verantwortung, mit Wahrhaftigkeit, Ehrlichkeit, Integrität und Achtung?

Wie auch immer – wenn du betest, bitte ihn, zu dir zu reden.

Hör ihm zu!

Hierin liegt eine große *Kunst* des Betens. Zuhören, nicht nur reden. Die leise Stimme vernehmen, die uns herausfordert, in eine Richtung zu gehen, die wir ohne seinen Rat nicht eingeschlagen hätten.

6. Gottes Erlösung

Sondern erlöse uns von dem Bösen.

Das ist der versteckte und utopische Traum der Menschheit und das offene und ernst gemeinte Ziel Gottes:

Erlösung von dem Bösen.

Beinahe haben wir uns daran gewöhnt, dass die Welt eine üble ist. Doch immer dann, wenn das Böse sein Gesicht wieder einmal allzu brutal zeigt, oder in den seltenen Augenblicken, wenn sich die Welt von ihrer besten, friedlichsten und wunderschönsten Seite zeigt, flackert in uns die Sehnsucht nach einer Welt auf, in der das Böse endgültig Geschichte geworden ist.

Werden wir das eines Tages erleben?

Ist diese Bitte mehr als ein trauriger Seufzer, weil der Beter schon um ihre Vergeblichkeit weiß, kaum dass sie ausgesprochen wurde? Ist diese Bitte echte Hoffnung? Kann man auf Erlösung von dem Bösen hoffen, wenn man in einem entführten Flugzeug sitzt? Wenn Depressionen oder Krebs oder sonst eine Grausamkeit ein Menschenleben fertigmachen? Wenn man von täglicher Gewalt bedroht ist, im Büro gemobbt wird, in Einsamkeit ertrinkt? Kann man das hoffen, solange Kinderpornos gedreht und angeschaut werden, Leute verhungern, Nuklearwaffen entwickelt werden?

Beten kann man es, aber kann man es auch ernsthaft *erwarten*?

Ich finde, man muss!

Es ist die letzte Hoffnung auf den Sieg des Guten auf Erden. Und Jesus glaubt und hofft es offensichtlich. Und er behauptet, dass unser Gebet um Erlösung von dem Bösen Gottes Einfluss in dieser Welt vergrößert. Er versteht Gebet als eine aktive Tat gegen das Böse.[15]

Wenn du betest, bete um Erlösung. Formuliere das Gebet der Sehnsucht nach dem Ende des Bösen.

Schrei es!

Seufze es!

Flüstere es!

Aber bete es! Irgendwann werden wir es erleben.

Das war's. Sechs Sätze, die deine Kommunikation mit Gott prägen wollen. Vielleicht vermisst du als Kenner des Vaterunsers jetzt noch einen siebten Punkt zum Schlusssatz des Gebets. Du weißt schon: *Denn dein ist das Reich* und so weiter.

Dieser Gebetsschluss ist wunderschön und ich liebe ihn, aber er beinhaltet inhaltlich keinen neuen Aspekt, sondern ist ein abschließender Lobpreis. Er ist in gewisser Weise eine Begründung, warum du die Dinge betest, die du betest. Warum du glaubst, dass Beten in den beschriebenen sechs Mustern Sinn macht. Und darüber hinaus ist er – so schade das ist – höchstwahrscheinlich nicht O-Ton Jesus. Die ältesten Handschriften des Matthäusevangeliums beinhalten diesen Schlusssatz nicht. Ich bete ihn trotzdem.

MusterVorschläge

1. Das Vaterunser als Teil des Alltags

Lass das Gebet zu einem Element deines Tagesablaufs werden. Mach es zum Beispiel zu einem kleinen Ritual, morgens und abends das Vaterunser zu beten. Nutze die Macht der Gewohnheit, das Gebet in dein Leben zu integrieren. Ich nehme an, du vergisst selten, dir die

---

15   Ich denke zurück an das, was Ariane sagte: „Ich glaube, wir müssen beten! Gottes Wille geschieht nicht einfach so und von alleine. Wie im Vaterunser. Da beten wir, dass sein ‚Wille geschehe‘. Darum höre ich nicht mit dem Beten auf, auch wenn manchmal nicht geschieht, was Gott will, obwohl wir beten."

Zähne zu putzen oder deine Mails abzurufen. Warum? Weil diese Abläufe ritualisiert sind. Du tust sie automatisch. Wenn es dir beim Beten anders geht, gib ihm einen festen Platz in deinem Tagesablauf. Das muss nicht kniend am Bett geschehen. Du kannst es täglich unter der morgendlichen Dusche tun. Oder immer mit dem ersten Schluck Kaffee. Oder immer, nachdem Claus Kleber vom *heute journal* der Welt gute Nacht gesagt hat. Wichtig ist, dass das Gebet einen festen Platz bekommt, einen, der für dich stimmig ist.

Eine clevere Alternative schlägt Mike Breen in seinem Buch *Leidenschaftlich glauben – Jüngerschaft vertiefen* vor. Zu sechs Zeiten am Tag lässt sein Handy einen leisen Pieps von sich hören. Und jedes Mal spricht er dann – wo auch immer er ist und was er auch gerade tut – leise einen Satz des Vaterunsers: „Um sechs Uhr bete ich: *Vater unser im Himmel,* um neun Uhr: *Dein Reich komme.* Mittags bete ich: *Gib uns unser tägliches Brot,* gegen Ende des Arbeitstages: *Und vergib uns unsere Schuld* und danach: *Führe uns nicht in Versuchung.* Ganz am Ende des Tages bete ich dann, dass er uns *von dem Bösen erlösen* möge."[16]

So gibst du dem Vaterunser die Chance, direkt und mitten hinein in deinen Alltag zu kommen und ihn zu prägen. Wie oft wirst du wohl erleben, dass in diesen kurzen Augenblicken ein Stück des Himmels in deine Welt hineinkommt?

2. Das Vaterunser als Wochenstruktur

Eine andere Möglichkeit ist, jedem Tag der Woche einen der sechs Sätze des Vaterunsers zuzuordnen und die einzelnen Tage unter diesem Aspekt des Gebets zu durchleben.

Montags beginnst du die Woche mit dem *Vater,* mit dem du per Du bist und dessen Namen du mit deinem Leben heiligst. Der unbeliebteste Tag der Woche wird ein Tag der Begeisterung von Gottes Wesen. **Dienstags** arbeitest, liebst und lebst du in der Hoffnung, dass *sein Reich kommt* und sein Wille geschieht. Und wirst immer öfter die Gelegenheiten bemerken, in denen du deine eigene Gebetserhörung

---

16 S. 136.

sein wirst, weil durch dich etwas von Gottes Liebe in die Welt kommt. **Mittwochs** ist der Tag der *Fürbitten*. Du liegst Gott in den Ohren wie ein Kind, betest für andere und für dich selbst um tägliche Versorgung, um Heilung und offene Türen in die Zukunft. **Donnerstags** wagst du den ehrlichen Blick in den Spiegel und nennst deine *Schuld* beim Namen. Vergibst denen, die sich in dieser Woche einen Tritt in den Hintern bei dir verdient hätten, und freust dich über Gottes grenzenlose Gnade für dich und die anderen. **Freitags** beginnt das Wochenende. Dass dies dein Tag der größten *Versuchungen* ist, wage ich nicht zu behaupten. Jedenfalls ist die Bitte um Führung heute dran. Und am **Samstag**, wenn die Welt sich im Wesentlichen ums Rasenmähen und andere schöne Dinge des Lebens dreht, verlierst du Gottes *Kampf gegen das Böse* nicht aus dem Blick und klinkst dich mit deinem Gebet in sein Werk ein. Und **Sonntags**? Sonntags betest du das Vaterunser irgendwo zusammen mit anderen in einem Gottesdienst. Du wirst es nicht runterleiern, sondern mit jedem Satz einen Moment der letzten Woche verbinden.

3. Das Vaterunser meditieren

Vielleicht bist du der kontemplative Typ oder willst es werden. Weil das Vaterunser so einfach auswendig zu behalten ist, kann man es wunderbar meditieren. Das heißt: es wiederholend beten … den einzelnen Worten viel Zeit geben, auf die Seele zu wirken … den Gedanken nachhängen, die sich beim Beten formen … und dabei aufmerksam hinhören, ob Gott dir durch deine Gedanken etwas sagen möchte.

Hey, du betest das Gebet, das Jesus selbst betete! In gewisser Weise synchronisiert sich dein Pulsschlag mit dem Puls Jesu, du atmest sein Wesen, machst seine Gedanken zu deinen, wenn du dieses Gebet meditierst.

Für einige Menschen ist ein Ort der Stille dabei hilfreich und auch eine körperlich ruhige Haltung. Du kannst eine Kapelle aufsuchen, in deiner Wohnung eine Kerze anzünden, eine Ikone betrachten oder ähnliches. Meditation ist aber auch in Verbindung mit *Aktion* möglich. Beim Spazierengehen oder Laufen in der Natur, beim Bügeln oder Autofahren und all den Tätigkeiten, die Multitasking noch ermöglichen.

4. Mit dem Vaterunser die Welt verändern

Blaise Pascal sagte: *Gott hat das Gebet eingerichtet, um seinen Geschöpfen die Ehre zu verleihen, Ursache zu sein.* Die sechs Abschnitte des Vaterunsers sind allesamt als Bitten formuliert, nicht nur die um das tägliche Brot. An Gott gerichtete Bitten sind die direkteste Kommunikation mit dem Himmel, weil sie eine Reaktion von oben erwarten. Leider bitten wir oft, ohne wirklich zu erwarten, dass etwas geschieht. Um das zu ändern, gib den Fürbitten einen höheren Stellenwert, indem du sie aufschreibst und sie regelmäßig durchliest. Zum einen bleibst du so dran an den Dingen, für die du beten willst, und zum anderen wirst du immer öfter bemerken, wo Gott tatsächlich eingreift und dein Gebet erhört.

Und jedes Mal, wenn du eine Bitte von deiner Liste streichst, schick ein Dankeschön Richtung Himmel.

5. Mit dem Vaterunser anbeten

Gott anzubeten bedeutet, ohne die Absicht zu beten, selbst einen Nutzen davon zu haben. Von Anbetung soll Gott etwas haben, einfach weil er es verdient.

Viele Religionen bringen ihren Gottheiten Opfer. Das mag uns primitiv erscheinen und es ist von Vorteil, sich der Gefahr des Missbrauchs bewusst zu sein, bei dem Menschen Opfer bringen, um sich damit letztlich nur Hilfe von Gott zu erkaufen. Aber der Wunsch, Gott aus Dankbarkeit und Ehrfurcht ein Geschenk zu machen, ist ein guter und zutiefst menschlicher. Das ist Anbetung.

Bete das Vaterunser bewusst als Geschenk, als Opfer. Weil Gott es verdient, diese Worte von dir zu hören. Wie kein anderes gibt dieses Gebet Gott die Ehre, besonders der letzte (von mir etwas ins Abseits geschobene) Satz: *Denn dein ist das Reich und die Kraft und die Herrlichkeit.* Er gibt Gott den Platz, der ihm gebührt, und dir den deinen.

Bring Gott das Vaterunser in Geschenkform. Tu es musikalisch, wenn du diese Eigenschaft dein eigen nennst. Bring es auf eine Leinwand oder in Reimform, bring es in einer besonderen Gebetshaltung, kniend oder gar im Staub liegend (wenn dir danach ist). Male das Vaterunser in Rauchschwaden mit einer Cessna an den Himmel oder sprich es in schlichten Worten, wenn du das nächste Mal eine Kirche besichtigst.

6. Das Vaterunser als Muster für Gebet überhaupt

Natürlich wurde dieses Kapitel nicht geschrieben, dass nun das Vaterunser das freie Gebet ablöst. Aber es könnte hier und da deine Gebete zu verschiedenen Gelegenheiten neu inspirieren.

Du kannst seinen Grundaufbau als Muster nehmen, um deinen freien Gebeten eine Form zu geben. Meist schleichen sich nämlich auch in diese heimlich die gleichen Formulierungen und Floskeln ein. Bei anderen ist dir das schon aufgefallen. Das Gebet Jesu kann mit seinen sechs Schritten deinen freien Gebeten neuen Inhalt geben.

Und vielleicht betest du manchmal mit anderen zusammen. Kennst du diese Sache, die „Gebetsgemeinschaft" genannt wird, ihren Platz am Anfang oder Ende kirchlicher Teammeetings hat, immer in etwa gleich abläuft und wo niemand so wirklich weiß, was er beten soll? Nehmt die sechs Abschnitte des Vaterunsers als Grundstruktur für euer Teamgebet. Jeder formuliert in seinen eigenen Worten einen Aspekt und füllt ihn mit dem, was bei euch aktuell ist.

DAS BROT

5. Das Brot

Das LebensMittel

Das fünfte LebensMuster ist das Brot. Brot ist ein LebensMittel und die Bibel wird seit Jahrhunderten von Menschen als ein solches erlebt. Sie fanden in diesem Buch Worte, von denen sie sich im wahrsten Sinne des Wortes ernährten. Die richtigen Nährstoffe sind unverzichtbar für gesundes Wachstum und kraftvolle Vitalität.

LebensBild

Die Entscheidung, wen ich zum LebensMuster Brot interviewen würde, war keine schwierige. Sofort dachte ich an Daniel.

Ich kenne ihn seit einem knappen Jahr und eines der ersten Dinge, die er mir über sich selbst erzählte, war dies: *„Meine Leidenschaft gilt der Bibel. Ich liebe dieses Buch!"* Nicht ganz üblich für einen gutaussehenden jungen Kerl Anfang 20. Eher etwas schräg sogar. Aber da er ansonsten den Eindruck eines mitten im Leben stehenden Mannes macht, ist mein Interesse an ihm und seiner Geschichte geweckt. Warum Daniel heute von seiner Liebe zur Bibel so leidenschaftlich redet wie andere von ihrer Liebe zum Fußball oder einer Traumfrau, erkläre ich später. Zunächst mal blenden wir zurück zu den Anfängen seines Lebens. Denn Daniel war nicht immer so.

Sicher – er ist in einem christlichen Elternhaus aufgewachsen. Seine Eltern stammen aus Sachsen. Noch vor der Wende können sie in den Westen ausreisen. Der Glaube wird ernst genommen in dieser Familie, schließlich hat man zu DDR-Zeiten handfeste Nachteile aufgrund des Christseins ertragen müssen.

> *„Ich habe meinen Vater oft die Bibel lesen sehen. Ich wurde nie mit religiösen Pflichten erschlagen, aber ich wusste immer, dass die Bibel wichtig ist."*

Kindheit und Jugend verbringt Daniel in Südbayern. Hier geht die Familie in eine Freie evangelische Gemeinde. Als Jugendlicher entschließt sich Daniel, die Bibel von vorne bis hinten durchzulesen. Er tut es sogar zwei Mal. Es dauert drei Jahre.

> *„Ich war insgesamt ziemlich enttäuscht von der Bibel. Okay, hier und da war ich mal berührt und angesprochen, aber aufs Ganze hat sie mich nicht wirklich von den Socken gehauen."*

Nach dem Abitur entschließt er sich dennoch, Gott nochmal auf eine neue Weise zu suchen. Er meldet sich zu einer *Discipleship Training School* (DTS) von *Jugend mit einer Mission*[17] in Australien an und erlebt hier über einige Monate, wie der Glaube an Jesus Christus Menschen verändert. Sein Glaube wandelt sich von einer religiösen Einstellung zu einer persönlichen Gottesbeziehung. Daniel erlebt hautnah, wie die Bibel jungen Menschen hilft, mit schlimmen Verletzungen aus ihrer

---

17   *Jugend mit einer Mission* ist eine internationale Bewegung, die seit den 1960er-Jahren mit Jugendlichen weltweit Missionseinsätze durchführt.

Vergangenheit klarzukommen und als Persönlichkeiten zu reifen. Er erlebt, dass sogar einzelne Verse dieses alten Buches Leute tief bewegen und ihr Leben verändern. Daniel erfährt die Kraft von Gebet und Gottes Wirken sehr unmittelbar und real.

So kommt er ein halbes Jahr später verändert nach Hause, aber dennoch …

> *„… fiel es mir zurück in Deutschland nach wie vor schwer, die Bibel zu lesen. Es war frustrierend, aber sie sprach einfach zu wenig in mein Leben.“*

Im Raum steht nun die Überlegung, vor dem Studium noch eine Bibelschule zu besuchen. Daniel will eigentlich nicht wirklich. Wenn ihn schon zehn Minuten Bibellesen derartig langweilen, würde er sich sicher nicht neun Monate lang damit beschäftigen. Trotzdem entscheidet er sich dazu und findet sich wenige Wochen später in L. A. wieder, wo er zum ersten Mal in seinem Leben lernt, die Bibel systematisch zu studieren.

> *„Ich habe gelernt, die Bibel vor ihrem historischen Hintergrund zu lesen. Wer ist der Autor des Buches, den ich gerade vor mir habe? Wer sind die Adressaten? Was machte die Kultur aus, in der dieser Text entstanden ist, und welche zeitlosen Wahrheiten stecken in dem Text, die ich heute auf mein eigenes Leben anwenden kann?“*

Bibel lesen wird Arbeit. Die Bibel ist ein Dokument realer Geschichte, aber weil zwischen uns und den biblischen Autoren mehrere tausende Jahre liegen, kostet es einiges an Mühe, sich das nötige Hintergrundwissen über die Entstehungszeit zu erarbeiten. Aber Daniel erlebt auch, wie er in den alten Geschichten regelrecht mitlebt beim Lesen. Er teilt Jesajas Schmerz über ein gottloses Volk, er quält sich mit Hiobs schweren Fragen über das Leiden, er ist mit Paulus begeistert von der Rechtfertigung allein aus Glauben im Römerbrief. Das große Bild der Bibel in den Blick zu bekommen, die Geschichte Gottes als Ganze zu verstehen – das hilft ihm, einzelne Texte in den Zusammenhang einzuordnen.

Bibel lesen wird Arbeit für Daniel.

Aber es lohnt sich.

Denn die Texte gewinnen an Profil und Tiefe.

Und an Relevanz.

> *„Es ist wie mit einem richtig guten Essen. Es zuzubereiten kostet Zeit und Mühe. Einfacher wäre, sich bei McDonalds einen Burger zu holen. Aber wenn es richtig gut schmecken soll, kommt man um die Arbeit einfach nicht drum rum.*
>
> *Wenn ich heute die Bibel lese, kostet mich das Zeit und Kraft. Und immer noch Überwindung. Aber jedes Mal ziehe ich Nahrung für mein Leben daraus. Die Bibel ist kein Cheeseburger, sie ist eher wie Vollkornbrot. Man muss mehr kauen, aber dafür wird man wirklich satt. Es steckt so viel Leben in diesem Buch."*

Heute lebt Daniel in Würzburg und studiert evangelische Theologie. In unserer Kirche engagiert er sich als Musiker und manchmal predigt er. Wir haben ihn gebeten, einen Online-Bibellese-Plan zu entwickeln, mit dem jeder, der will, in einem Jahr die gesamte Bibel durchlesen kann.

Daniels Leidenschaft für dieses Buch ist ungebrochen. Ich frage ihn, ob sie für ihn heute wirklich zum „täglichen Brot" geworden ist und wie das aussieht.

> *„Ich glaube, unser Leben ist einem mit Wasser gefüllten Pool vergleichbar. Damit das Wasser darin sauber bleibt, muss ständig Wasser zu- und abfließen. Sobald es nicht mehr zirkuliert, bilden sich Algen.*
>
> *So ist es für mich mit der Bibel. Ich brauche ständig neuen Input und ich muss ständig davon weitergeben. Wenn ich diesen Kreislauf stoppe, wirkt mein Glaube sehr schnell abgestanden und meine geistliche Frische geht verloren. Täglich die Bibel zu lesen ist für mich wirklich wie täglich gut zu essen. Es stillt meinen Hunger nach Gott und nach Leben. Höre ich auf, mich aus der Bibel zu ernähren, stille ich meinen Hunger bald automatisch anderswo – und nicht immer sind diese anderen Nahrungsquellen wirklich gesund für mich."*

Ein antikes Buch als LebensMittel. Passt das zu einem Leben in einer postmodernen LebensWelt?

LebensWelt

Habe ich schon erwähnt, dass ich aus der Schweiz stamme? Als Eidgenosse bekenne ich großmütig, dass es zumindest eine Sache gibt, die die Deutschen ohne Frage besser können als wir.

Brot.

Mein hiesiger Bäcker bietet an: Vollkornbrot, Sechskornbrot, Kürbisvollkornbrot, Frankenlaib, Dinkelkrustenbrot, Sportlerbrot, Winzerbrot, Kartoffelbrot, Fränkisches Krustenbrot, Roggenmischbrot, Hausbrot, Bauernbrot, Kümmellaib, Bauernlaib, Franziskaner-Laib, Roggenlaib, Piccolo, Sonnenblumenkernbrot und Was-weiß-ich-Brot.

Brot.

Die Deutschen sind die unbestrittenen Weltmeister des Brotbackens. Niemand kann das so gut wie sie. Das fällt mir besonders dann auf, wenn ich im Urlaub ein paar Wochen gezwungen bin, die kümmerlichen Erzeugnisse der Backkunst anderer Kulturen zu mir zu nehmen. Anfangs genieße ich die Abwechslung, vor allem das französische Baguette kann ich gut und gerne ein paar Tage ertragen. Aber mit der Zeit treibt mir die mangelnde Vielfalt und Qualität die Tränen in die Augen und die Sehnsucht nach einer guten Scheibe deutschen Brotes in den Magen. Ich verneige mich an dieser Stelle vor den Bäckern des deutschen Landes.

Bezeichnend aber ist: Solange ich nicht im Urlaub, sondern zu Hause bin, bedeutet mir die Qualität unseres Brotes eigentlich recht wenig. Der Wert guten Brotes wird mir erst durch sein Fehlen bewusst. Solange es verfügbar ist, halte ich es für selbstverständlich. Ja, ich genieße es sogar höchst selten. Will ich mir kulinarisch etwas Gutes tun, denke ich an anderes als Brot. Ich gehe nicht zum Bäcker, sondern frage beim Metzger nach einem guten südamerikanischen Steak und werde glücklich.

Brot ist eben kein Genuss-, sondern ein Grundnahrungsmittel, und das ist gut so. Das gemeine Butterbrot bildet zwar nicht den Höhepunkt des Tages, aber es ist einer der Grundbausteine unserer Ernährung. Soweit ich weiß, enthält Brot so ziemlich alles an Nährstoffen, was wir zum Leben brauchen.

BROT

Und darum ist Brot ein gutes Bild für die Bibel.

Das LebensMuster Brot behauptet: Die Bibel muss zu unserem Grundnahrungsmittel werden. Sie ist kein exklusives und nur noch von ein paar wenigen Sonderlingen geschätztes Genussmittel. Sondern sie kann und will das Leben normaler Menschen mit Energie und Nährstoffen versorgen.

Doch bevor ich beschreibe, warum ich diesem uralten Buch diese Wirkung zutraue, gehe ich in diesem Abschnitt der Frage nach, ob wir einen solchen Kraftspender überhaupt brauchen. Warum meine ich, dass wir so etwas wir Brot (im übertragenen Sinne) nötig haben?

Nun, mir zumindest geht es so: Als Fünfjähriger hatte ich viele Fragen, wie das bei Kindern so ist.

Die große weite Welt schien voller Rätsel.

Mittlerweile hingegen weiß ich: Die große weite Welt *ist* voller Rätsel! Es ist beunruhigend, aber ich habe heute nicht weniger Fragen als damals. Im Gegenteil: Ich habe mehr!

Ich sage es mal frei heraus: Ich bin verwirrt.

Man hat mir zum Beispiel erzählt, es gebe zwei unterschiedliche Ansichten darüber, ob es Gott gebe oder nicht. Und die, die an Gott glaubten, würden sich grob gesagt in fünf Weltreligionen aufteilen. Heute aber begegne ich allein im sogenannten Christentum einer unglaublichen Anzahl religiöser Ansichten und spiritueller Strömungen. Ich spreche mit Menschen meines eigenen Glaubens und muss feststellen, dass deren Weltbild derartig weit weg von meinem eigenen ist, dass ich mich während den Ausführungen meines Gegenübers heimlich frage, ob wir eigentlich vom selben Planeten kommen. Und wenn ich den Blick über meine christlichen Kreise hinaus über die Gesellschaft als Ganze schweifen lasse, wird das Bild noch um ein Vielfaches unübersichtlicher. Alle möglichen Weltanschauungen vermischen sich mit den Schattierungen diverser Religionen und Philosophien und es gibt quasi nichts, was es nicht gibt. Der lupenreine Atheist ist vom Aussterben bedroht, doch was ein Mensch meint, wenn er „Gott" sagt, differiert derartig, dass man von „Wahrheit" in Glaubensdingen gar nicht mehr zu sprechen wagt. Was ist schon Wahrheit?

Existentielle Fragen stellen sich.

Was soll man glauben?

Ich bin verwirrt.

Dieser religiöse Pluralismus hat seine Ursache wohl in der jahrzehntelangen Verdrängung des Religiösen an den Rand einer modernen aufgeklärten westlichen Welt. Klar, dass die Sehnsucht nach Spiritualität – mit für unsere Breiten nicht vermuteter Intensität – wieder aufbricht, seit der Glaube an Wissenschaft, Technik und ökonomischen Fortschritt mehr und mehr ins Wanken gerät. Und zwar in den unterschiedlichsten Formen und Farben.

Gleichzeitig führt die weltweite Vernetzung über die neuen Medien zu einer Vervielfachung des Angebots auf dem Markt der Welterklärungsmodelle. Informationen darüber, aus welchen Quellen der grönländische Inuit, der australische Ureinwohner oder der Dalai Lama ihre Lebenskraft beziehen, sind heute leichter verfügbar als die sonntägliche Predigt des Dorfpfarrers. Für Letztere müssten wir uns morgens früh auf den langen Weg zur Kirche begeben, Ersteres ist nur ein paar Klicks am Notebook entfernt.

Um uns herum glaubt jeder etwas anderes. Eine schier unüberblickbare Anzahl von „Wahrheiten" entsteht. Bisherige Antworten wackeln.

Ich bin verwirrt.

Dabei ist das ganz normale Leben schon komplex genug. Im heutigen Informationszeitalter verdoppelt sich das Wissen der Welt alle fünf bis zehn Jahre. Hilfe! Ich habe vor 20 Jahren Abitur gemacht und kam mir damals schon so ahnungslos vor!

Also bemühe ich mich, up to date zu bleiben und nutze fleißig die Möglichkeit, von meinem Computer aus in Sekundenschnelle auf das gesamte Weltwissen zuzugreifen. Es zeigt sich allerdings, dass weder meine zeitlichen noch meine kognitiven Ressourcen ausreichen, um all das zu erfassen, was ich erfassen könnte. Selbst in meiner Branche (der Theologie) ist so viel im Wandel und wird so viel gedacht und gebloggt und verlegt, dass es nahezu unmöglich ist, den Durchblick zu behalten. Längst zu den Akten gelegte Dogmen werden neu hervor-

geholt und hinterfragt (und ich finde das gut), doch es ist wirklich ...
exakt! ... verwirrend.

Die Folge: Wer heute im Berufsleben durchhalten will, braucht vor allem eines: Wandlungsfähigkeit. Innerlich wie äußerlich. Der Puls der Zeit rast und es ist nicht leicht, dran zu bleiben. Das gelingt nicht jedem. Und wer heute im Privatleben eine halbwegs vorzeigbare Stabilität erreicht und Ehe, Kinder und Karriere ohne größere Katastrophen unter einen Hut bekommt, gilt schon fast als Exot. Kein Wunder, das Psychotherapeuten, Selbsthilfegruppen und schriftliche Ratgeber wie Pilze aus dem Boden schießen. Das Leben ist offensichtlich zu komplex, um es *einfach so* zu leben. Die globale Vielfalt an Möglichkeiten, Lebenskonzepten, Informationen und tiefgreifenden Problemen, die neue Herausforderungen und Lösungswege erfordern, ist verwirrend.

Was fehlt, ist Orientierung.

Was fehlt, sind Werte.

Was wir brauchen, ist Inspiration.

Und Weisheit.

Und Charakter.

Und ein Mindestmaß an Grundüberzeugungen, derer wir uns sicher sind und die deshalb unser Leben im Kern auf ein Fundament stellen.

Nicht, dass es keine Anbieter gäbe. Die Orientierungslosigkeit unserer Gesellschaft erzeugt geradezu ein Schlaraffenland für alle Arten von modernen Propheten, Mir-Nach-Führern und Heilsbringern. Und man ist verblüfft, welch zweifelhaften Ideologien manch gebildeter Normalbürger gutgläubig folgt ...

„Stopp!" denkt mancher jetzt. *„Komm zum Punkt! Jetzt willst du mir sagen, die Bibel sei ein Fundament, das uns in einer verwirrenden Welt Orientierung gibt, richtig?"*

So fragt der skeptische Leser mit vorwurfsvollem, der konservative Kirchgänger mit hoffnungsvollem Unterton.

LebensMittel

Nun, was ich sagen will ist, dass der Glaube an Christus das einzig verlässliche Fundament in diesem komplexen Leben ist, das *ich* bisher gefunden habe. Und weil das so ist, versuche ich, Jesus Christus durch dieses komplexe Leben zu folgen. Einer Person also, nicht einem Buch!

Aber: Die Bibel wiederum ist die einzig verlässliche Quelle für diesen meinen Glauben an Christus. Weil es die Bibel ist, die die weltumspannende Geschichte Gottes mit der Menschheit erzählt, in der Jesus die Hauptrolle spielt, finde ich in ihr meine Inspiration und die dringend nötige Hilfe, Charakter und Werte zu formen. So wird mir dieses Buch zum LebensMittel.

Okay – auf welche Weise tut sie das?

Vor ein paar Jahren saß ich irgendwo mit irgendwem wegen irgendwas. Viel weiß ich nicht mehr, nur dass ein paar junge Leute zusammen waren, um irgendein Projekt zu planen. Jedenfalls war einer da, der etwas über die Bibel erzählte. Wer, weiß ich nicht mehr, und warum er das tat, auch nicht. Aber *was* er sagte, weiß ich noch. Nämlich:

Mit der Bibel ist es wie mit einer Betriebsanleitung, die wir aus der Verpackung eines brandneuen Elektrogerätes holen. Wir lesen sie nicht. Stattdessen packen wir das Gerät aus und fangen sofort an, herum zu probieren. Manchmal vergehen Stunden, bevor wir endlich die beiliegende Anleitung lesen. Warum? Weil sie langweilig ist. Dabei wäre es sehr schlau, diese Zeit zu investieren, denn nur so können wir das Gerät fehlerfrei bedienen. Mit dem Leben ist es genauso. Wir leben einfach drauf los, ohne vorher mal die Betriebsanleitung des Erfinders zu lesen. Wir könnten uns eine Menge Ärger ersparen, würden wir die Bibel lesen.

Diese Erklärung gefällt mir ... nicht! Nein, sie gefällt mir ganz und gar nicht! Sie gefiel mir *damals* (deshalb ist sie auch – im Gegensatz zu allem anderen – in meinem Hirn hängen geblieben), aber heute mag ich sie nicht mehr. Man wird schlauer mit der Zeit.

Denn die Bibel bringt nicht in *dieser* Art und Weise Orientierung in unser Leben, wie eine Betriebsanleitung die Bedienung eines Handys erleichtert. Warum nicht?

Erstens deshalb, weil das Leben komplexer ist als ein Elektrogerät. Wesentlich komplexer! Man kann das Leben nicht in einem zwanzig- oder tausendseitigen Handbuch beschreiben, das du nur aufmerksam lesen musst und danach läuft alles rund. Das funktioniert allein schon deshalb nicht, weil jedes Leben anders ist.

Zweitens sind Betriebsanleitungen, wie schon gesagt, furchtbar langweilig. Man liest sie nicht gern, und zwar aus gutem Grund.[1] Wäre die Bibel wirklich eine Betriebsanleitung, würde zumindest *ich* sie nur im absoluten Notfall lesen.

Drittens ist es schlicht und ergreifend nicht wahr. Die Bibel ist kein Nachschlagewerk! Schlag sie auf und schau nach. Du findest darin keine systematische Erklärung des Lebens, du findest auch keine alphabetisch geordneten Anweisungen bei Fehlermeldungen.

Auf eine sehr lustige Weise hat der New Yorker Journalist A. J. Jacobs karikiert, was passieren könnte, würde man die Bibel konsequent als Betriebsanleitung missverstehen. In seinem 2007 erschienenen Buch „The Year of Living Biblically" (deutsch: „Die Bibel und ich") beschreibt er seinen Selbstversuch, ein Jahr lang strikt sämtliche Anweisungen der Bibel zu befolgen.

Er las von dem Gebot, man solle sich den Bart nicht stutzen, also ließ er ihn wachsen.[2] In seinem knöchellangen (aus einem Stück gewebten![3]) Gewand wurde er auf New Yorks Straßen bald zu einer skurrilen Erscheinung. In der Hosentasche trug er stets einige kleine Kieselsteine, für den Fall, jemanden steinigen zu müssen. Einmal bot sich ihm mit dem Einverständnis eines „Sünders" sogar die Gelegenheit, dies in die Tat umzusetzen. Das Verbot, sich auf eine Stelle zu setzen, auf der vorher eine Frau mit Monatsblutung Platz genommen

---

1   Ich bitte um Vergebung, aber Menschen, die ein neues Gerät erst dann anschalten, wenn sie das Handbuch durchgelesen haben, waren mir schon immer irgendwie suspekt.

2   Levitikus 19,27.

3   Levitikus 19,19.

hatte[4], befolgte er durch das ständige Mitführen eines kleinen Klapp-hockers.

Natürlich ist Jacobs ein Spaßvogel und sein Umgang mit der Bibel nicht wirklich ernst zu nehmen. Er reißt biblische Aussagen aus dem Zusammenhang und zieht manches ins Lächerliche, was einst einen tiefen Sinn hatte. Spannenderweise kommt er in diesem Jahr aber durchaus auch zu interessanten und sogar lebensverändernden Erkenntnissen. Der ungläubige Jacobs räumt am Ende ein, viel Gutes über das Leben gelernt zu haben.

Doch dieser alberne Selbstversuch illustriert auf übertriebene Art und Weise, dass die Bibel nicht einfach eine Ansammlung von Vor-schriften ist, die – befolgt man sie – ein souveränes Leben hervor-bringt. Wer die Bibel stur als Betriebsanleitung versteht (und dabei auch noch geflissentlich den Kontext überliest, in dem die Anweisun-gen stehen), läuft Gefahr, ein religiöser Freak zu werden. Außer … man liest selektiv. Nimmt manches ernst und anderes nicht.

Ich hoffe, wir verstehen uns richtig. Natürlich finde ich in der Bibel Handlungsanweisungen – Gebote. Und natürlich sind sie heute noch relevant für mich (ja, das glaube ich wirklich!). Wir kommen später noch darauf zurück. Aber es ist mir sehr wichtig, dass wir das *grund-sätzliche* Wesen der Bibel erkennen, um ihre Botschaft wirklich zu verstehen. Und dieses Wesen ist etwas völlig anderes als das eines Kataloges von Vorschriften.

Es ist etwas viel Größeres.

Etwas viel Schöneres.

Also nochmal die Frage: Auf welche Art bietet die Bibel Orientierung? Wie schafft sie Charakter? In welcher Weise ist sie eine Inspirations-quelle? Warum vergleiche ich sie mit dem Grundnahrungsmittel Brot?

Wenn eine Betriebsanleitung kein gutes Bild für sie ist, was dann?

Meine Antwort auf diese Frage trägt die Bibel selbst schon in ihrem Namen: Die Bibel ist ein Buch! (biblia = griechisch: Bücher) Klingt banal, ist aber wichtig.

BROT

---

4   Levitikus 15,20.

Die Bibel ist ein Buch.

Das Buch!

Ich liebe Bücher! Auch im Zeitalter der neuen Medien. Lass mich kurz etwas davon schwärmen. Ein neues Buch zum ersten Mal in Händen zu halten und die noch unberührten Seiten aufzuschlagen, kommt für mich einem sinnlichen Erlebnis gleich. Ein Buch – und ich rede von einem *guten* Buch! – enthält eine ganze, mir noch verborgene Welt und lädt mich mit den ersten Zeilen ein, in diese Welt einzutauchen.

Bücher entführen mich.

Was ich von einer Betriebsanleitung nicht behaupten kann, schafft ein gutes Buch. Es entführt mich in eine andere Welt.

Fachliteratur lockt mich in die Gedankenwelt des Autors, malt mir seine Sicht der Dinge vor Augen, leitet mich durch seine Überlegungen und Erkenntnisse. Romane hingegen entführen in die fiktive Welt einer guten Geschichte. Seit Jahren tauchen meine beiden Töchter und ich ein in die Fantasie-Welten gedruckter Worte, wenn ich ihnen abends in unserer eigens dafür eingerichteten Sofa-Ecke etwas vorlese. Auf diese Weise haben wir drei schon eine Menge Abenteuer erlebt. Wir waren zusammen im wunderschönen Narnia und hofften auf Aslan, wir kämpften mit den Brüdern Löwenherz gegen den Drachen Katla (immer noch eine der schönsten Fantasy-Geschichten). Wir waren mit Ronja Räubertochter sauer auf Mattis, lernten Emil und die Detektive kennen, reisten mit Latte Igel zu den Lofoten und teilten die Schwierigkeiten von Harry Potter, Hermine und Ron. Momentan sind wir mit Gregor in einer schönen, aber gefährlichen Welt tief unter der unseren.

Kurz: Bücher erzählen inspirierende Geschichten und die Bibel ist ein Buch! Und die Geschichte[5], die sie erzählt, ist die schönste, die atemberaubendste, die unglaublichste, die wahrhaftigste Geschichte aller Zeiten. Eine Story, die man einfach kennen muss! Die einzige Erzählung, die nicht zu kennen das Leben zu verpassen bedeuten würde. N. T. Wright sagt es mit diesen Worten:

---

5   Wenn ich im Folgenden von *Geschichte*, *Erzählung* oder *Story* rede, will ich damit nicht sagen, dass es *fiktive* Geschichten seien, frei erdacht, um eine Botschaft zu transportieren. Gottes Geschichte mit der Menschheit ist zutiefst *geschichtlich*.

„Es ist ein großartiges Buch voller großartiger Storys und großartiger Charaktere. Die Charaktere haben großartige Vorstellungen (nicht zuletzt von sich selbst) und machen große Fehler. Das Buch handelt von Gott, Gier und Gnade, von Leben, Lust, Lachen und Einsamkeit; von Geburt, Anfängen und Verrat; von Geschwistern, Streitigkeiten und Sex; von Macht, Gebet, Gefängnis und Leidenschaft. Und bisher rede ich nur vom Buch Genesis."[6]

Zugegeben, die Bibel liest sich nicht so schön aus einem Guss wie ein guter Roman. Das hat mit ihrer Entstehung zu tun und damit, dass die Bibel mitten aus dem echten Leben stammt. Anstelle eines einzigen Schriftstellers wirkten unzählige Autoren an diesem Werk mit und zwischen dem ältesten und dem jüngsten Textbaustein liegen Jahrhunderte. Dazu lebten und schrieben diese Menschen in Welten und Zeiten, die lange vergangen sind und von denen wir durch den Graben vieler Jahrhunderte getrennt sind. Das macht das Lesen und Verstehen nicht immer ganz einfach. Deshalb reden wir zu Recht vom Bibel*studium* und verlieren uns leichter in Tolkien und Dan Brown als im Jesajabuch oder dem Römerbrief.[7]

Aber es ist fatal, wenn wir die Bibel nicht als große Geschichte lesen. Wie jedes Buch will sie uns in ihre Welt entführen, uns durch die Geschehnisse fesseln und ihre Botschaft weitergeben.

Ich behaupte: Sie wird ihre Kraft nur entfalten, wenn wir das zulassen.

Die Geschichte der Bibel ist die große Geschichte Gottes mit den Menschen. Sie gleicht einem sehr langen, turbulenten, gott- und menschengemachten Drama mit vielen Nebenhandlungen und einem Haupterzählstrang, der schließlich im Leben Jesu seinen Höhepunkt findet.

---

6   N. T. Wright, *Warum Christsein Sinn macht*, Johannis, 2009, S. 172.

7   Noch etwas kommt dazu: Die biblischen Texte teilen sich in unterschiedlichste Gattungen auf und müssen als solche auch unterschiedlich ausgelegt werden. Ein lyrischer Psalm ist anders zu lesen und zu verstehen als der Bericht der Eroberung einer Stadt. Ein neutestamentlicher Brief an eine junge Gemeinde ist anders zu verstehen als ein alttestamentliches Gesetzeswerk. Letzteres hat tatsächlich Ähnlichkeit mit einer Betriebsanleitung, und beide müssen auf dem zeitgeschichtlichen Hintergrund ihrer Adressaten verstanden werden. Manche Texte bedienen sich einer reichen Bildersprache (z. B. die Offenbarung), andere sind Prosa (so die Biografien über das Leben Jesu).

Um in der Bibel Orientierung für mein Leben heute zu finden, hilft mir, ihre Story mit einem Bühnenstück zu vergleichen, das grob gesagt aus vier Akten besteht.[8] Der **erste Akt** erzählt von der Werdung des Kosmos und vom Zerbruch der Beziehung zwischen Mensch und Gott. Hier erschließt sich mir ein Bild der Welt, wie sie sein sollte, und vom Menschen, wie er seinem Wesen nach ist.

Der **zweite Akt** beschreibt die Geschichte eines Volkes, mit dem Gott einen Neuanfang macht, um die Welt wiederzugewinnen und die Menschheit zu heilen. Dieser Akt lehrt mich etwas über die – bisweilen komplizierte – Beziehung zwischen Mensch und Gott und zwischen den Menschen untereinander und er erzählt von dem nicht sterben wollenden Traum, dass eines Tages alles wieder in Ordnung kommen wird.

Der **dritte Akt** erzählt die Ereignisse um einen Mann, in dem Gott selbst zur Welt kommt, geheiltes Menschsein vorlebt und sein Leben dafür gibt, dass der Traum von einer wiederhergestellten Welt wahr werden wird. Ich lerne in Jesus Gott aus nächster Nähe kennen und sehe, wie ein Leben aussieht, in dem sich Himmel und Erde berühren und werde schließlich inspiriert von der Bewegung der ersten Christen, die Jesus los trat und die die Welt veränderte.

Der **vierte Akt** schließlich findet sich nicht in der Bibel. In gewisser Weise ist die Bibel also ein unvollendetes Bühnenstück. Der vierte Akt findet heute statt. Du und ich, die Generationen vor uns und nach uns, bringen ihn auf die Bühne. Unser eigenes Leben ist Teil des vierten Aktes. Wir haben eine Rolle in der großen Geschichte Gottes und die Bibel lädt uns ein, uns auf diese Rolle einzulassen.

Diesen vierten Akt spielen wir mitten in der komplexen globalisierten postmodernen Welt des 21. Jahrhunderts, die uns bisweilen so verwirrt. Und um darin unsere Rolle zu finden, um die Geschichte im Sinne ihres Autors voranzutreiben, gibt es für uns nur eine Möglichkeit: Wir müssen die ersten drei Akte des Dramas so gut wie möglich kennen, denn es ist kein Drehbuch für Akt 4 vorgegeben. Also lesen wir von den turbulenten Geschehnissen um das jüdische Volk, um

---

8   Dieser Vergleich stammt ebenfalls von N. T. Wright – ich halte große Stücke auf diesen Theologen.

Jesus Christus und die frühe Kirche und versuchen, den Autor dieses Dramas zu verstehen und seine Absichten so gut wie möglich zu verinnerlichen.

Denn je besser wir den Autor kennen, desto leichter fällt uns, heute in seiner Geschichte unseren Part zu übernehmen. Was wenig Sinn macht, ist einfach Passagen aus den ersten drei Akten zu wiederholen. Das wäre das, was A. J. Jacobs versuchte. Das würde bedeuten, die Bibel als Betriebsanleitung zu verstehen. Doch wir leben heute – nicht vor 2000 Jahren im römischen Reich und auch nicht vor 4000 Jahren als Nomadenvolk in der Sinaiwüste. Unsere Fragen sind andere, unsere Herausforderungen neue, aber der Autor ist noch der gleiche. Ihn zu kennen, seine Worte wie Nahrung zu uns zu nehmen und aus seiner bisherigen Geschichte mit der Menschheit zu lernen, bringt die Inspiration und Orientierung in unser Leben, von der ich weiter oben sprach.

Präziser ausgedrückt bedeutet den Autor zu kennen dies: Jesus zu folgen! Denn der Schöpfer der Story wurde selbst Teil der von ihm geschaffenen Welt, um der Geschichte ihre entscheidende Wende zu geben – das ist der ungeheuerliche Höhepunkt im dritten Akt.

Orientierung durch die Bibel findet du also letztlich darin, dass du diesem menschgewordenen Gott nachgehst, indem du Jesus Christus folgst. Aus diesem Grund sagte ich ganz zu Anfang dieses Abschnitts, dass der Glaube *an Christus* das einzig verlässliche Fundament in diesem komplexen Leben ist, das ich bisher gefunden habe – und nicht der Glaube an ein Buch an sich.

Orientierung finde ich, wenn ich den Weg Jesu durch diese komplexe Welt gehe. Die Bibel ist auf diesem Weg mein Grundnahrungsmittel, mein Kompass, meine Inspiration, weil sie diesen Weg Jesu beschreibt und mich auf ihm weiterbringt.

Aus diesem Grund haben wir bisher jedes der vorgestellten Lebens-Muster auf Jesu Art, das Leben zu leben, zurückgeführt. Und so müssen wir beim LebensMuster Brot genauso fragen: Las Jesus eigentlich die Bibel? Und auf welche Weise verstand er sie? Fand er seine Inspiration und Orientierung aus der verschrifteten Geschichte Gottes mit den Menschen?

Ernährte sich Jesus vom LebensMuster Brot?

Nun – sicher ist wohl, dass Jesus im antiken Judäa keine eigene Bibel in der Hosentasche mit sich herumträgt. Schriftrollen biblischer Texte sind damals für Privatpersonen nicht erschwinglich. Und klar ist auch, dass wir nur die alttestamentlichen Schriften als die „Bibel" seiner Zeit bezeichnen können.

Diese alten Texte allerdings kennt Jesus in der Tat sehr gut. Wie vermutlich die meisten Juden seiner Zeit kann er lesen und schreiben und ist als Junge in der Synagoge unterrichtet worden. Der Biograf Lukas berichtet von einer Begebenheit, als der zwölfjährige Jesus im Tempel tagelang mit den jüdischen Theologen diskutiert und diese sich sehr erstaunt über sein Verständnis der alten Texte zeigten.[9] Jesus kennt die alten Texte, auch wenn er sie nicht im Regal stehen hat, viele wahrscheinlich sogar auswendig.

Jesus interpretiert sein gesamtes Leben und seinen Auftrag aufgrund der alten Prophezeiungen in den Schriften. Eine seiner ersten Predigten hält er in seinem Heimatort Nazareth und redet sich dort beinahe um Kopf und Kragen, weil er eine alte Schriftstelle aus dem Jesajabuch zitiert und die dort gemachte Ankündigung eines Retters öffentlich und unmissverständlich auf sich selbst bezieht.[10]

Keine Frage, Jesus kennt die bisherige Story und versteht seine eigene Rolle in der Geschichte aufgrund des Studiums der alttestamentlichen Texte, der ersten beiden Akte sozusagen.

Überhaupt sind Jesus und der gesamte dritte Akt für uns heute nur zu verstehen, wenn wir uns vor Augen halten, dass Jesus kein Christ, sondern Jude ist und als solcher als Kind seiner Zeit und religiösen Tradition lebt. Die Leute nennen ihn einen Rabbiner und meinen damit einen Lehrer, der die alten Schriften für das Leben auslegt.

Und die Botschaft, die dieser herumziehende Rabbi verkündet, ist ebenfalls nur richtig einzuordnen, wenn man sie auf dem Hintergrund seiner Zeit und der alten Schriften und ihren Verheißungen versteht. Die Gesellschaft, in der Jesus lebt, leidet schon Jahrzehnte unter der Fremdherrschaft des römischen Reiches und im Volk brodelt die heiße

---

9   Lukas 2,41–52.
10   Lukas 4,16–30.

Sehnsucht, dass Gott endlich seine Geschichte fortschreiben wird, wie es die Propheten schon vor Zeiten angekündigt haben: Ein Messias soll aus dem Volk hervorgehen und dieser wird die Fremdherrschaft beenden und das Reich Gottes aufrichten.

Jesus kennt diese Verheißungen und er lebt tatsächlich aus dem Glauben, dass der dritte Akt angebrochen ist und nun etwas Entscheidendes geschehen wird. Seine Botschaft schlägt exakt in die Kerbe der Sehnsucht seines Volkes: *„Die Zeit ist erfüllt, das Reich Gottes ist nahe. Kehrt um, und glaubt an das Evangelium."* [11]

Die Geschichte geht weiter!

Jetzt!

Erkennt ihr die Zeichen der Zeit und seid ihr bereit, mit eurem Leben die Story voranzutreiben?

So sehr dieser dritte Akt, den Jesus auf die Bühne bringt, die gesamte Geschichte auch verändert, so sehr wurzelt Jesu Selbstverständnis und Leben doch in den beiden vorausgegangenen Abschnitten der Geschichte Gottes. Er kennt die bisherige Story, weil er sie gelesen und verinnerlicht hat. Immer wieder nimmt Jesus Bezug auf sie.

Ein paar Beispiele: In der Bergpredigt beugt er dem Missverständnis vor, seine Mission bestünde darin, *„das Gesetz und die Weisungen der Propheten außer Kraft zu setzen."* [12] Vielmehr sei sein Ziel, diese zu erfüllen. Und gerade darum interpretiert er sie neu: *„Ihr wisst, dass unseren Vorfahren gesagt worden ist ... ich aber sage euch ..."*

Einem jungen Mann, der auf der Suche nach dem Sinn des Lebens ist, sagte er, er solle sein Leben nach den alten Geboten ausrichten. [13]

In der Auseinandersetzung mit den Schriftgelehrten zitiert er immer wieder die Schriften. *„Habt ihr nicht gelesen ...?",* hört man Jesus oft fragen. *Habt ihr nicht gelesen, was David tat?* [14] Habt ihr nicht

---

11   Markus 1,15 (Einheits-Übersetzung).

12   Matthäus 5,17.

13   Matthäus 19,16–26.

14   Lukas 6,3.

gelesen, wie Gott Mann und Frau schuf?[15] *Habt ihr nicht gelesen von der Auferstehung der Toten?*[16]

Habt ihr nicht gelesen?

Jesu Meinung von Menschen, die andere das Leben zu leben lehren, jedoch die alten Schriften nicht wirklich verstehen, ist verheerend: *„Ihr denkt ganz falsch. Ihr kennt weder die Heiligen Schriften noch wisst ihr, was Gott in seiner Macht tun kann.“*[17] und ein paar Zeilen später warnt er davor, diesen Bibelauslegern zu folgen.

Habt ihr nicht gelesen?

Jesus zitiert die alten Schriften nicht nur, er lebt in den alten Geschichten. Auf einem Berg erscheinen ihm Mose und Elia.[18] Immer wieder sieht er sich in einer Reihe mit den Propheten des Alten Testamentes.[19] Auf einem Esel reitet er in Jerusalem ein, um eine alte Prophezeiung zu erfüllen.[20] Er legt das geheimnisumwitterte Buch Daniel aus, als er mit seinen Schülern über die Zukunft redet.[21] Er lebt die traditionellen Riten, zelebriert mit seinen Freunden das Passahmahl, deutet es auf seine eigene Person und versteht somit sein Sterben als Fortführung der einstigen Befreiung seines Volkes aus Ägypten.[22] Der letzte Satz am Kreuz schließlich besteht aus markerschütternden Worten aus Psalm 22.[23] Und als er nach seiner Auferstehung mit zwei seiner ehemaligen ahnungslosen Anhänger unterwegs ist, die immer noch vom Tod ihres Herrn niedergeschlagen sind, erklärt er ihnen die alten Texte, die sich auf ihn beziehen, *„von den Büchern Mose und der Propheten angefangen durch die ganzen Heiligen Schriften.“*[24]

---

15   Matthäus 19,4.
16   Matthäus 22,31.
17   Matthäus 22,29.
18   Lukas 9,28–36.
19   Matthäus 21,33–46.
20   Matthäus 21,1–11.
21   Matthäus 24,15.
22   Matthäus 26,20–30.
23   Matthäus 27,46.
24   Lukas 24,27.

Habt ihr nicht gelesen?

Jesus hat gelesen.

Darum sollten wir auch lesen.

In einem seiner schwersten Momente zitiert er passend zu dem Thema dieses Kapitels Deuteronomium 8,3: *„Der Mensch lebt nicht nur von Brot; er lebt von jedem Wort, das Gott spricht."*[25]

LebensMuster Brot

Die komprimierteste Beschreibung, in welcher Weise die Bibel für uns LebensMittel ist, findet sich in einem Brief von Paulus an seinen jungen Mitarbeiter Timotheus. Auch wenn es schon 2000 Jahre her ist – Timotheus empfand seine Welt bisweilen ähnlich verwirrend und komplex wie ich und er hatte als Leiter einer Gemeinde seinerzeit ebenfalls auf einige schwierige Fragen Antworten zu geben.

Im dritten Kapitel seines zweiten Briefes schreibt ihm sein alter Freund und Mentor Folgendes:

> *Du jedoch sollst an der Lehre festhalten, in der du unterwiesen worden bist und von deren Glaubwürdigkeit du dich überzeugen konntest. Du kennst ja die, die dich gelehrt haben, und bist von Kind auf mit den heiligen Schriften vertraut, aus denen du alle Wegweisung bekommen kannst, die zur Rettung nötig ist – zur Rettung durch den Glauben an Jesus Christus.* **Denn alles, was in der Schrift steht, ist von Gottes Geist eingegeben, und dementsprechend groß ist auch der Nutzen der Schrift: Sie unterrichtet in der Wahrheit, deckt Schuld auf, bringt auf den richtigen Weg und erzieht zu einem Leben nach Gottes Willen. So ist also der, der Gott gehört und ihm dient, mit Hilfe der Schrift allen Anforderungen gewachsen; er ist durch sie dafür ausgerüstet, alles zu tun, was gut und richtig ist.**[26]

---

25 Matthäus 4,4.

26 2. Timotheus 3,14–17.

Paulus wusste, was Jesus wusste, und gibt es an Timotheus weiter: Dieses Buch birgt eine Kraft, die dir hilft, das Leben zu meistern, so verwirrend und mühsam dieses auch sein mag. Dieses Buch wird dir helfen, den 4. Akt auf die Bühne zu bringen, Gottes Geschichte voranzutreiben. Denn in diesem Buch steckt der Atem Gottes, sein Geist, sein Wesen. Dieses Buch ist keine trockene Betriebsanleitung; vielmehr hat sich der Erfinder des Lebens selbst in diese Seiten hineingegeben. Nimmst du die Worte dieses Buches regelmäßig in dich auf, wirst du immer wieder seine flüsternde Stimme hören, die dir auf deinem Weg Orientierung und Hilfe gibt.

Paulus nennt explizit vier Wirkungen der Bibel auf unser Leben:

→ 1. Sie unterrichtet in der Wahrheit.

→ 2. Sie deckt Schuld auf.

→ 3. Sie bringt auf den richtigen Weg.

→ 4. Sie erzieht zu einem Leben nach Gottes Willen.

Zeige mir etwas, das diese Auswirkungen auf ein Menschenleben hat und ich sage dir, was die Welt verändern wird. Ich halte die Bibel für ein LebensMittel, weil ich ihr genau diese Wirkungen zutraue.

Und damit du dir die vier Punkte besser merken kannst, habe ich Stunden mit Wortspielereien verbracht, um folgende vier Worte zu entwickeln:

→ 1. Belehrung

→ 2. Reue

→ 3. Orientierung

→ 4. Transformation

Der aufmerksame Leser bemerkt: die Anfangsbuchstaben von oben nach unten gelesen ergeben ... richtig ... BROT!

1. B wie Belehrung

Belehrt wird kaum einer gern. Leider hat dieses Wort einen etwas herrischen Klang. Ich brauchte halt ein Wort, das mit *B* anfängt. Tatsächlich aber ist die erste Wirkung der Bibel die, dass sie uns *lehrt*.

Sie unterrichtet in der Wahrheit, sagt Paulus.

Mit der Wahrheit ist das nun aber auch so eine Sache. Was wurden schon Doktorarbeiten geschrieben, Debatten geführt und feurige Predigten gehalten, um den Wahrheitsanspruch der Bibel entweder zu untermauern oder als haltlos zu überführen. Seit die Aufklärung die Fesseln des – angeblich – unmündigen Verstandes löste, demontierten die einen die Bibel zu einer Ansammlung von Märchen und Legenden, während die anderen glühend für ihre Unfehlbarkeit stritten und nur eine wortwörtliche Inspiration der Schrift als „bibeltreu" gelten ließen.

Um offen zu sein: Ich bin dieser Diskussionen müde.

Die Bibel ist mir ein sehr vertrautes und wegweisendes Buch. Und gleichzeitig ist sie auch das seltsamste und geheimnisvollste, das in meinem Regal steht. Und das ist deshalb so, weil die Bibel ein Buch ist, in dem sich Himmel und Erde berühren. Es ist von durch und durch menschlicher Natur und genauso von durch und durch göttlichem Wesen. Von Menschen geschrieben und darum zeitgebunden, bisweilen subjektiv und unperfekt. Von Gottes Geist durchdrungen und darum ewig, von mysteriöser Objektivität und wie kein zweites meiner Bücher …

… belehrend!

In ihr steckt Wahrheit, die nur hier zu finden ist.

Diese Wahrheit liegt nicht immer einfach an der Oberfläche wie bei einer Betriebsanleitung. Doch sie liegt auch nicht oft tief vergraben unter Schichten von Metaphern und Mythen, die wir erst entschlüsseln müssten, um zu verstehen, was sie uns *eigentlich* sagen will. Die Wahrheit der Bibel ist eher vergleichbar mit einem klugen Freund, dem wir vertrauen. Wahrscheinlich verstehen wir ihn nicht immer völlig, manchmal überraschen uns seine Worte, manchmal ärgern sie uns sogar – aber wir vertrauen ihm. Weil er sich als vertrauenswürdig

erwies. Die Glaubwürdigkeit des Freundes liegt nicht in seiner Unfehlbarkeit, sondern in seiner Wahrhaftigkeit.

Auf eine merkwürdige Weise ist die Bibel lebendig wie ein guter
Freund.

Auf eine merkwürdige Weise ist die Bibel selbst ein Teil von Gott,
genauso, wie sie ein Teil der Menschen ist, die sie zu Papier brachten.
Und *beide* Aspekte machen ihre Autorität aus!

Beide!

Es ist von Bedeutung, dass sie nicht vom Himmel fiel, sondern von
Menschen verfasst wurde. Denn dadurch ist ihr nichts Menschliches
fremd. Wirklich nichts. Du findest Dinge darin, die in einer *heiligen*
Schrift eigentlich nichts verloren haben.

Gleichzeitig ist sie von Gottes Geist und Wesen durchdrungen, inspiriert, *Wort Gottes* genannt. Nichts Göttliches ist ihr fremd. Dieses
Buch hat Dinge in den Zeitaltern bewirkt, die man einem Buch niemals zutrauen würde.

In einer ähnlichen Weise, wie Gott in Jesus Mensch und Teil dieser
Welt wurde, wurde Gottes Wort Menschenwort. Dieses lässt sich nun
nicht mehr in *Menschliches* und *Göttliches* zerlegen, ohne die Bibel
und ihre Wahrheit als Ganze zu verlieren. Und so erschließt sich mir
die Wahrheit der Bibel weder in dem Versuch, das Göttliche aus dem
vielen Menschlichen herauszudestillieren und dann nur noch einige
wenige Aussagen als *wahr* übrig zu lassen, noch in dem Vorhaben,
unkritisch jedes ihrer Worte im Sinne einer wortwörtlichen Unfehlbarkeit blind zu verteidigen. *Wahr* ist die Bibel nicht in dem Sinne,
dass sie letztendlich in allem „doch recht hat".

Belehren lasse ich mich von diesem Buch, weil sich in ihr göttlich-
ewige Weisheit mit menschlich-begrenzter Form verbündet hat. Und
weil sie meine großen Fragen beantwortet. Ich brauche keine Bibel,
deren Weltbild dem der modernen Wissenschaft überlegen ist. Aber
ich brauche eine Bibel, die in den existentiellen Fragen eines verwirrenden Lebens Orientierung anbietet. Fragen wie diese:

Wo bleibt die Gerechtigkeit in dieser Welt?

Warum ist das Leben so schön und so grausam zugleich?

Wie finden wir Kontakt zu Gott?

Wie gelingt Beziehung?

Die große Geschichte der Bibel gibt Antworten auf diese Fragen. Aber ob diese Antworten *wahr* sind, wirst du erst dann erfahren, wenn du den Mut hast, deine eigene kleine Story an der großen biblischen auszurichten. Ob dieses Buch unser Vertrauen verdient, wird sich erst zeigen, wenn wir unser alltägliches Leben von ihr bestimmen, uns also *belehren* lassen.

Diesen Vorgang, vor mehreren Tausend Jahren entstandene Worte im heutigen quirligen Leben anzuwenden, nennt man

Auslegung.

Interpretation.

Das klingt nach Mühe und Arbeit, aber im Grund tust du das immer, wenn du einen Text liest und dich fragst, was er für dich bedeutet. Sobald du *handelst*, weil du *gelesen* hast, hast du *interpretiert*. Du bringst den 4. Akt auf die Bühne, weil die ersten drei dich inspiriert haben.

Wenn du dich traust, ihre Worte auf dein Leben zu übertragen, wirst du erleben, wie die Bibel dir zum hilfreichen Kompass wird, wie Wahrhaftigkeit in dein Leben kommt, wie Nebel sich lichtet, wie sie dir in schwierigen Situationen einen Weg vorschlägt, den du zu gehen wagen könntest, wie sie dir Hoffnung einhaucht und Mut zuredet. Anders gesagt: Du wirst Gott reden hören.

Und manchmal wirst du mit dem, was du zu verstehen glaubtest, auch daneben liegen – natürlich. So ist das mit einer lebendigen Geschichte, die ein lebendiger Gott mit lebendigen Menschen schrieb. Eine Betriebsanleitung muss man nicht auslegen, die Bibel schon.

Machen wir uns klar: Gott spricht. Er kommuniziert mit Menschen – mit einem Nomaden der Bronzezeit, einem schwangeren Teenager um die Zeitenwende, einem Arzt im antiken Griechenland. Diese Menschen drücken Gottes Worte aus in ihrer Sprache und auf dem Hintergrund ihrer Kultur und ihres Weltbildes. Ihre Texte überdauern zwei und mehr Jahrtausende, werden in eine andere Sprache

BROT

einer anderen Kultur übersetzt und von Menschen des 21. Jahrhunderts gelesen. Sie hören in diesen alten Texten Gottes Reden, doch sie hören auch die Stimmen der damaligen Menschen, die Störgeräusche der dazwischenliegenden Jahrtausende und das ganze durch den Filter unser eigenen postmodernen Überzeugungen und Einstellungen.[27]

Doch je mehr wir uns von der Bibel in ihre Welt hineinziehen lassen, uns in ihrer Welt umsehen, uns in ihr mehr und mehr zurechtfinden und sie lieb gewinnen, desto näher werden wir wohl dem kommen, was sie uns lehren will.

Je entschlossener wir auch mit ihren unschönen Abschnitten ringen, uns mit ihren fremdartigen Forderungen und schockierenden Aussagen auseinandersetzen, desto lebendiger wird unsere Beziehung zu diesem Buch werden und unser Horizont sich weiten.

Deshalb mein Rat: Sei mutig! Lies, hör den Worten zu und dann entschließe dich zu dem, wozu sie dich herausfordert. Gottes Geist steckt nicht nur in diesen Seiten, sondern auch in dir und wird dir beim Verstehen helfen.

Und noch etwas: Bleib bescheiden! Hüte dich vor einer Haltung, die das eigene Verständnis der Bibel für das einzig wahre hält und beginnt, andere zu belehren. Hör denen zu, die dieses Buch teilweise so ganz anders verstehen als du selbst, je ernster du ihre – wie du findest – bisweilen seltsamen Erkenntnisse nimmst und wertschätzt, desto größer ist die Chance, dass dieses Buch dich wirklich zu einem belehrbaren Menschen macht, der selbst im hohen Alter noch offen für neue Einsichten über Gott und das Leben ist.

Und vor allem: Handle! Die Bibel will dich nicht zu einem altklugen Gelehrten machen, sondern dich lehren, den 4. Akt auf die Bühne des Lebens zu bringen.

2. R wie Reue

Die Bibel *deckt Schuld auf.* Wie weit es mit unserer Belehrbarkeit her ist, zeigt sich besonders deutlich, wenn es nicht nur um Wissen und

---

27   Rob Bell drückt es so aus: „God has spoken, and everything else is commentary." *Velvet Elvis*, Zondervan, 2005, S. 52 – kann ich sehr empfehlen, dieses Buch!

Überzeugungen, sondern um unsere geheimen Motive, gut versteckten Charakterfehler oder einfach nur um den Kratzer geht, den wir gestern unserem Nachbarn unbemerkt ins Auto gefahren haben.

Reue – auch kein Wort, das Hochgefühle in uns auslöst. Dabei ist diese Auswirkung der Bibel auf unser Sein immens wichtig.

Mehr noch: Sie ist befreiend.

Heilsam.

Die Bibel hat eine extrem hohe Meinung vom Menschen. Sie nennt ihn Ebenbild Gottes, Partner des Schöpfers, Schwester und Bruder Jesu. Die Bibel adelt den Menschen in unverdientem Maße, aber sie traut ihm auch alles an Hinterhältigkeit und Gemeinheit zu, was sich die dunkelsten Gemüter unter uns auszumalen vermögen.

Deshalb scheut sie sich nicht, die menschlichen Helden ihrer Geschichte in schonungslosem Licht als Menschen dazustellen, die Fehler hatten und machten – große Fehler! Manchem dieser Glaubenshelden würden wir in ihren schlechteren Momenten lieber nicht begegnen wollen.

Und so schreckt die Bibel auch nicht davor zurück, ihr Licht auf die Stellen in unserem Leben zu werfen, die wir lieber in der beruhigenden Dunkelheit unserer Seele wissen.

Sie nennt Schuld beim Namen.

Sie fordert auf, hinzuschauen.

Sie erwartet Veränderung.

Darin besteht ihre Ehrlichkeit, manchmal auch ihre Härte, immer aber ihr unbeirrbarer Glaube, dass Menschen umkehren können. „Mach kaputt, was dich kaputt macht." Dieser Satz könnte gut und gerne aus der Bibel stammen. [28]

Reue.

Jakobus malt in seinem Brief ein plastisches Bild von dieser Wirkungsweise der Bibel auf unser Leben. Er vergleicht die Bibel mit einem

---

28   Ist leider ein Slogan der Autonomenszene … was soll's.

Spiegel.[29] Wie beim Blick in den Spiegel führt das Lesen dieses Buches zu Selbsterkenntnis, was bekanntlich der erste Weg zur Besserung ist.

Du liest die Bibel und du siehst, wer du bist.

Du liest von Adam und Eva und der Schlange[30] und erkennst deinen eigenen Hang, den falschen inneren Stimmen zu glauben, die dir Misstrauen gegenüber Gott und anderen Menschen einflößen. Du liest Davids Lebensgeschichte[31] und erkennst deine eigenen Sehnsüchte nach Anerkennung und Liebe und ahnst, wie schnell auch bei dir aus geheimen Wünschen fatale moralische Verfehlungen wie bei David entstehen könnten. Du liest von sich streitenden Jüngern[32] und erkennst deine eigene Sucht nach Anerkennung und Überlegenheit.

Das Problem an der Selbsterkenntnis ist, dass sie allein noch nicht viel ändert. Jakobus kritisiert in seinem Brief eine weitgehende Gleichgültigkeit gegenüber unserem eigenen Spiegelbild.

> *Es genügt aber nicht, dieses Wort nur anzuhören. Ihr müsst es in die Tat umsetzen, sonst betrügt ihr euch selbst! Wer die Botschaft Gottes nur hört, aber nicht danach handelt, ist wie ein Mensch, der in den Spiegel blickt: Er sieht sich, wie er ist, und betrachtet sich kurz. Aber dann geht er weg – und schon hat er vergessen, wie er aussah.*[33]

Mag sein, wir lesen die Bibel. Mag sein, wir erkennen uns selbst darin. Mag sein, wir sehen den Veränderungsbedarf.

Und dann gehen wir weg.

Ihr betrügt euch doch selbst, sagt Jakobus.

Kennst du Johnny English? Im gleichnamigen Spielfilm[34] parodiert Rowan Atkinson, besser bekannt als Mr. Bean, einen britischen Geheimagenten in James-Bond-Manier. Was seinen Charakter aus-

---

29   Jakobus 1,19–25.
30   Genesis 3.
31   In den beiden Samuelbüchern.
32   Markus 9,33–35.
33   Jakobus 1,22–24.
34   Ich meine den ersten Teil von 2003.

zeichnet, ist dies: Er ist unbeirrbar von sich selbst überzeugt und zugleich haarsträubend inkompetent. Sinnbild dieser unseligen, aber für den Zuschauer natürlich lustigen Kombination aus Selbstbewusstsein und Unfähigkeit ist sein Badezimmerspiegel, vor dem er in vermeintlich unbeobachteten Stunden in Unterhosen und Duschhaube den Helden mimt. Zu seinem Unglück zeichnet eine versteckte Überwachungskamera seine lächerlichen Verrenkungen auf und natürlich werden die peinlichen Aufnahmen ausgerechnet zu dem Zeitpunkt der Weltöffentlichkeit präsentiert, als er im großen Showdown seinen größten Triumph zu feiern beabsichtigt. Seinem Selbstbewusstsein tut das indes keinen Abbruch.

Wenn Johnny English eine Sache kann, dann ist es das Vergessen des eigenen Spiegelbildes.

Ich will niemandem zu nahe treten und ich sage das sehr selbstkritisch, aber ... wir sind die Mr. Beans der Bibelleser!

Wir lesen,

erkennen,

manchmal schmerzhaft,

gehen weg

und vergessen, uns zu verändern.

Leider zeigt die Erfahrung sogar, dass eine gewisse Immunisierung eintritt, je öfter wir in den Spiegel schauen, ohne danach etwas zu ändern. Je öfter du die Bibel liest, ohne zu handeln, desto leichter liest sie sich, ohne zu handeln. Man gewöhnt sich. Wird resistent. Und das Buch verliert seine verändernde Kraft.

R wie Reue.

Reue bedeutet umkehren, darum macht sie selten Spaß, aber umso öfter führt sie in die Freiheit.

Bei einer Bergtour bin ich mit Freunden vor einigen Jahren auf dem Rückweg in ein falsches Tal abgestiegen, ohne es zu merken. Erst als wir fast unten waren, fiel uns der fatale Fehler auf. Dieses Tal führte uns an einen völlig falschen Ort, Kilometer weit von dem Punkt entfernt, zu dem wir mussten. Wir entschieden, trotzdem weiterzugehen. Irgendeine Transportmöglichkeit würde sich schon ergeben, wenn wir die Zivilisation erst erreicht hätten. Fast am Ausgang des Tales angekommen, wies uns ein Warnschild darauf hin, dass die letzten Meter wegen einer militärischen Übung nicht passierbar seien. Unbeirrt gingen wir weiter. Es wurde schon dunkel. Jetzt den ganzen Weg zurück? – niemals.

Es kam, wie es kommen musste. Letztendlich mussten wir umkehren. Und den weiten Weg zurück (und vor allem bergauf) unter die schmerzenden Füße nehmen. Lustig war das nicht. Peinlich noch dazu. Wir haben uns mächtig geärgert. Aber es war dennoch der einzig *richtige* Weg, der einzige, der nach Hause und in die Freiheit führte.

Manchmal gibt es keine leichte Abkürzung aus einer Sackgasse, in die wir uns selbst hineinmanövriert haben. Manchmal ist der einzige Weg der schmerzvoll-peinliche Weg der Reue. Aber so ungern wir ihn gehen – es ist ein guter Weg!

3. O wie Orientierung

Wir erinnern uns: Das Leben ist komplex. Sich darin zurechtzufinden ist herausfordernder denn je. Der Weg ist nicht klar vorgezeichnet. Dafür gibt es unzählige Möglichkeiten, abzubiegen. Schon immer mussten Menschen Entscheidungen treffen, welchem Pfad sie folgen wollen, doch heute gleicht das Überangebot an möglichen Wegen einem Irrgarten.

Die Bibel bringt auf den richtigen Weg, verspricht der lebenserfahrene Paulus dem jungen Timotheus.

Wenn ich in den Bergen in anspruchsvollerem Gelände unterwegs bin, nehme ich mir einen Bergführer. Routen, die mir unpassierbar und Gipfel, die mir unerreichbar scheinen, hat er schon Dutzende Male begangen und bestiegen. Wo mir schon die Pumpe geht, hat er noch die Hände in den Hosentaschen. Wo ich mich zitternd an den Fels klammere, macht er noch zwei große Schritte Richtung Abgrund, um in die Tiefe zu …[35]

Ihn dabei zu haben, beruhigt ungemein. Und nimmt mir quasi die komplette Entscheidungsverantwortung ab. Nur bewegen muss ich mich noch selbst. Wobei: An besonders kniffligen Stellen sagt er mir sogar schon mal, auf welches Fleckchen Erde ich den nächsten Schritt setzen soll. Und dann ist da ja noch das Seil, was soll schon passieren?

In einer gewissen Weise ist die Bibel einem Bergführer im schwierigen Gelände des Lebens vergleichbar. In einer gewissen Weise aber auch nicht.

Einem Bergführer vergleichbar ist sie, weil Menschen oft erleben, dass die Bibel ihnen in konkreten Situationen sehr richtungsweisende Hilfen gibt. In einer Zeit, als ich sehr unsicher war, ob ich mit dem Pastorenberuf wirklich die richtige Wahl getroffen hatte, machte mir eine Unterhaltung von Jesus mit Petrus in Johannes 21 Mut, auf meinem Weg zu bleiben:

> *„Simon, Sohn von Johannes, liebst du mich?"* *„Ja, Herr, du weißt, dass ich dich liebe",* *antwortete er. Jesus sagte zu ihm: „Leite meine Schafe!"*[36]

Ich hörte diese Zeilen, als ob anstelle *Simon* mein Name dort stünde und anstelle *Johannes* der Name meines Vaters.

Nicht vergleichbar ist die Bibel einem Bergführer, weil sie uns die Verantwortung für unsere Entscheidungen nicht abnimmt. Wenn mein Bergführer und ich uns in der Wand versteigen, ist er schuld und wenn ich abstürze, hat er nachher die Ermittler am Hals. Im Gegensatz dazu erlaubt mir die Bibel nicht, meinen Verstand beim Lesen abzuschalten oder ihr nachher die Schuld für eine falsche Entscheidung in die Schuhe zu schieben. Wenn ich mich durch Johannes 21 in meinem Job bestätigt fühle, muss mir gleichzeitig bewusst sein, dass die Bibel kein Orakelbuch ist, das als unzuverlässig entlarvt ist, wenn ich kurz darauf als Pastor unglücklich werde.

---

35 Was genau er da tut, bleibt der Fantasie des Lesers überlassen. *Springen* ist es nicht.

36 Johannes 21,16.

So wenig, wie die Bibel eine Betriebsanleitung ist, so wenig flötet sie uns an jeder Kreuzung einen klaren Richtungsbefehl ins Ohr. Ausnahmen mögen die Regel bestätigen, aber in der Regel leitet uns die Bibel, indem sie uns in ihre Welt entführt und in ihre Geschichte hineinzieht.

Wir lesen von Menschen, die wie wir mit Gott in diesem Leben unterwegs waren. Wir lesen von ihren Entscheidungen, ihren Irrwegen und ihren klugen Schritten, die sie mit dem Segen Gottes gingen. Wir lesen von Gottes Geboten, seinen Herausforderungen und seinen Wegen, die er mit großen und kleinen Leuten ging.

Und wir lernen davon.

Und gewinnen Mut, ähnlich zu handeln.

Unseren Erzfeind schweren Herzens um Vergebung zu bitten, weil ein Jakob es genauso mit Esau machte.[37]

Oder dem Erzfeind entschlossen die Stirn zu bieten, weil auch ein Paulus nicht vor seinen Anklägern einknickte.[38]

Für einen Todkranken zu beten, weil Jesus Unheilbare heilte.[39]

Oder mit einem Todkranken sein Schicksal zu tragen, weil Jesus uns Leben versprach, selbst wenn wir sterben.[40]

Eine Herausforderung anzunehmen, der wir uns eigentlich nicht gewachsen fühlen, weil David gegen Goliath antrat.[41]

Eine Herausforderung abzulehnen, die uns überfordert, weil man wie Elia auch im Einsatz für das Richtige ausbrennen kann.[42]

Die Verantwortung für den nächsten Schritt liegt immer bei uns selbst, doch wir haben in der Bibel eine Quelle der Inspiration und Ermutigung, die uns die Kraft gibt, sogar ungewöhnliche Wege zu gehen.

---

37 Genesis 32–33.
38 Apostelgeschichte 21–26.
39 Johannes 5,1–9 u. ö.
40 Johannes 10,25–26.
41 1. Samuel 17.
42 1. Könige 19,1–5.

Dennoch ist klar: Die Bibel hat bei weitem nicht auf alle unsere Fragen eine Antwort. *Wen soll ich heiraten? Wann soll ich meine Aktienpakete abstoßen? Welche Pizza soll ich bestellen?* Die Bibel wird auf viele unserer Fragen mit einem Achselzucken reagieren. Viel mehr als uns immer den richtigen Weg zu führen und uns vor jeglichen Fehltritten zu bewahren, ist sie nämlich daran interessiert, andere Menschen aus uns zu machen.

Und damit sind wir beim letzten der vier Punkte und bei dem, wie ich finde, entscheidenden.

4. T wie Transformation

Im Bild des Brotes gesprochen, ist die Bibel dazu da, unseren Organismus durch ihre Nährstoffe zu kräftigen und ihm zu einem gesunden Wachstum zu verhelfen.

Im Bild des Bergführers gesprochen will uns die Bibel nicht nur die richtige Route führen; sie will uns zu besseren Bergsteigern machen.

Im Bild des Pädagogen gesprochen will die Bibel Kinder zu Erwachsenen erziehen. Das Neue Testament beklagt sich mehr als einmal darüber, dass Menschen, die Christus nachfolgen, auch nach Jahren noch auf Babynahrung angewiesen sind:

> *Ihr solltet inzwischen längst andere unterrichten können; stattdessen habt ihr wieder jemand nötig, der euch ganz von vorne das ABC der Botschaft Gottes erklärt. Ihr braucht wieder Milch statt fester Nahrung. Wer Milch braucht, ist ein kleines Kind, das die Sprache der Erwachsenen noch nicht versteht. Erwachsene aber brauchen feste Nahrung – solche Leute nämlich, die durch beharrliche Übung ihr Wahrnehmungsvermögen geschärft haben, um Gut und Böse zu unterscheiden.*[43]

> *Zu euch, Brüder und Schwestern, konnte ich bisher nicht reden wie zu Menschen, die von Gottes Geist erfüllt sind. Ich musste euch behandeln wie Menschen, die sich von ihrer selbstsüchtigen Natur leiten lassen und im Glauben noch Kinder sind. Darum gab ich euch Milch, nicht feste Nahrung, weil ihr die noch nicht vertragen*

---

43   Hebräer 5,12–14.

konntet. Auch jetzt könnt ihr das noch nicht; denn ihr steht immer noch im Bann eurer selbstsüchtigen Natur.[44]

Ein großes Ziel ist offensichtlich, dass Menschen erwachsen und zu Selbsternährern werden. Es war damals und es ist heute eine Tragödie, wenn Menschen auch nach Jahren des Lebens mit Gott immer noch abhängig von Leitern sind, die ihnen die Wahrheit vorkauen und in leichtverdaulicher Form mit der Flasche servieren.

Zum einen, weil es peinlich ist. Zum anderen, weil es abhängig von geistlichen Leitern macht. Zum dritten, weil die Welt mehr mündige Erwachsene braucht.

Die Bibel möchte uns transformieren.

Sie erzieht uns zu einem Leben nach Gottes Willen, so hat Paulus es ausgedrückt.

Je öfter und intensiver wir uns von der Bibel in Gottes Story hineinziehen lassen und je mutiger wir unseren Part im 4. Akt übernehmen und Gottes Geschichte heute auf die Bühne bringen, desto mehr wird unser Wesen vom Wesen des Autors geprägt werden, desto natürlicher und sicherer werden wir uns in unserer Rolle fühlen. Sie wird uns zur zweiten Natur werden. Wir werden sie anziehen wie einen neuen Menschen.[45] Mit anderen Worten:

Wir werden Charakter entwickeln.

Mündig leben.

Mehr und mehr Gottes Wesen widerspiegeln.

---

44 1.Korinther 3,1–3 a.
45 Epheser 4,24; Kolosser 3,12.

MusterVorschläge

1. Regelmäßig

Wenn du die Bibel wirklich als LebensMittel entdecken willst, musst du sie *regelmäßig* zu dir nehmen. Tut mir leid, aber das geht nicht ohne Disziplin. Ich weiß, die Disziplin hat ein Imageproblem heutzutage, dabei kann jeder, der schon mal ein Instrument lernte oder sich den Bauchspeck zum Sixpack umformte, bestätigen, dass die Disziplin dein Freund und nicht dein Feind ist. Disziplin wird dir das Leben nicht erschweren, sondern erleichtern. Regelmäßigkeit einzuüben ist nur am Anfang schwer. Schon bald geht sie dir in Fleisch und Blut über.

Deshalb frag dich: Wann, wo und wie lange werde ich in Zukunft die Bibel lesen? Plane diese Zeit fest in deinen Tagesablauf ein und sei dabei a) realistisch und b) clever. *Realistisch*, indem du dir nicht zu viel vornimmst. Wenn ein Couchpotato zum Edelbody werden will, wird er auch nicht gleich mit einem täglichen Profiworkout starten, sondern langsam beginnen. *Clever*, indem du dir Gedanken machst, zu welcher Tageszeit und an welchem Ort die Chancen groß sind, dass du dein Vorhaben durchhältst. Wann bist du ausreichend wach? Wann bist du ungestört? Wo bist du gerne? Und sei kreativ – nutze die im dritten Kapitel erwähnte Hörbibel bei der täglichen Fahrt zur Arbeit oder zieh dir die Texte auf dein SmartPhone, lass dich täglich zur gleichen Zeit von der Alarmfunktion erinnern und lies ein Kapitel, wo du dann auch gerade bist.

Wichtig: Halte Disziplin niemals um ihrer selbst willen! Sie ist nur dein Helfer, den du selbst gewählt hast. Sobald du merkst, dass du im Wesentlichen ein Pflichtprogramm abarbeitest, um dein Gewissen zu beruhigen, ist aus einer guten Regel ein totes Gesetz geworden.

2. Mit Fantasie lesen

Ich habe es deutlich betont: Die Bibel ist keine Betriebsanleitung, sondern eine Geschichte. Und für Geschichten braucht man Fantasie, um sie mitzuerleben und von ihnen verändert zu werden. Eines der Dinge, die den Menschen vom Tier unterscheidet, ist seine Vorstellungskraft. Nutze sie beim Lesen.

Wenn du z. B. in den Evangelien eine Begebenheit von Jesus und seinen Jüngern liest, sollte vor deinem inneren Auge eine trockene orientalische Landschaft entstehen, die Häuser flach und aus Lehm erbaut, die Straßen staubig, die Luft schon mal mit dem Duft von Viehhaltung erfüllt. Man hört Schafe blöken, ein paar schmutzige Kinder spielen am Straßenrand mit Kieselsteinen und etwas weiter vorn im Schatten eines Baumes behalten zwei römische Soldaten die Straße im Blick. Vor einem Haus bildet sich eine Menschentraube. Die Leute drängen sich um einen Mann, der für Aufregung sorgt. Du läufst näher ran, was ist da los? Du drängelst dich durch schwitzende Körper nach vorn, die Pharisäer sind auch da, sie diskutieren hitzig mit diesem Fremden. Es scheint um die Leute zu gehen, mit denen der Fremde gerade zu Tisch gelegen hat. Zöllner, schmierige Kollaborateure der Besatzungsmacht. In diesem Moment sagt der Fremde ruhig, aber bestimmt: *„Stellt euch vor, einer von euch hat hundert Schafe und eines davon verläuft sich. Lässt er dann nicht die neunundneunzig allein in der Steppe weitergrasen und sucht das verlorene so lange, bis er es findet?"*[46]

Die Geschichten der Bibel werden lebendiger, wenn wir uns in sie hineindenken. Und uns hineinfühlen in die Reaktionen der Leute damals. Wie hätte ich reagiert? Hätte ich mich auch geärgert darüber, dass Jesus mit den miesesten Charakteren des Ortes abhängt? Und was hätte seine Frage mit mir gemacht: *„Du würdest auch nach deinem Schaf suchen, wenn es weg wäre, oder? Würdest du doch? Nun, Gott macht es genauso!"*

Mir hilft dies besonders dann, wenn die Texte mir unsympathisch sind. Dann stehe ich mit den geflohenen Israeliten am Sinai und bin entsetzt von einer – aus meiner Sicht – zu harten Gottesstrafe, die Mose verkündet.[47] Vielleicht bin ich geschockt, kann diesen Gott und seine Härte nicht einordnen. Aber ich setze mich mit ihm auseinander. Schiebe den Text nicht einfach von mir, sondern lebe mit ihm, wenn auch widerwillig.

Nutze deine Vorstellungskraft und Fantasie. Manchmal wirst du dazu Hintergrundinformationen brauchen. Sich in eine antike Welt

---

46   Lukas15,4.
47   Exodus 32,25–28.

zurückzudenken, erfordert nicht selten etwas Wissen darüber, wie sie denn war, diese Welt. Benutze deshalb beim Lesen ein Bibellexikon oder einfache Kommentarwerke, damit deine Fantasie nicht mit dir durchgeht und dir ein falsches Bild von den Geschehnissen vermittelt.

3. Belehrung – Reue – Orientierung – Transformation

Du kannst jeden Text, den du liest, auf die vier Nährstoffe von B.R.O.T. abklopfen. Bleiben wir beim Beispiel des Gleichnisses vom verlorenen Schaf.

Also, was ist die (1.) **Belehrung** dieser Geschichte? Vielleicht diese: *Freunde, gewöhnt euch daran, Gott hat zeitweise mehr Interesse an einem kaputten und unangenehmen Zeitgenossen als an 99 sogenannten braven Bürgern. Gott ist ein Menschen-Sucher, ein Hinterher-Geher, ein Niemanden-Aufgeber. Ein Anwalt der Ausreißer. Einer, der die Sünder vor den Gerechten verteidigt.*

Löst sie (2.) irgendeine Art **Reue** in dir aus? Oder anders: Was sagt sie dir über dich selbst? Wo hält sie dir den Spiegel vor? Vielleicht, indem du feststellst, wie oft du Menschen abschreibst, nach denen Gott gerade verzweifelt auf der Suche ist? Oder indem du beschämt und berührt wahrnimmst, dass du gerade dabei bist, Gott davonzulaufen und er dich sucht, als hätte er nichts anderes zu tun.

Und an welchem Punkt bietet sie dir (3.) **Orientierung?** Zu welchem Schritt fordert sie dich heraus? Nun, das hängt natürlich sehr von deiner Lebenssituation ab. Die Mutter eines 15-jährigen Teenagers, der sich gerade ziemlich „schafartig" benimmt und mit den falschen Leuten rumhängt, bekommt vielleicht neue Kraft, ihn weniger zu kritisieren und mehr zu lieben und die falschen Freunde nicht mehr „Gesindel" zu nennen, weil Jesus mit dem „Gesindel" ab und an zu Mittag aß. Ein von Gott und der Kirche enttäuschter Mann lässt sich vielleicht nochmal neu darauf ein, sich von Gott suchen und finden zu lassen. Und ein Unternehmer fühlt sich gedrängt, einen großen Betrag für eine Organisation zu spenden, die sich um die „Verlorenen" unserer Gesellschaft kümmert.

Und (4.) **Transformation:** Wenn Gottes Herz für schwarze Schafe schlägt, wie kommt mein Herz dann mit seinem in den gleichen Takt?

4. Immunisierung vermeiden

Sorg dafür, dass du möglichst oft das, was du liest, auch tust. Ein Freund von mir sagt ab und zu diesen Satz: *„Ein Mensch, der das Evangelium zu oft nur hört und nicht tut, wird durch das Evangelium gegen das Evangelium immunisiert."* Man kann sich ans Nur-Hören-und-nicht-Tun gewöhnen, man kann eine Evangeliums-Resistenz entwickeln.

Darum lies mit Zettel und Stift oder merk dir auf andere Weise, was du aus dem Gelesenen an praktischer Umsetzung in dein Leben integrieren willst und prüfe von Zeit zu Zeit, ob du Fortschritte gemacht hast.

5. Systematisches Lesen

Die einfachste Systematik ist, die Bibel von vorne nach hinten durchzulesen. Ob dies auch die sinnvollste ist, sei mal dahingestellt. Es gibt Bibelleseplane, für deren Erstellung sich schlaue Leute schon über eine geschickte Systematik Gedanken gemacht haben. Nutze diese Hilfsmittel.

6. Lesen in Gemeinschaft

Seit jeher lasen die Christen und vor ihnen die Juden ihre heiligen Schriften gemeinsam. Sich mit zwei oder drei Menschen zu treffen und zusammen in die biblische Geschichte einzutauchen, wird dir nicht nur helfen, am Lesen selbst dranzubleiben, sondern dich auch durch die Gedanken inspirieren. Wie verstehen sie die Texte? Wie übertragen sie sie auf ihr Leben?

7. Meditieren und Auswendiglernen

Es ist eine immer wieder gemachte Erfahrung, dass die Bibel schon im Lesen und Bewegen der Worte an sich eine Wirkung auf einen offenen Geist und eine lernbereite Seele hat. Du kannst zentrale Passagen durch Wiederholung meditieren. Meditation bedeutet, sich den Worten auszusetzen, damit ihr Wesen im eigenen Wesen eine Spur hinterlassen kann.

Du kannst kurze Passagen oder einzelne Verse auswendig lernen und sie dir dadurch „aneignen". Jetzt sind sie ein Teil von dir und können dich durch den Tag begleiten, indem du sie immer mal wieder vor dich hin murmelst. Vielleicht ist in mancher Situation das rein *gedankliche* Murmeln angebracht.

8. Ritual

Verbinde das Lesen mit einem kleinen Ritual. Und wenn dies nur die morgendliche Tasse Kaffee ist, die immer neben der aufgeschlagenen Bibel steht. Rituale haben die Eigenschaft, uns die Disziplin zu erleichtern und geistige Vorgänge mit sinnlichem Erleben zu verknüpfen. Außer der erwähnten Kaffeetasse kann das vieles sein: Der immer gleiche Sessel, in den du dich setzt; die Kerze, die du anzündest; das Tagebuch, in das du deine Gedanken schreibst; eine besondere Körperhaltung, in der du liest; ein hübsches Kreuz, das du beim Lesen in die Hand nimmst. Vielleicht gibt es ja ein kleines Utensil, das den Ort, an dem du bist, für einen kurzen Moment zur Kapelle macht und mitten im Alltag für einen Quadratmeter heiligen Boden sorgt.

BROT

DER STAFFELSTAB

6. Der Staffelstab

Das LebensBeispiel

Ich habe euch ein Beispiel gegeben, damit auch ihr so handelt,
wie ich an euch gehandelt habe.
Jesus Christus

Von vorn sehen wir alle aus wie Schafe, von hinten wie Schäfer.
Mike Breen

Das sechste LebensMuster ist der Staffelstab. Das Ding ist bekanntlich zum *Weitergeben* da. Darum spricht dieses LebensMuster davon,
anderen Verantwortung zu übertragen, die nächste Generation zu
befähigen, oder – aus der umgekehrten Perspektive betrachtet – von
Menschen zu lernen, die schon weiter sind als du. Es geht um Lernen
und darum, Gelerntes weiterzugeben.

LebensBild

Ich sitze an einem kleinen Esstisch in einer dieser charmanten Küchen,
wie man sie nur in Studenten-WGs findet. Mir gegenüber sitzt Joline,
23, ein Bein angewinkelt auf den schmucklosen Stuhl aufgestützt. Mit

beiden Händen hält sie eine warme Tasse Tee umschlossen – es ist Winter. In ihrem Blick schwebt neben der üblichen Fröhlichkeit, die ich schon von ihr kenne, für den Moment auch die Frage, was es mit diesem Interview wohl auf sich hat, das ihr Pastor mit ihr führen will.

Joline ist einer dieser Menschen, denen im Leben selten langweilig wird. Nicht jeder mag es, wenn sich das Leben abenteuerlich anfühlt – Joline schon. Könnte sie, würde sie die Welt verändern, und manchmal probiert sie es. Sie gehört zu diesen Ganz-oder-gar-nicht-Menschen, die mit radikaler Leidenschaft bei der Sache sind, wenn ihnen etwas wichtig ist.

„Ja, ich will schon, dass was passiert", sagt sie.

Und was ihr wichtig ist, sind Menschen! Nicht zufällig studiert sie Sonderpädagogik und setzt sich in ihrer Freizeit für Leute ein, die mit ihrem Alltag mehr Mühe haben als sie selbst. Ihr Herz schlägt für Menschen mit Migrationshintergrund. Und da sie fließend türkisch spricht, investiert sie sich im Rahmen einer sozialen Einrichtung für türkische Kinder und deren Mütter. Während die Kinder donnerstagvormittags in der Krabbelgruppe spielen, frühstücken die Mütter gemeinsam und Joline pflegt Kontakte, bietet Freundschaft an und hilft bei den Vorbereitungen für Einbürgerungstests.

Darüber hinaus trifft sie sich regelmäßig mit einer Frau, die schon seit Jahren in Deutschland lebt und dennoch kein Wort unserer Sprache spricht. Sie ackern gemeinsam einen Sprachkurs durch. *„Sie hatte seit acht Jahren kaum soziale Kontakte und niemanden zum Reden außer ihrem Mann."* Jetzt hat sie Joline. Die spricht ihre Sprache und bringt ihr Deutsch bei. Joline ist eben eine Menschenfreundin, die *„will, das was passiert!"*

Aber ich sitze nicht in ihrer Küche, weil sie eine Frau ist, die sich mit Hingabe in andere investiert. Ich sitze hier, weil es einen wesentlichen Grund dafür gibt, dass sie die ist, die sie ist.

Es sind sogar mehrere Gründe.

Besser gesagt, mehrere Menschen.

Auf Jolines Lebensweg gab es von Anfang an Menschen, die sie gefördert haben. Ohne diese Menschen wäre sie heute nicht die, die sie ist.

Und *das* ist das, was mich interessiert. Also frage ich und sie erzählt ein wenig …

Die ersten Förderer sind ihre Eltern. Sie lehren sie, anderen mit Offenheit und Liebe zu begegnen und ehrliche Kommunikation falscher Harmonie vorzuziehen. Beziehungsfähigkeit ist wohl das wichtigste, was man einem Menschen mit auf den Weg geben kann.

> *„Damals war ich ein eher schüchternes Kind. Der Mut, auf andere zuzugehen, war mir nicht in die Wiege gelegt. Ich erinnere mich an die Worte, die meine Mutter immer auf dem Spielplatz zu mir sagte, wenn ich Angst hatte, mit den fremden Kindern zu spielen: ‚Komm, wie gehen zusammen hin!' Und dann blieb sie so lange bei mir, bis ich allein klarkam."*

Komm, wir gehen zusammen hin! – bildhafte Worte für das, was eine Generation der nächsten anbieten kann und muss, damit sie eigene Schritte in die Zukunft gehen kann.

Mit 12 trifft Joline in einem offenen Jugendprojekt auf Menschen, die in einem Teenager nicht nur einen Teenager, sondern einen begabten Menschen sehen. Viele Kids von der „Bushalte" finden hier einen Ort, an dem sie willkommen sind. Die Mitarbeiter sind Christen, und motiviert von Nächstenliebe begleiten sie die Teens auf dem schwierigen Weg, sich selbst kennenzulernen und ein gesundes Selbstwertgefühl zu entwickeln. Erwachsene geben Joline eine Plattform, sich auszuprobieren, glauben an sie und fordern sie heraus, ihre Stärken zu entwickeln. Die Zeit bei Anorak21[48] prägt sie bis heute.

> *„Die haben etwas in uns gesehen und aus uns heraus gekitzelt!"* So beschreibt sie das. Die Mutter der Gründerin wird ihr bald eine wichtige Freundin und Mentorin. Sie fördert sie, ohne sie zu entmündigen. Bis heute besteht der Kontakt. *„Ich kann über alles mit ihr reden, aber immer ermutigt sie mich, selber zu denken und meinen Weg zu finden."*

Als Joline 13 ist, geschieht etwas Einschneidendes. Nach einem schweren Reitunfall findet sie sich im Krankenhaus wieder. Der Arzt sagt

---

48   So heißt das vorbildliche Jugendprojekt südlich von Kassel.

ihr offen, dass ihre Verletzungen lebensgefährlich sind und es keine Sicherheit gibt, dass sie die anstehende Operation überleben wird. *„Auf eine merkwürdige Art hat mir der Tod keine Angst gemacht",* erzählt sie. An diesem Tag schöpfen Eltern, die um das Leben ihres Kindes fürchten, Zuversicht aus dem inneren Frieden ihrer Tochter, die von einem Gott weiß, in dessen Hand ihr Leben gut aufgehoben ist.

Diese Grenzerfahrung verändert die junge Frau. Seither lebt sie eine intensive Beziehung zu ihrem Schöpfer und sieht in ihrem Leben nicht nur ein Geschenk, sondern auch eine Berufung, es für andere zu leben.

Bei Anorak21 wird sie von der Teilnehmerin zur Mitarbeiterin, bekommt Verantwortung übertragen, wird mehr und mehr zu dem Menschen, der heute andere fördert und in ihnen Potenziale entdeckt, die diese selber nicht bemerken würden.

Sie sieht besonders die, die mit weniger guten Voraussetzungen ins Leben starten mussten. Neben den Problemen erkennt sie die Chancen, wenn es da nur jemanden gäbe, der an sie glaubt.

Sie *„will, dass was passiert!"*

Nach dem Abitur lebt sie für einige Monate in Afrika bei einer Missionarsfamilie, um für Menschen da zu sein, denen es schlechter geht. Leider erlebt sie hier eine Art von Leiterschaft, die mehr zerstört, als dass sie aufbaut. Eine gesetzliche Frömmigkeit bringt ihr Selbstwertgefühl ins Wanken, ein distanzierter zwischenmenschlicher Umgang verunsichert sie sehr. Sie braucht später Zeit, um das Erlebte aufzuarbeiten und wieder an sich selbst zu glauben. Nicht immer verkraften Menschen solche Art von schlechter Menschenführung so gut wie Joline – leider.

2008 zieht sie nach Würzburg und lernt die CityChurch kennen. Schon bald fallen mir ihre positive Lebenseinstellung auf und ihr Wille, etwas in der Welt zu bewegen. Mit anderen jungen Leuten nimmt sie an unserem Förderprogramm für junge Leiter teil und profitiert viel von den Gesprächen mit ihrem Coach, einer Frau, die sie über Monate begleitet und ihr hilft, ihre vielen Pläne zu ordnen und ihre Energie zu fokussieren.

Zweimal verbringt sie längere Zeit in Istanbul und verliebt sich in dieses Land und die Menschen dort. Und so verbindet sie heute ihre Liebe zur Türkei und ihre Leidenschaft für Menschen und opfert einen Teil ihrer Zeit dafür, andere zu fördern, die sich sonst allein durchschlagen müssten.

Vieles von dem, was Jolines Persönlichkeit heute ausmacht, verdankt sie Menschen, die ihr Potenzial erkannten, ihre Begabungen förderten und schon früh den Staffelstab der Verantwortung an sie weitergaben. Sie wird eine Lernende bleiben und noch viel von anderen Menschen profitieren, und ist doch schon lange eine Frau, von der andere lernen und die andere auf deren Wegen begleitet.

Ich frage sie zum Schluss, ob sie mit dem Wort „Lob" etwas Besonderes verbindet. Sie denkt einen Moment nach und sagt dann den druckreifen Satz: „Ja – einen Menschen loben bedeutet, ein bisher unbemerktes Detail zu sehen, es groß zu machen und zu einer Aufgabe zu erheben."

Ein letzter Gedanke noch zu Joline und ihrer Geschichte: Als ich an diesem Esstisch in der Studentenküche sitze und ihr zuhöre, wird mir neu bewusst, wie eng authentische Beziehungen und Menschenführung zusammengehören. Die Menschen, die uns aufrichtig lieben, sind die Menschen, denen wir zu Recht gerne folgen. Es sind die *Komm-wir-gehen-zusammen-hin*-Leute, die unser Vertrauen verdienen.

LebensWelt

Einem

Menschen

folgen.

In der Welt, in der ich lebe, verursachen diese drei Worte den meisten meiner Zeitgenossen ein ungutes Bauchgefühl.

In Deutschland wird man das Wort *Führer* wohl nie wieder ohne abstoßende Assoziationen in den Mund nehmen können. Traurige

Beispiele missbrauchter Autorität füllen auch die Schlagzeilen unserer Tage und leider stammen sie oft aus dem christlich-kirchlichen Kontext. Und nicht wenige, die hellauf begeistert an den Lippen geistlicher Leiter hängen und jedes ihrer Worte für göttliche Offenbarungen halten, machen auf den Beobachter zu Recht einen manipulierten und fehlgeleiteten Eindruck.

Ich sehe eine tief sitzende Skepsis gegenüber Leiterpersönlichkeiten in unserer Gesellschaft und bisweilen teile ich sie.

Auf der anderen Seite kenne ich die Faszination, die Menschen auf mich ausüben, die mit aufrichtigen Motiven Menschen führen und einen glänzenden Job machen. Ich ziehe den Hut vor einem Nationaltrainer, der mit einem jungen Team ein Sommermärchen schreibt. Ich habe Tränen in den Augen, wenn in der Schlussszene vom *Club der toten Dichter*[1] die Schüler für ihren geliebten Lehrer mit den Worten „*O Captain! My Captain!*" auf die Tische klettern. Und ich bin berührt von Standing Ovations, mit denen Frauen und Männer geehrt werden, die Großes im Einsatz für diese Welt und andere Menschen geleistet haben, weil sie bereit waren, Verantwortung zu übernehmen und eine Nation, eine Firma oder ein Team in die Zukunft zu führen.

Darum gibt es trotz all den traurigen Fällen von Machtmissbrauch und Entmündigung keinen Zweifel: Diese Welt braucht vertrauenswürdige Führungspersönlichkeiten.

Und diese Welt braucht Menschen, die bereit sind, diesen Leuten zu folgen.

Nun könnte man leicht dem frustrierenden Gedanken verfallen, dass es unserer Zeit leider ganz offensichtlich an Menschen mangelt, an denen sich die nächste Generation orientieren kann. Pädagogen bescheinigen der Gesellschaft einen Mangel an positiven Vorbildern, mancher redet mit Blick auf orientierungslose Jugendliche von der „*vaterlosen Gesellschaft*" und den Typus des väterlichen Mentors ken-

---

[1]   Ein bekannter Film von 1989, in dessen Hauptrolle Robin Williams einen Lehrer verkörpert, der durch seine unkonventionellen Lehrmethoden mit der konservativen Pädagogik aneinandergerät, seine Schüler jedoch zu selbstständigen Persönlichkeiten erzieht.

nen wir vor allem aus Film und Fernsehen, jedoch kaum aus eigenem realen Erleben.

Dabei gibt es sie doch zuhauf, die Menschen, von denen man lernen kann. Zieh einen Radius von 100 Metern um den Ort, an dem du gerade dieses Buch liest, und ich bin sicher, in diesem Kreis leben einige absolut bemerkenswerte Menschen. Menschen, die etwas weiterzugeben hätten. Und die Chancen stehen gut, dass du selbst ein bemerkenswerter Mensch bist. Zumindest scheinst du einen ausgezeichneten Geschmack zu haben, was Bücher angeht ...

Was ich sagen will, ist dies: Es mangelt uns nicht an Vorbildern. Es mangelt uns jedoch an einer Kultur des Weitergebens. Es mangelt uns an Menschen, die sich selbst als Vorbild anbieten, und es mangelt uns an Menschen, die sich Vorbilder suchen.

Man traut sich nicht mehr zu führen.

Und man traut sich auch nicht mehr zu folgen.

Bei einer Konferenz junger Führungskräfte aus Kirchen und Gemeinden wurde mir dies vor einigen Jahren nachhaltig bewusst. Gefragt, an welcher Stelle die haupt- und ehrenamtlichen Mitarbeiter in ihrem Job das größte Manko sähen, sagten sie: *„Mentoren! Wir haben keine Mentoren. Reife und weise Leute, die ihre Erfahrung mit uns teilen. Wir stehen meist alleine da mit unseren Herausforderungen."* Und gleichzeitig sitzen der pensionierte Pastor und der lebenserfahrene Unternehmer einsam zu Hause und glauben, sie würden nicht mehr gebraucht. Irre! So gehen Tonnen an Lebenserfahrung und Weisheit verloren, anstatt sie an die nächste Generation weiterzugeben.

Es ist in einer sich immer schneller entwickelnden Welt vielleicht nicht so sehr das Know-how, das Jüngere von Erfahrenen übernehmen können. Aber wie man seinen Charakter formt, wie man eine Partnerschaft gestaltet, wie man Krisen durchsteht, wie man Menschen führt, wie man Glauben lebt, wie man Werten treu bleibt, wie man eine Gesellschaft formt – in all diesen Dingen könnten Jüngere von Älteren so unglaublich viel profitieren.

Statt aus den Fehlern unserer Väter und Mütter zu lernen, machen die Söhne und Töchter lieber ihre eigenen und nicht selten sogar noch dieselben. So muss das Leben von jeder Generation neu erfunden werden. Ist das ein schlauer Plan?

Das Leben wird in einer biologischen Kette von Mensch zu Mensch weitergegeben.

Warum nicht auch Lebenserfahrung?

Was auch immer die Ursache für unsere Scheu vor dem Leiten und dem Geleitetwerden ist – als Christ werde ich mir den optimistischen Glauben an die positive Kraft von Leiterschaft[2] hartnäckig bewahren. Denn ich sehe das Prinzip des Weitergebens in der von Gott geschaffenen menschlichen Natur angelegt. Ich sehe *einen* Sinn von Beziehungen darin, voneinander zu lernen. Und ich sehe in Jesus selbst einen Mann, der Menschen leitete und ihnen beibrachte, zu leiten.

Entscheidend wird sein, *wie* jemand leitet und aus welchen Motiven. In beiderlei Hinsicht ist Jesus für mich der Prototyp eines Leiters, dem zu folgen mir leichtfällt und dessen Vorbild als Leiter uns inspirieren will.

LebensBeispiel

Schaut man sich das Leben Jesu an, ist das Prinzip des Investierens in die nächste Generation unübersehbar. Vor ihm liegt ein Auftrag globalen Ausmaßes und er setzt bei der Umsetzung desselben im Wesentlichen auf eine kleine Gruppe von zwölf jungen Männern, die er drei Jahre lang prägt. Er hat vor, den Himmel auf die Erde zu bringen, und er tut es – nicht nur, aber doch entscheidend – durch die Gründung einer Gemeinschaft von Leuten, mit denen er sein Leben teilt. Jesus ist der Menschenführer schlechthin. Er verkörpert dabei alle Formen eines Leiters.

---

2   Jetzt ist es gefallen, das Wort, das ich eigentlich gern vermieden hätte. Ist dir der Begriff „Leiterschaft" geläufig? Wenn ja, bist du offensichtlich stark in der christlichen Szene sozialisiert – außerhalb dieser existiert dieses Wort nämlich nicht. Es handelt sich um einen eingedeutschten Anglizismus und kommt von „Leadership". Mit Anglizismen kann ich leben, aber mit Begriffen, die außerhalb der Kirche seltsam klingen, hab ich so meine Mühe. Mangels besserer Alternativen bleibe ich aber notgedrungen dabei. Mal schauen, wie oft ich es verwenden muss.

Er ist Lehrer und Mentor,

Seelsorger und Trainer,

Vorbild und Unterstützer,

Chef und Diener,

Freund und Förderer,

Kritiker und Beifallgeber.

Jesus weiß um die Kraft prägenden Einflusses auf Menschen und er weiß um die Dynamik, die entstehen wird, wenn diese zwölf Menschen wiederum weitergeben, was sie gelernt haben – und das noch potenziert durch die Kraft des Geistes Gottes, der sie beseelen wird. Es wird die Welt auf den Kopf stellen!

Verschaffen wir uns also einen abrissartigen Überblick über die Entwicklung, die die Jünger im Zusammensein mit dem Menschenförderer Jesus durchlaufen.

Das Ganze beginnt damit, dass Jesu Blick an einzelnen jungen Leuten hängen bleibt.[3] Warum es gerade dieses Dutzend Kerle sind, auf die er sich in der Menge von Begegnungen fokussiert, wird der Nachwelt wohl auf ewig ein Rätsel bleiben. Nicht selten wird vollmundig betont, Jesus habe bei der Wahl seiner Mitarbeiter bewusst besonders unterdurchschnittlich qualifizierte Leute angesprochen. Er habe quasi in die unterste Schublade auf dem Personalmarkt gegriffen. Alles nur einfache Fischer, wird gesagt, und damit ist dann fast implizit gemeint: schlichte Gemüter, Unterschichtenfernsehen.

Der Gedanke, dass Jesus mit einem unfähigen Haufen Deppen sein Weltveränderungsprogramm angeht, mag einen gewissen Charme haben, ist aber eine Überzeichnung.

Erstens waren nicht alle zwölf Fischer von Beruf und zweitens muss man sich Petrus & Co. wohl eher als Jungunternehmer vorstellen, die an einer nicht ganz unbedeutenden Handelsroute zwischen Jerusalem und Damaskus einen kleinen Familienbetrieb leiteten. Zutreffender

---

3   Matthäus 4,18–22; Lukas 5,1–11; Lukas 5,27–28; Johannes 1,35–51.

wäre also, ihnen mindestens durchschnittliche Fähigkeiten und Auffassungsgaben zuzutrauen.

Wahr ist, dass die gewagte Zusammensetzung dieses Teams gewisse Risiken in sich barg. Da mussten der Ex-Guerillakämpfer (der als Zelot jedem Römer den Tod wünschte) und der Ex-Kollaborateur (der sich als Zöllner für gutes Geld mit den Besatzern arrangierte) miteinander auskommen.

Und wahr ist sicher auch, dass die Jünger nicht die High Potentials der damaligen Gesellschaft waren – obwohl – in einer gewissen Hinsicht waren sie eben genau das sehr wohl: Menschen mit großem, aber weitgehend unentdecktem Potenzial. Jesus sah etwas in ihnen, das sie qualifizierte. Vielleicht vor allem die Bereitschaft zu lernen und ein leidenschaftliches Herz, vielleicht auch charakterliche Stärke oder den Willen, für eine große Vision einen hohen Preis zu zahlen.

Die wenigsten der Jünger berief Jesus aus dem Stand und unbesehen. Er kannte sie schon eine Weile, wählte sie aus der großen Gruppe seiner Nachfolger aus und wusste, warum er das tat.[4]

Jesus zeichnete ein fast übernatürliches Gespür für die verborgenen Qualitäten in Menschen aus. Damit beginnt Förderung:

Jemand sieht etwas in dir.

Du siehst etwas in jemandem.

Dann lesen wir davon, dass die Jünger anfangs eigentlich nichts anderes taten als „dabei zu sein". Jesus zog umher, sie gingen mit. Jesus lehrte, sie hörten zu. Jesus heilte, sie machten große Augen und waren ein bisschen stolz, zum Team zu gehören.

Übrigens war das, was die Jünger da taten, zur damaligen Zeit nichts wirklich Ungewöhnliches. Sich einem jüdischen Theologen anzuschließen, um sich von ihm in den Schriften unterweisen zu lassen und seiner Lehre sowie – eine Zeit lang – seinem Lebensweg zu folgen, war durchaus nicht so unüblich, wie es uns heute erscheinen würde.

Die Jünger nennen Jesus „Rabbi", was übersetzt „mein Großer" bedeutet. Was später ein feststehender Titel für das Amt eines autorisierten

---

4 Siehe Lukas 6,12–16.

Lehrers der Thora und Synagogenvorstehers wurde, war zur Zeit Jesu noch schlicht eine ehrfürchtige Anrede für einen hochgeachteten Lehrer. Und so erkennt man es in den Evangelien besonders zu Beginn: Jesus leitet direktiv, ist Vorbild, erklärt seinen Schülern Gott und die Welt und zeigt ihnen, wie man richtig lebt.

Und dann ändert sich etwas.

Ab einem gewissen Zeitpunkt überträgt er seinen Schülern Verantwortung. Er wählt eine Gruppe aus, mit denen er offensichtlich mehr vor hat, als sie nur zuschauen und zuhören zu lassen. Er schickt sie los, dasselbe zu tun, was er bisher getan hat: predigen, heilen, Menschen von bösen Mächten befreien.[5] Als 5000 Leute nach einer zu langen Predigt etwas zu essen brauchen, erledigt er diese Herausforderung nicht selbst, sondern schiebt sie seinen Jüngern rüber: *Macht ihr mal!* Und sie lernen, dass sie mehr zu geben haben, als sie dachten.[6] Wie gute Lehrer das tun, freut er sich mit ihnen über ihre ersten Erfolge[7] und ist frustriert, wenn sich zeigt, dass sie doch noch nicht so weit sind wie erhofft.[8]

Und immer öfter deutet sich an, dass er in diesen zwölf ein Potenzial sieht, auf dass er in Zukunft bauen will. Petrus nennt er einen „*Felsen*", auf dem er seine Kirche gründen wird.[9] Ihn und zwei weitere, Johannes und Jakobus, scheint er zu seinen engsten Vertrauten zu machen. Bei einigen Ereignissen scheint er bewusst nur diese drei einzubeziehen. So nimmt er sie mit auf einen Berg zu einer tiefgreifenden Begegnung der dritten Art[10], lässt nur dieses Trio miterleben, wie er ein totes Mädchen ins Leben zurückholt.

Die Beziehung zwischen Jesus und seinen Nachfolgern hat sich über die drei Jahre verändert. Mit der Nähe ist Vertrauen in ihre Persönlichkeiten gewachsen, mit den Lernfortschritten das Vertrauen in ihre Fähigkeiten. Am letzten Abend vor seinem Sterben nennt Jesus sein

---

5   Lukas 9,1–6.

6   Matthäus 14,13–21.

7   Lukas 10,17–24.

8   Markus 8,17–21; Matthäus 15,16; Johannes 14,9.

9   Matthäus 16,18.

10 Matthäus 17,1–3.

Team ausdrücklich „*Freunde*". Nicht mehr „*Diener*", sondern Freunde.[11] Die Begründung lautet: *Ich habe euch alles weitergegeben. Was ihr von mir lernen konntet, habt ihr gelernt. Jetzt liegt es an euch. Geht, und führt die Sache fort!*

Und der Kreis schließt sich, indem er sie an ihre erste Begegnung erinnert, damals, als er sie berief, weil er mehr in ihnen sah als andere.

> *Nicht ihr habt mich erwählt, sondern ich habe euch erwählt. Ich habe euch dazu bestimmt, reiche Frucht zu bringen, Frucht, die Bestand hat.*[12]

Eine Wackelpartie ist es nach wie vor, diesen zwölf Jungs die Verantwortung für die Ausbreitung des Reiches Gottes zu überlassen, aber die Ausbildung ist abgeschlossen. Am Tag der Himmelfahrt drückt er seinen Freunden den Staffelstab in die Hand mit den Worten:

> *Gott hat mir unbeschränkte Vollmacht im Himmel und auf der Erde gegeben. Darum geht nun zu allen Völkern der Welt und macht die Menschen zu meinen Jüngern und Jüngerinnen! Tauft sie im Namen des Vaters und des Sohnes und des Heiligen Geistes, und lehrt sie, alles zu befolgen, was ich euch aufgetragen habe. Und das sollt ihr wissen: Ich bin immer bei euch, jeden Tag, bis zum Ende der Welt.*[13]

Was für ein unglaubliches Vertrauen Gott in Menschen setzt! Natürlich – der Grund dafür liegt in Jesu Vollmacht, nicht in den überragenden Skills der Jünger. Und doch ist absolut verblüffend, wie entschlossen Jesus an sein Team glaubt. Er traut ihnen zu, das fortzuführen, was er selbst genau genommen nur begonnen hat, nämlich die Nachricht von der anbrechenden Welt Gottes über den Globus auszubreiten. Einige der Jungs werden später bis nach Europa reisen, Thomas gar (den alten Zweifler) wird es bis Indien verschlagen, so zumindest überliefert es die Legende. Jesu Mission endet, ohne die revolutionären Auswirkungen seines eigenen Lebens mit eigenen Augen sehen zu können. Die Helden der jungen Kirche werden Petrus, Johannes und Jakobus heißen.

---

11 Johannes 15,14–16.
12 Johannes 15,16 a.
13 Matthäus 28,18–20 a.

Jesus war die Art Leiter, der seinen Schülern gönnt, den Lehrer zu überholen – jedenfalls was den äußeren Erfolg angeht. Das macht einen wirklich großen Leiter aus.[14]

Das LebensMuster des Staffelstabes will folgendes sagen:

Die DNA Jesu und seiner Schüler kann und muss unsere DNA werden! Es sollte unsere zweite Natur werden, von anderen zu lernen sowie unsererseits andere zu fördern. Es sollte uns in Fleisch und Blut übergehen, Verantwortung an die nächste Generation weiterzugeben, anstatt an ihr festzuhalten.

Wir können die Kunst erlernen, bei einem Menschen *„ein bisher unbemerktes Detail zu sehen, es groß zu machen und zu einer Aufgabe zu erheben"*.

LebensMuster Staffelstab

Vielleicht ahnst du es seit ein paar Seiten schon: Von diesem Kapitel wirst wahrscheinlich weniger du selbst profitieren als vielmehr die Leute, mit denen du zu tun hast und für die du – möglicherweise – ein Mensch sein wirst, der in sie investiert.

Sicher, das LebensMuster des Staffelstabes will dich auch motivieren, dir jemanden zu suchen, von dem du lernen kannst. Einen Mentor oder eine Mentorin zum Beispiel. Es fordert dich auf, öfter und bewusster von Menschen und ihren Erfahrungen zu profitieren. Menschen, die du schon lange kennst, oder Menschen, die dir heute zum ersten Mal über den Weg laufen. Am Ende dieses Kapitels findest du dazu ein paar konkrete Anregungen. Aber der Fokus dieses Lebens-Musters liegt eher darauf, selbst seine Rolle als Leiter zu entdecken und zum Wohl anderer zu entwickeln.

In der Tat, ich behaupte, dass im Grunde *jeder* ein Leiter ist.

---

14 Dass sie dafür nicht selten auch sein Schicksal der brutalen Hinrichtung teilten, steht auf einem anderen Blatt, sei hier aber wenigstens erwähnt. Verantwortung übernehmen hat einen Preis, bisweilen einen hohen.

Spätestens wenn du Kinder hast, gibt es keine Ausrede mehr. Du musst leiten, denn kleine Menschen orientieren sich an dir. Manchmal auch, wenn sie schon größer sind.

Oder hast du Freunde? Freunde beeinflussen einander – hoffentlich positiv. Und ein Leiter ist genau genommen schlicht ein Mensch, der Einfluss auf andere hat.

Und falls du in dir selbst nicht das großartige Vorbild erkennen kannst, ehrt dich deine bescheidene Einstellung. Aber garantiert kannst du etwas, was nicht jeder kann. Mit Sicherheit hast du eine Geschichte, die nicht jeder hat. Bestimmt trägst du in irgendeiner Weise einen Staffelstab und in deinem Umfeld gibt es Menschen, denen es eine Ehre wäre, ihn zu bekommen.

Jeder ist ein Leiter – diese Aussage meine ich so, wie ich sie gerade beschrieben habe. Ich bin mir bewusst, dass nicht jeder gerne in einer Gruppe die Führungsrolle übernimmt. In *dieser* Hinsicht ist nicht jeder ein Leiter. Ich bin mir auch bewusst, dass es in der Beschreibung von Organisationsstrukturen nicht sinnvoll ist, nicht mehr zwischen Leitern und Mitarbeitern zu unterscheiden. In *dieser* Hinsicht ist nicht jeder ein Leiter.

Aber in Bezug auf einzelne Menschen und in überschaubaren natürlichen Lebenszusammenhängen (Familie, Freunde, Arbeit, Kirche) hat jeder von uns Einfluss auf andere oder könnte ihn haben. *Von vorn (von einem Leiter aus gesehen) sehen wir alle aus wie Schafe, von hinten (von denen aus, denen wir Leiter sind) wie Schäfer.*[15]

Darum beschreibe ich im Folgenden ein einfaches Modell von Leiterschaft, das dir helfen wird, dich in andere zu investieren. Es orientiert sich am Modell von Kenneth Blanchard, einem Unternehmer und Autor aus den Staaten. Zusammen mit Paul Hersey entwickelte er die *Theorie des situativen Führungsstils.*[16] Das Schöne ist: Es ist simpel – wie vieles, was wirklich gut ist –, und darum passt es in dieses Buch. Um es anzuwenden, brauchst du keine komplizierten Vorgänge zu beherrschen. Natürlich vermittelt dieses Modell dir keine umfassende

---

15 Mike Breen, *Leidenschaftlich glauben – Jüngerschaft vertiefen*, S. 78.

16 *Management Of Organizational Behaviour: Leading Human Resources*, Prentice Hall, 1982

Information über die Kunst des Leitens und Führens – bei weitem nicht –, aber es legt eine hilfreiche Grundstruktur.

Und: Das Modell des situativen Führens passt auf deine Situation, ob du es nun auf deine Rolle als Vorgesetzter im beruflichen Umfeld anwendest oder ob du einem Teenager die ersten Griffe auf einer Gitarre beibringst.

Der Grundgedanke ist der: Je nachdem, in welcher Entwicklungsphase ein Mensch gerade steckt, braucht er eine andere Art von Leitung, um bestmöglich zu lernen. Blanchard/Hersey unterteilen den Lernprozess in vier Phasen und beschreiben für jede dieser Phasen die Beziehung zwischen Leiter und Nachfolger, zwischen Lehrer und Schüler mit ihren besonderen Herausforderungen, Chancen und Risiken. Und was den Pastor in mir natürlich besonders freut: Man kann die vier Stufen sehr schön im Leben Jesu – dem Leiter schlechthin – im Umgang mit seinen Jüngern wiedererkennen.

Der Staffelstab wird also schrittweise weitergegeben. Schauen wir uns das an.

Phase 1 – Unterweisen

Die Fischer-Jungs lernen Jesus kennen. Er spricht sie an und lädt sie ein, von ihm zu lernen. Weil sie dieser Mann fasziniert, sind sie begeistert. Lassen alles stehen und liegen und folgen ihm. Sie sind hoch motiviert. Und haben keine Ahnung!

Diese Phase nennen Blanchard/Hersey „telling", im deutschen „unterweisen". Die Lernenden können mit folgenden Kennzeichen beschrieben werden: Hohes Engagement – niedrige Kompetenz.

In dieser Phase ist Führung in der Regel sehr **direktiv**. Jesus sagt seinen Leuten klar, was sie tun und lassen sollen. Er gibt klare Anweisungen und macht vor, wie es geht. Das Motto ist: „*Folge mir nach!*" Der Chef bestimmt, wo's lang geht, und das wird meist fraglos akzeptiert.

Jesus lehrt. Seine Schüler hören zu und lernen.

Jesus handelt. Sie schauen zu und lernen.

Und manchmal haben sie Fragen. „*Herr, lehre uns beten.*" Und dann sagt Jesus: „*Okay, macht es so: Vater unser im Himmel ...*"[17]

In der ersten Phase braucht der Lernende klare Ansagen, und der Lehrer darf sich nicht vor einem direktiven Führungsstil scheuen.

Wenn ich etwas zum ersten Mal tue, kann ich es absolut nicht ausstehen, wenn man mir sagt, ich solle es doch einfach mal ausprobieren. Beispielsweise deshalb, weil die Sache schmerzhaft enden kann. Als ich zum ersten Mal auf einem Pferd saß, wollte ich von meiner Lehrerin mit Verlaub sehr genau wissen, was ich tun soll. Ein „*Probier einfach mal!*" ist für einen Anfänger gleichbedeutend mit „*Fall erst mal richtig auf die Schnauze!*" Einen Skianfänger auf die Bretter zu stellen und den Hang hinunter zu schieben, ist kein Vertrauen in seine Selbstständigkeit, sondern fürs Erste wahrscheinlich das Ende des Skikurses. Dem Anfänger in langsamen Bögen vorauszufahren und ihm die einfachsten Bewegungsabläufe detailliert zu erklären, hingegen motiviert und gibt Sicherheit.

---

17   Lukas 11,1–2

Nicht nur die Angst vor Schmerz ist ein Grund, warum ich als Anfänger genaue Anweisungen mag. Der andere Grund ist der, dass ich mich ungern lächerlich mache. Wenn mir bewusst ist, dass ich etwas nicht kann, brauche ich keinen Lehrer, der mir dies zuerst mal eindrücklich beweist.

Ein dritter Grund, warum ich als Lernender den direktiven Führungsstil in dieser Situation mag: *Ich weiß, ich kann es nicht.* Ich muss auch nicht so tun. Das verträgt mein Ego durchaus. Dafür aber fasziniert mich das Können meines Lehrers. Seine Art, eine Spur in den Tiefschnee zu fräsen, scheint mir geradezu übernatürlich, ihre Fähigkeit, mit diesem Riesenpferd zu kommunizieren, grenzt an Zauberei und wenn ich den Gitarrenlehrer selbstvergessen spielen höre, will ich das irgendwann auch so können wie er.

Wir brauchen also den Mut, direktiv zu leiten. Und zwar immer dann, wenn wir mit Leuten etwas starten, die *das* noch nie gemacht haben. Oder wenn du einen Neuling in einen Arbeitsbereich einarbeitest, in dem du schon lange zu Hause bist. Oder wenn dich jemand bittet, ihm in einer Herausforderung zu helfen, mit der er nicht klarkommt.

In dieser Phase ist die **Kompetenz** gering, aber dafür kann der Leiter auf die hohe **Motivation** seiner Schüler setzten. Das Neue ist spannend, ein Abenteuer winkt, das Ziel setzt Kräfte frei.

Nutze diese Dynamik. Und sei dir bewusst, dass dein Know-how ein gewaltiger Anschub ist. Menschen fühlen sich sogar geehrt, wenn du dir Zeit nimmst, dein Können zu teilen. Menschen fühlen sich gut, weil ein „Könner" daran glaubt, dass sie es auch können werden.

In dieser Phase besteht ein deutliches Gefälle zwischen Lehrer und Schüler, aber in dieser Phase ist das okay. Meist besteht keine besonders enge Beziehung zwischen Leiter und Nachfolger, aber das ist normal.

Diese Phase ist meist die, die sehr viel Spaß für beide Seiten bringt. Denn der Schritt vom *Nix-Können* zum *Etwas-Können* ist nicht sehr groß. Der Lernende hat bald die ersten Erfolgserlebnisse und der Lehrer erntet Bewunderung und manchmal eine dankbare Umarmung.

Aber dabei darf es nicht bleiben. Wenn du nie über Phase 1 hinauskommst und deine Schüler ewig deinen direktiven Führungsstil brauchen, ist dies kein Kennzeichen deiner überragenden Qualitäten als Leiter. Es ist ein Zeichen dafür, dass sich deine Leute nicht weiterentwickeln, und das kann durchaus auch mit dem Leiter zu tun haben.

Nun, in der Regel allerdings wird Phase zwei ganz automatisch kommen. Dann nämlich, wenn die Motivation deines Schülers nachlässt ...

Phase 2 – Verkaufen

„Selling" nennt Blanchard diese Phase und das mag zunächst mal seltsam klingen. Es ist im Sinne von *„überzeugen"* gemeint. Jemandem *„etwas verkaufen"* bedeutet, zu erreichen, dass jemand etwas zu *seiner Sache* macht. Und das ist in der Tat die Herausforderung dieser Phase, denn die Anfangseuphorie ist Vergangenheit.

Das ist der Moment, als Jesus seine Jünger allein aussendet mit dem Auftrag, das zu tun, was er tut. Das ist der Moment, als 5.000 Leute Brot verlangen und Jesus sein Team auffordert, dieses Problem mal alleine zu lösen. Wo es vorher hieß: *Ich mache es – ihr schaut zu!*, heißt es jetzt: *Ich mache es – ihr helft mir! Das Projekt, die Welt zu verändern, ist nicht nur mein Projekt. Es ist auch euer Projekt.*

Gleichzeitig ist dies auch die Phase, in der bei den Jüngern erste Ermüdungserscheinungen zu beobachten sind. Sie merken, dass diese Sache mit Jesus eine ganze Menge Gegner auf den Plan ruft. Da werden langsam ein paar Leute sauer, die man lieber nicht gegen sich aufbringen sollte. Außerdem ist die Welt verändern anstrengend. Allein diese ganze Durchs-Land-Lauferei! Und dann die langen Tage mit hunderten Hilfesuchenden, tausend Fragen und nicht endenden Diskussionen. So kommt es schon mal vor, dass sie Jesus vorschlagen, eine hysterische Frau oder nervende Kinder wegzuschicken.[18] Zu Angst und Überanstrengung kommen Erfahrungen des Misserfolgs. Sie beten für jemanden um Heilung, aber nichts passiert.[19] Alles in allem sinkt die Motivation.

---

18 Matthäus 15,22–23; Matthäus 19,13.
19 Lukas 9,37–40.

Diese Phase kennt jeder, der etwas erlernt oder anderen etwas bei-bringt. Nach anfänglichen Erfolgen wird das Lernen mühsam. Aus einem Nicht-Skifahrer einen schlechten Skifahrer zu machen, war leicht. Aus einem schlechten Skifahrer einen guten zu machen, ist wesentlich schwerer.

Die Kennzeichen des Lernenden lauten deshalb: **Sinkendes Engage-ment** und **wachsende Kompetenz.**

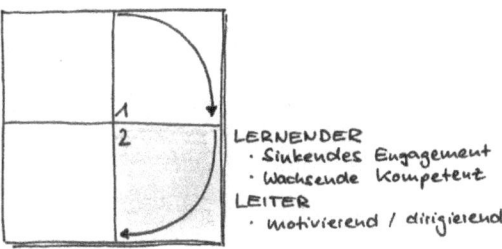

Dies ist die kritischste Phase des Lernprozesses. Nicht wenige brechen jetzt ab und geben auf oder bleiben im Mittelmaß hängen. Wer leidlich reiten kann, mag keine weiteren teuren Reitstunden mehr nehmen, um jedes Mal vor Augen geführt zu bekommen, dass er noch *„so viel"* zu lernen hat. Wer die Piste halbwegs sicher runter kommt, ist meist recht gut darin, zu verdrängen, dass das Ganze von außen betrach-tet noch nicht sehr elegant aussieht. Und wenn es leicht war, die fünf wichtigsten Gitarrengriffe zu lernen, so ist es doch sauschwer, diese Klampfe mit der Leichtigkeit eines Könners zu beherrschen.

Dass das so anstrengend ist, hätte ich nicht gedacht!

Darum ist der Leiter hier vor allem als **Motivator** gefragt. Seine Rolle verändert sich vom direktiven Chef zum unterstützenden Mentor und Coach. Nur noch Befehle geben reicht nicht mehr, auch wenn der Schüler in dieser Phase immer noch recht genaue Handlungsanwei-sungen braucht. Was er jetzt aber zusätzlich benötigt, ist ein Mensch, der Mut macht, der an ihn glaubt, das Ziel in seinem Blick hält und ihm praktische Hilfe anbietet.

Jetzt wird Beziehung wichtig. Jemand, der an seiner Seite steht und ihm kämpfen hilft. Wo die haushohe Überlegenheit des Lehrers am Anfang faszinierte, demotiviert sie mittlerweile mehr und mehr. Darum wird der Lehrer seinen Blick nun weg von seinen Schwächen und seinen eigenen Stärken lenken hin zu dem, was der Schüler bereits gelernt hat und was er gut macht. Was er jetzt braucht, ist vor allem eines:

Lob!

Ein Coach am Rand des Spielfeldes, der anfeuert und applaudiert. Ein Lehrer, der auch nach mäßigen Leistungen noch die positiven Ansätze hervorhebt und der – ganz wichtig! – seinen Schüler vor Herausforderungen stellt, von denen er ahnt, dass sie als Erfolgserlebnis ausgehen werden.[20] Wenig motiviert mich so wie eine Leistung, die von meinem Mentor mit *„Gut gemacht!"* quittiert wird.

Gute Leiter sind Leute, die die Kunst des Lobens beherrschen. Sie setzen in der Förderung des Schülers nicht bei dessen Schwächen an, sondern bei dessen Stärken.

Und sie loben zeitnah und konkret. Ein *„Gut gemacht!"* ist besser als nichts, aber auf Dauer wenig mehr als eine Floskel. Benenne, was dir gefallen hat, wo du die Stärken des Lernenden entdeckt hast und warum diese so wichtig für den Erfolg waren. Wenn du zur Vergesslichkeit tendierst, erfinde ein kleines System, das dich zwingt, ans Loben zu denken.[21]

Tatsächlich kann man die Wirkung von Lob nicht hoch genug einschätzen. In meinen ersten Jahren als Jugendpastor gab es einen Menschen, der mich beinahe täglich anrief und mir verbal auf die Schulter klopfte. Dieser Mann lobte mich quasi vom Anfänger zum Fortgeschrittenen. Später bekannte er scherzend: *„Hier und da musste ich meine gesamte Fantasie aufbieten, um noch was zum Loben zu finden."*

---

20 Siehe Jesus und sein Auftrag, 5000 Leuten zu essen zu geben.

21 Zum Beispiel haben wir nach jedem Gottesdienst eine Feedbackrunde der Beteiligten installiert. Was gut war, sollte sofort beim Namen genannt werden. Oder – warum schaltest du keinen Serientermin in deinem Outlook-Kalender, der *„Sohn loben"* lautet? Wir müssen dafür sorgen, dass Menschen öfter gelobt werden, wenn's sein muss, mit System.

Aber das ist auch mal okay. Denn Lob macht Menschen stark. Und wer lobt, kann auch kritisieren, wenn es nötig ist. Gute Leiter sind ständig auf der Suche nach Dingen, die sie loben können. Bill Hybels sagt es so:

> Als Mitarbeiter könnte ich mit einem Vorgesetzten leben, der die Vision nur mit halber Kraft vermittelt, der von Zeit zu Zeit eine weniger gute Entscheidung an einem kritischen Punkt trifft oder dessen Managementfähigkeiten nicht immer so wirkungsvoll sind, wenn dieser Vorgesetzte mich ständig anfeuert, das Beste aus mir herausholt, meine Fortschritte bejubelt, meine Erfolge feiert und mir sagt, dass ich wichtig für das Ganze war. So einem Leiter würde ich bis ins Grab folgen.[22]

Diese zweite Phase ist eine lange Phase. Sie ist gekennzeichnet vom Auf und Ab in Niederlagen und Erfolgen und langsamen Lernfortschritten. In dieser Phase ist deine Aufgabe als Leiter zusammengefasst die:

Machbare Herausforderungen stellen.

Nach und nach mehr Verantwortung übertragen – immer noch mit konkreten Handlungsanweisungen.

Hilfe anbieten.

Feedback geben. Enthusiastisch loben. Vorsichtig kritisieren.

Erfolge feiern.

Und das Ziel vor Augen malen! Warum lohnt sich die Anstrengung? Was wollt und werdet ihr mit diesem Projekt erreichen? Was war damals euer Traum, als ihr begonnen habt? Wo siehst du deinen Schüler schon bald, wenn er jetzt bereit ist, weiter zu investieren?

Ist dieser Vorgang mit dem etwas unschönen Wort „verkaufen" gut beschrieben? Ich denke schon. Es ist ausdauernde Überzeugungsarbeit nötig. Ein Leiter wird viele Male den *Wert* des Zieles betonen, die *Qualität* der Leistung loben und den *Sinn* der ganzen Aktion

---

22 Bill Hybels, *Mutig führen*, Projektion J, 2002, S. 165.

beschreiben müssen, bis der Schüler Vision und Skills zu seinen eigenen gemacht hat.

Phase 3 – Partizipieren

Zu diesem Begriff kann ich mir den Originaltitel von Kenneth Blanchard sparen, denn er ist im englischen derselbe. Nun ist es im Lernprozess Zeit, die Verantwortung für die weiteren Lernschritte immer mehr in die Hände des Schülers zu legen, denn nun verfügt er bereits über eine **hohe Kompetenz** und auch die **Motivation wächst** wieder. Der Staffelstab ist kurz vor der endgültigen Übergabe.

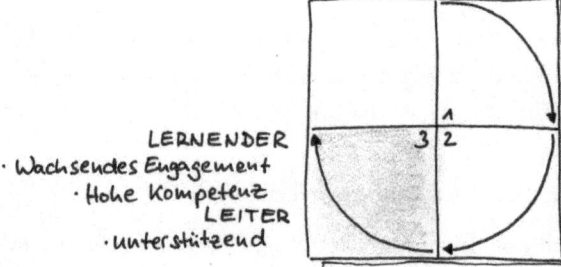

Gegen Ende des Weges, den Jesus mit seinen Jüngern geht, kommt die Zeit, wo er ihnen fürs Erste nicht mehr viel beizubringen hat. Nun sollen sie auf eigenen Füßen stehen, selber zu „Felsen" werden, auf die man die Kirche bauen kann. Sie verbringen viel Zeit im Gespräch über wichtige und tiefe Fragen des Glaubens. Jesus behandelt sie als Vertraute, als reife Diskussionspartner. In seinen Abschiedsreden[23] sind aus den *Dienern* von Jesus seine *Freunde* geworden und er besteht darauf, dass sie sich als solche betrachten.

In der dritten Phase mag es weiterhin einen graduellen Unterschied zwischen dem Können des Lehrers und dem des Schülers geben (bei Jesus und den Jüngern ist das natürlich ganz deutlich der Fall), aber

---

23   Die Kapitel 13–17 des Johannesevangeliums.

aus dem Anfänger ist mittlerweile ein guter Skifahrer, ein erfahrener Reiter, ein guter Musiker geworden.

Nun ist es wichtig, dass du als Leiter deinen Mitarbeiter an dem Projekt selbst teilhaben lässt. Der Schüler arbeitet mehr und mehr selbstbestimmt, entwickelt seinen eigenen Stil und trifft viele Entscheidungen, ohne dich vorher um Rat oder Erlaubnis fragen zu müssen.

Wenn Phase 2 für den *Schüler* nicht einfach war, so ist Phase 3 für den *Lehrer* eine Herausforderung, denn er muss nun damit umgehen können, dass der Schüler nicht in allem exakt in seine Fußstapfen tritt. Und das soll er auch nicht! Das Ziel des Investierens in Menschen ist nicht, dass kleine Klone des Leiters entstehen, sondern dass mündige Persönlichkeiten mit eigenem Profil ihren Weg gehen.

An dieser Stelle wird sich die tiefste Motivation und der wahre Charakter des Leiters erweisen. Leider tendiert manch starke Leitungspersönlichkeit dazu, Menschen nicht in die Mündigkeit zu führen, sondern in unguter Abhängigkeit zu halten. Genau an dieser Stelle liegt der Unterschied zwischen einer Menschenführung, der wir zu Recht misstrauen – die Teil des Problems, nicht Teil der Lösung ist –, und einer Leiterschaft, die Menschen freisetzt und befähigt und letztlich die Welt zum Positiven verändert.

Die Aufgabe eines Leiters in Phase 3 ist die, sich zurückzunehmen, jedoch im Hintergrund weiterhin als **unterstützender Freund** zur Verfügung zu stehen.

Beratend.

Kollegial.

Letztverantwortlich – denn noch ist der Staffelstab nicht übergeben.

In dieser Phase wird nun zunehmend die *Beziehung* zwischen Lehrer und Schüler wichtiger als die klare Aufgabenstellung. Aus dem Chef wird der Freund. Man hat gemeinsame Ziele, teilt einen gemeinsamen Traum, inspiriert sich gegenseitig – auch wenn einer über mehr Erfahrung verfügt als der andere.

Den Übergang von Phase 2 zu Phase 3 zu verpassen, ist extrem frustrierend für den Schüler. Längst fühlt er sich kompetent genug, hat eigene

Ideen, ist ausreichend motiviert, um sich mit mehr Verantwortungs-spielraum auszuprobieren.

In Phase 3 braucht der Schüler nur drei Dinge:

→ 1. Eine klare umrissene Aufgabe

→ 2. Weite Entscheidungskompetenz

→ 3. Einen Leiter, der die Ressourcen zur Verfügung stellt (Finanzen, Hilfe, Beratung)

Als Leiter wirst du einen Vertrauensvorschuss riskieren müssen, um der Person eine weitere Entwicklung zu ermöglichen. Und sollte die Sache in die Hose gehen und das Projekt scheitern, wirst du nach außen sogar die Verantwortung dafür übernehmen, um deinen Mit-arbeiter zu schützen. Intern könnt ihr dann klären, woran es lag und welche Fehler beim nächsten Mal vermieden werden müssen.

Nicht selten steigen Lehrer und Schüler übrigens auch direkt in Phase 3 ein, ohne vorher die ersten beiden zu durchlaufen. In mei-nem Leben zum Beispiel gibt es einige Menschen, die mich als Men-toren begleiten – und zwar, weil ich sie darum gebeten habe. Wir kennen uns noch nicht besonders lange und sie sind es auch nicht, die mir das beigebracht haben, was ich heute kann. In keiner Weise sind sie meine Vorgesetzten oder bin ich ihnen verantwortlich.

Aber sie sind mir voraus, haben einige Jahre mehr Lebenserfahrung hinter sich und stehen mir unterstützend bei, wenn ich sie brau-che. Einer stand mir schon einige Male in schwierigen Situationen umgehend zur Seite, mit einem anderen telefoniere ich regelmäßig, beschreibe meine Herausforderungen und notiere mir seine Ideen und Erfahrungen, mit einem Dritten treffe ich mich einmal im Jahr für eine Woche, zusammen mit einer Gruppe anderer Lernender. Es ist unglaublich beruhigend, zu wissen, dass es Leute gibt, die als väterliche Freunde zu dir stehen und an dich glauben.

Phase 4 – Delegieren

Die vierte Phase ist die kürzeste, aber dafür eine, zu der es oft genug niemals kommt. Denn nicht immer wird der Staffelstab tatsächlich übergeben, die Verantwortung delegiert, die Führung abgegeben. Obwohl des Lernenden **Kompetenz und Engagement** hoch genug sind, so dass dieser Schritt folgerichtig wäre.

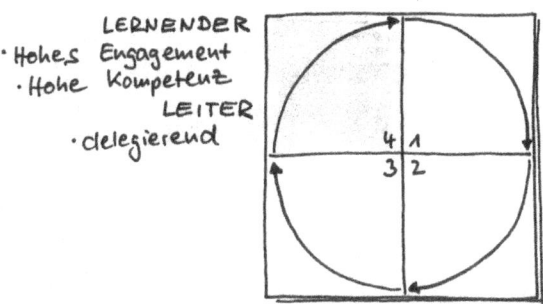

An Phase 4 scheitert so mancher Leiter, da er zwar gern gute Mitarbeiter hat, aber weniger gern von denselben überholt und abgelöst wird.

Interessant, dass ausgerechnet Jesus, den man nun wirklich zu Recht als *unersetzbar* bezeichnen könnte, diesen Schritt derart zuversichtlich geht, dass man versucht ist, ihn fahrlässig zu nennen. Er überträgt – nach nur dreijähriger Ausbildungszeit! – das Projekt Weltrettung an seine elf[24] Freunde, die diesen Auftrag einigermaßen überrascht annehmen.[25] Jesus glaubt offensichtlich, dass sie genug gelernt und verstanden haben, um nun – mit Hilfe des Heiligen Geistes – sein Werk fortzuführen.

Delegieren – genau daran scheitert mancher Leiter.

Ganze Generationen von Leitern.

In Indien soll es ein Sprichwort geben: *„Nichts wächst unter einem Banyan-Baum."*

Der Banyan-Baum! Diese Feigenart nimmt wahrhaft gigantische Ausmaße an und zwar auf eine merkwürdige Weise. Von seinem Ästen

---

24   Judas gehört nicht mehr zu Team.

25   Matthäus 28,16–20.

ausgehend bildet der Baum herabhängende Luftwurzeln aus, die sich in den Boden graben und bald ein Gewirr von Stämmen bildet. Dadurch erscheint ein einziger Banyan wie ein ganzer Wald und kann einige hundert Quadratmeter bedecken. Durch seine dichte Krone fällt kaum noch Licht und so verdrängt er den Rest der Vegetation in seinem Umfeld und lässt auch jungen Samen der eigenen Art keine Chance. Die Hindus verehren diesen Baum als heilig.

Ähnlich scheint mir manch großer Leiter glorifiziert zu werden.

Seine Erfolge sind beeindruckend.

Sein Werk legendenbildend.

Seine Worte oft zitiert.

Und doch wächst in seinem Schatten kein Nachwuchs. Sein Gewicht erstickt aufstrebende junge Leiter sowie deren Ideen und Talente.

Gute Leiterschaft hingegen macht die Kleinen groß. Gute Leiterschaft dient und fördert andere nicht um der eigenen Ziele willen. Ein guter Leiter dient nicht, um zu leiten, sondern er leitet, um zu dienen. Und er freut sich, wenn seine Schüler ihn eines Tages überholen.

Ihn ablösen.

Ihn überflüssig machen.

Ihn freisetzen für neue Herausforderungen.

MusterVorschläge

Wie könnte das LebensMuster des Staffelstabes in deinem Leben konkrete Form annehmen?

1. Wähle mutig

Gibt es in deinem Leben jemanden, von dem du lernst?

Wenn nein, warum suchst du dir nicht jemanden, von dem du lernen könntest? Such dir einen Coach, einen Mentor und einen Menschen, der sich zwar niemals so nennen würde, aber es dennoch sein könnte. Jemanden mit Lebenserfahrung. Jemand, der beruflich Menschen führt – oder geführt hat. Jemand, in dem du ein Vorbild siehst. Jemand, der etwas kann oder weiß, was du können oder wissen willst. Sprich ihn oder sie mutig an und sag ihm, warum und in welchem Bereich du glaubst, von ihm oder ihr lernen zu können. Trefft euch alle 4 bis 8 Wochen und redet über die Herausforderungen, in denen du stehst.

Und gibt es jemanden in deinem Leben, der von dir lernt?

Wenn nein, warum nicht? Wenn du zu wenig Zeit hast, in jemand zu investieren, frag dich, ob dieses Investment langfristig nicht Entlastung und Zeitersparnis bringen könnte und sich deshalb lohnt. Wenn du meinst, nichts zu können, was weiterzugeben sich lohnt, schüttle kurz den Kopf über diesen naiven Gedanken und dann nimm einen Menschen mit hinein in das, was du tust. Denn irgendetwas Sinnvolles tust du doch, was nicht jeder tut. Wenn ja, dann ist es auch wert, dies weiterzugeben und dann wird es auch jemand geben, der wie du den Sinn darin sieht.

In einer Kirche sollte jeder Leiter eines Arbeitsbereiches im Grunde einen „Lehrling" haben, mit dem er Wissen und Können teilt, bis er den Staffelstab abgeben kann.

2. Es ist mir eine Ehre

Mach dir bewusst, dass es eine Ehre ist, als Mentor angefragt zu werden. Oft schrecken Menschen davor zurück, weil sie vielbeschäftigten Leuten keine Zeit stehlen wollen. Nun – sie werden offen sagen, wenn sie keine Zeit haben. Aber die Gefahr, jemandem auf die Nerven zu gehen, ist relativ klein. Es ist eine Ehre, gefragt zu werden. Genauso wie es eine Ehre ist, gefragt zu werden, ob man Förderung in einem bestimmten Bereich bekommen will oder an einer verantwortungsvollen Aufgabe mitwirken möchte. Einmal im Jahr darf ich ein Dutzend Leiter einladen, an einem mehrmonatigen Förderprogramm teilzunehmen. Nicht alle sagen zu, aber alle fühlen sich als Persönlichkeiten wahrgenommen, in die zu investieren sich lohnt. Und wer mag das nicht?

3. Wer nicht fragt, bleibt dumm

Ab und an triffst du auf eine interessante Persönlichkeit. Du triffst sie auf einer Schulung, sitzt neben ihr am Mittagstisch bei einer Konferenz oder befindest dich mit ihr auf einer Dienstreise im selben Auto. Nutz die Chance und stell deine Fragen. Du hast keine Fragen parat? Hier ein paar Vorschläge:

→ Welches Buch hat dein Leben verändert?

→ Welches Buch liest du gerade?

→ Aus welchen Fehlern hast du was gelernt?

→ Wie hast du deine Stärken entwickelt?

→ Wie hast du deine Schwächen minimiert?

→ Wovon träumst du?

→ Was soll zurückbleiben, wenn du nicht mehr bist?

→ Was muss man können, um in deinem Job richtig gut zu sein?

→ Welche Probleme bringt dein Beruf mit sich?

→ Wer ist dein Vorbild?

→ Was ist dein wichtigster Rat für einen Menschen wie mich?

4. U40 – Ü40

Von einem weisen Mann hörte ich vor einiger Zeit folgenden Rat: *„Wenn du unter 40 bist, sag zu neuen Herausforderungen nicht nein. Wenn du über 40 bist, sag nein zu der Droge, gebraucht zu werden und investiere dich in Jüngere. Bring ihnen bei, was du gelernt hast."*

5. Lob und Kritik

In ihrem Buch *Leading simple*[26] beschreiben Boris Grundl und Bodo Schäfer einige Hilfsmittel eines Leiters gegenüber ihren Mitarbeitern.

---

26   Boris Grundl, Bodo Schäfer, *Leading simple*, Gabal, 2007.

Das erste ist das *Lob* – wir sprachen bereits davon. Die Autoren empfehlen:

→ Lobe nicht nur Ergebnisse, sondern auch kleine Fortschritte

→ Schaffe ein System, dass dir hilft, Lob nicht zu vergessen

→ Lobe nicht unpräzise – das ist nur Schmeichelei

Drück aus:

→ was dir gut gefallen hat,

→ wo, wie und wann dir das auffiel,

→ warum das so wichtig und wertvoll ist,

→ dass er oder sie so weitermachen soll.

Was aber tun, wenn es mehr zu tadeln als zu loben gibt, wenn die Sache wirklich schief gelaufen ist? Grundl/Schäfer empfehlen vor der Kritik noch ein zweites Hilfsmittel, das *Umleiten*. Damit meinen sie Folgendes: Da Kritik gerade in den ersten beiden Phasen oft mehr schadet als nützt, werde ich mich als Leiter fragen, ob der Misserfolg an meiner unpräzisen Arbeitsbeschreibung lag. Ich mache es besser und ermögliche dem Mitarbeiter eine zweite Chance. Oder ich stelle ihn vor eine andere Aufgabe, die besser zu ihm passt.

Manchmal allerdings kommen wir um die *Kritik* als drittes Hilfsmittel nicht herum. Dann sollte die Kritik immer die Sache, niemals die Person betreffen. Sie muss zeitnah und konkret sein. Sie findet nie vor anderen und nie schriftlich statt. Und sie ist kurz. Im Gespräch solltest du

→ zunächst Vertrauen äußern und Gutes benennen

→ mit wenigen Worten den Punkt benennen, der nicht gut war

→ nach der Beurteilung des anderen fragen

→ den Blick auf die Zukunft lenken: Was wirst du jetzt tun?

→ freundlich das Gespräch beenden

Das schlimmste, was du nach der Arbeit eines Mitarbeiter tun kannst –
ob sie nun ein Erfolg oder ein Misserfolg war –, ist dies: überhaupt
nicht reagieren! Es bedeutet nichts anderes als: *Deine Arbeit ist unbe-
deutend, nicht der Rede wert, selbstverständlich, nicht weiter wichtig.*
Leider ist dies die Reaktion, die weit am häufigsten vorkommt.

6. Lies eins dieser Bücher

Tobias Faix/Anke Wiedekind, *Mentoring – Das Praxisbuch,* Aussaat,
2. Auflage 2010 → Dieses Buch wird dir helfen, anderen zu helfen, ihr
Potenzial zu entwickeln.

Daniel Zindel, *Geistesgegenwärtig führen – Spiritualität und Management,* Neufeld, 3. Auflage 2012 → Der Autor verbindet geistliche Leitung mit professionellen Führungsqualitäten. Für Leute in Leitungs-
verantwortung.

Paul Ch. Donders, *Mitarbeiter fördern und fordern,* Gerth Medien,
3. Auflage 2005 → Ein sehr praxisnahes Arbeitsbuch für Menschen,
die Menschen führen. Nicht zum Durchlesen, sondern zum Durcharbeiten.

Boris Grundl, Bodo Schäfer, *Leading Simple,* Gabal, 2007 → Anglizis-
tischer Titel, mittelmäßiger Schreibstil, sehr guter Inhalt. Nach diesem
Buch kennst du die Aufgaben eines Leiters und weißt endlich, was du
zu tun hast.

Kenneth Blanchard, Spencer Johnson, *Der Minuten Manager,* Rowohlt,
11. Auflage 2009 → Ein kleines Büchlein, schnell gelesen, mit bestechend simpler Führungsphilosophie. Ein Klassiker.

Wichtiger Nachtrag

In diesem Kapitel kamen die Worte „leiten" und „führen" insgesamt
47 Mal vor.[27] Hingegen wurden nur ein paar wenige Zeilen darauf

---

27 Nein, ich habe nicht gezählt, sondern geraten. Falls du nichts Besseres zu tun hast, hol es nach
    und lass mir das Ergebnis zukommen.

verwandt, auf die Gefahr der Überbetonung von Leitung und Führung im gemeindlichen Kontext hinzuweisen. Du könntest deshalb den Eindruck haben, dass hier das Prinzip *Menschen folgen Menschen* in ein allzu positives Licht gestellt wird.

Nun – ich habe beides erlebt: die hässlichen Folgen menschlichen Machtmissbrauchs genauso wie die Schönheit und Kraft gesunder Führungsarbeit. Der Unterschied zwischen beiden liegt in der Motivation des Leiters und dem sich daraus ableitenden Leitungsstil.

Wenn Jesus „führen" sagte, meinte er „dienen". Tatsächlich sah er im Dienen das Hauptmerkmal eines Leiters.[28] Das ist keine Neuigkeit. Die Mehrheit christlicher Leiter würde wohl sagen, dass sie ihren Job als „Dienst" verstehen. Trotzdem kommt es immer wieder zu unguten Hierarchien und ungesunden Abhängigkeiten.

Mir hilft eine einfache Frage, um menschliche Führung (sei es meine eigene oder die anderer) an Jesu Leitungsverständnis zu messen. Sie lautet:

Dient einer, um zu leiten oder leitet einer, um zu dienen?

Ersteres sieht Jesus-gemäß aus, ist es aber nicht. Einer dient, ja. Er hilft, er lobt, er ist freundlich, er tut alles – oder doch vieles – für den anderen – aber letztlich tut er es, weil er so besser leiten kann. Dienen als Führungstool, im Extremfall nichts anderes als Manipulation. Wer dient, um zu leiten, dem geht es letztlich mehr um das Leiten an sich als um den Menschen. Der Mensch ist Mittel zum Zweck des Erfolgs.

Leiten um zu dienen hingegen ist der Weg Jesu. Einer leitet nicht um des Leitens willen, sondern um denen zu dienen, die er leitet. Er leitet, weil er so besser dienen kann. Der Mensch steht höher als der Erfolg. Diese Art Menschenführung kann ab und an direktiv sein, ohne zu entmündigen, Kritik üben, ohne klein zu machen, Rat geben, ohne in Abhängigkeit zu führen. Diese Art Leiterschaft gibt gerne den Staffelstab weiter, tritt bescheiden in den Hintergrund, macht andere größer als sich selbst.

---

28   „Wer der Erste sein will, der muss der Letzte von allen werden und allen anderen dienen!"
      (Markus 9,35).

DAS MOSAIK

7. Das Mosaik

Die LebensAufgabe

Es gibt einen Platz, den du füllen musst, den niemand sonst füllen kann, und es gibt etwas für dich zu tun, das niemand sonst tun kann.
Platon

Du wirst zahnlos geboren und ohne Zähne gewogen.
Kriegst sie bis Mitte zwanzig schon wieder gezogen.
Bist oh so verschüchtert, verzagt und vernagelt. Kein Licht
dringt zu dir durch, so geplagt bist du sternhageldicht.
Was dich runterzieht, sind deine schweren Arme.
Wer schleicht, dem wird leicht kalt, darum schleichst du ins Warme.
Du nennst es Weltschmerz, ich nenn es Attitüde.
Es ist erst fünf vor Zwölf und du bist schon so müde.
Judith Holofernes („Wir sind Helden")

Das sechste LebensMuster ist das Mosaik. Ein großes Bild, das aus vielen Einzelteilen besteht. Dieses LebensMuster handelt von dem Platz, den du in diesem Leben finden und ausfüllen musst, um einen sinnvollen Beitrag zu dem großen Kunstwerk zu liefern, das Gott in der Welt kreiert. Lass dein großartiges Potenzial nicht verkümmern! Entwickle es!

LebensBild

Ich habe eine Theorie. Sie lautet so: In mehrstöckigen Wohnblocks sind nur die Wohnungen in den oberen Stockwerken bewohnt. In den Etagen darunter leben nur scheinbar Leute. In Wirklichkeit stehen sie leer.

Alle!

Auf der ganzen Welt!

Die Richtigkeit dieser Theorie fußt auf jahrelangen empirischen Erfahrungen. Einige meiner Bekannten leben in solch mehrgeschossigen Häusern. Doch niemand von ihnen wohnt in einer der unteren Etagen. Kein einziger!

Auch dieses Mal schleppe ich mich in den vierten Stock, um eine junge Frau zu treffen. Und weil ich mir von ihr noch Kleingeld für die Parkuhr unten in der Straße borgen muss, mache ich den Weg gleich zweimal. Es wäre auch ein Aufzug da gewesen? Gut zu wissen.

Wieder eine WG. Nur Frauen leben hier. Merkt man. Was ich von der Wohnung zu sehen bekomme, ist top-sauber und ordentlich. Oder räumen die Leute zwei Tage vorher auf, wenn sie wissen, dass ein Pastor vorbeischauen wird?

Wohnräume sagen ja viel über die Menschen, die darin leben. In dem Zimmer meiner heutigen Zielperson hat alles seinen Platz. Nicht pedantisch, aber geordnet wirkt das Leben, das hier gelebt wird. *Da hat jemand sein Leben im Griff,* denke ich.

Ich kenne die Bewohnerin, seit ich mich vor ein paar Jahren nach jungen Leuten für unseren Leiterkurs umsah. Zwei Teamleiter meiner Gemeinde schlugen mir unabhängig voneinander eine 23-jährige Frau vor. *„Die musst du fragen. Sie ist topfit. Absolut zuverlässig. Total verantwortungsbewusst. Sehr engagiert."* So in etwa lauteten ihre begeisterten Worte. Sie sprachen von Cornelia.

Und nun erzählt mir Cornelia von ihrem Leben. Sie wächst in einem Elternhaus auf, in dem sie schon sehr früh gefördert wird. Ballettunterricht, Kochkurse, Pfadfinder, Flötenunterricht und vieles andere bieten ihr schon als Kind eine Menge Möglichkeiten, sich auszuprobieren. Das Verhältnis zu den Eltern ist nicht immer einfach, doch oft hört sie von ihnen den prägenden und wichtigen Satz: *„Wir sind stolz auf dich!"* Immer dann, wenn sie etwas besonders gut gemacht hat – und das ist nicht selten der Fall. So wächst ein Kind heran, das seinen Wert vor allem über Leistung definiert …

… und wird zu einem Teenager.

Die Art ihrer Rebellion gegen das Elternhaus klingt amüsant: Sie nimmt gegen den erklärten Willen ihrer Eltern am Konfirmandenunterricht teil. Muss man erst mal drauf kommen. „Ich war dafür, weil sie dagegen waren", sagt sie und fügt an: „Es war sterbenslangweilig."

Trotzdem steigt sie schon mit 14 Jahren in die kirchliche Jugendarbeit ein und macht erste Erfahrungen damit, sich ehrenamtlich einzubringen.

Als Cornelia 16 ist, schicken ihre Eltern sie für ein halbes Jahr nach Neuseeland. Sie meinen es gut, doch Cornelia fühlt sich zu diesem Schritt gezwungen und herausgerissen aus ihrer Welt. Die Beziehung zu ihrem damaligen Freund zerbricht noch vor dem Abflug. Von einem Tag auf den anderen lebt sie ein anderes Leben. Direkt am Meer. Ganztagsschule. Gastfamilie. Down-Under-Mentalität.

Merkwürdig schnell kommt sie damit klar. Anstelle von Heimweh genießt sie die Erfahrung, in einem fernen Land auf eigenen Beinen zu stehen. In der Schule lässt ihre deutsche Gründlichkeit die Lehrer jubilieren und der Rest fühlt sich an wie sechs Monate Urlaub.

„Die Erfahrung, dass ich trotz eines so harten Schnittes, der mich von jetzt auf gleich in eine völlig fremde Welt versetzt, dennoch glücklich sein kann und die Situation meistere, prägt mich bis heute. In Neuseeland habe ich gelernt, was Eigenverantwortung ist."

Den Bezug zur Kirche allerdings verliert sie im Ausland. Schuld daran ist der Pastor der Freikirche, die ihre Gastfamilie besucht. Eines schönen Sonntags fühlt dieser sich zu einem Bekehrungsaufruf veranlasst, welcher aufgrund seiner verbalen Intensität – ganz zu schweigen von der zeitlichen Ausdehnung! – nichts anderes ist als manipulativer Psy-

MOSAIK

choterror. Mit so was ist man bei Cornelia an der falschen Adresse! Sie bekehrt sich nicht, im Gegenteil!

Zurück in Deutschland ist vieles anders. Das Zurückkommen entpuppt sich als ebenso harte Umstellung wie das Weggehen. Sie pflegt in der Folgezeit kaum noch soziale Kontakte, stürzt sich stattdessen in ihre schulische Ausbildung, nimmt an einem Förderprogramm ihrer Schule teil, das das Internationale Abitur zum Ziel hat. Die Hauptfächer werden auf Englisch unterrichtet. Der Lernstoff verdoppelt sich. Das Leistungsniveau ist enorm. Oft besteht der Tag nur aus Lernen, aber sie hat Spaß daran. Die Beziehungen, die auf der Strecke bleiben, vermisst Cornelia nicht.

2005 beginnt sie schließlich ein Biologie-Studium in Würzburg. Mittlerweile spürt sie, dass es um ihre Fähigkeit, auf Menschen zuzugehen und Beziehungen aufzubauen, nicht gut bestellt ist. Außer ihrer Lerngruppe kennt sie kaum jemanden in dieser Stadt und manches Wochenende vergeht, an dem sie ihr Wohnheim-Zimmer überhaupt nicht verlässt. Sie zieht sich zunehmend zurück.

Eines Tages wird sie von einer Bekannten eingeladen, mit in ihre Kirche zu kommen. Die Beschreibung (*Gottesdienst im Kino, Band auf der Bühne*) weckt ungute Erinnerungen an einen hysterischen Pastor in Neuseeland. Doch weil die Bekannte hartnäckig bleibt und Cornelia die Ausreden ausgehen, kommt sie eines Tages in die CityChurch und ihre Befürchtungen werden nicht bestätigt.

> *„Ich bin ruhig geworden an diesem Vormittag. Ich spürte, dass das hier nicht gefährlich ist."*

Sie kommt öfter, hört sich über die Homepage alle CityChurch-Predigten der letzten Jahre an. Trotz inhaltlicher Zweifel beeindruckt sie vor allem die Feststellung, dass hier halbwegs intelligente Menschen an Gott zu glauben scheinen. Hier predigen nicht nur der Pastor, sondern auch Menschen mit „ganz normalen" Berufen. Das Credo ihrer Erziehung, *„Christen glauben, weil sie die Welt nicht verstehen"*, gerät ins Wanken. Glaube kann reflektiert und als durchaus vereinbar mit den Naturwissenschaften verstanden werden.

Es dauert nicht lange, bis jemand Cornelias Potenzial erkennt. Sie wird gefragt, ob sie Lust hat, im Kinderprogramm mitzumachen.

Ohne lang nachzudenken, sagt sie zu[29]. Jemand anderes lädt sie ein, sich als Radiomoderatorin in einer christlichen Radiosendung auszuprobieren.

Und auf einmal ist sie mitten drin.

Lernt Menschen kennen.

Fühlt sich zugehörig.

Und erlebt Kirche als einen geschützten Mikrokosmos, in dem man sich ohne Leistungsdruck ausprobieren kann. In dem Menschen um ihrer selbst willen geliebt werden. In dem man ihr vertraut, anstelle sie zu kontrollieren.

Aber in dem auch Talent geschätzt wird. Und es natürlich viel Raum für eine Frau gibt, die Eigenverantwortung gelernt hat. Heute sagt sie bescheiden:

„In dieser Gemeinde konnte ich die Nischen finden, in denen ich gut bin. Ich bin nicht einfach gut in Radioarbeit oder im Kinderprogramm. Ich bin in einzelnen Aufgaben gut, zum Beispiel im Organisieren, in technischen Sachen, im Ausprobieren neuer Dinge, im Zugehen auf Menschen. Erst zusammen mit den Fähigkeiten anderer kommt etwas Gutes auf die Beine."

Sagte sie im *Zugehen auf Menschen*?

Ja! Tatsächlich *ver*lernt sie in der Kirche noch ein weiteres Credo ihrer Jugend. Wichtiger als Erfolge werden ihr Beziehungen. In dem Leiterkurs, zu dem ich sie einlud, lernt sie etwas Neues über sich selbst. Sie ist gar nicht der aufgabenorientierte Mensch, für den sie sich immer hielt. Sie ist der menschenorientierte Typ.

„Meine Geschichte und Prägung hatten aus mir den Menschen gemacht, der ich war. Ich hatte gelernt, Ziele zu erreichen und dass Fleiß sich lohnt. Beziehungen waren nicht meine Stärke und ich dachte: So bin ich eben. Ich habe fraglos übernommen, was andere

---

29   Im Rückblick betrachtet spielt möglicherweise der Mut machende Einfluss eines Cocktails eine gewisse Rolle bei dieser Entscheidung.

in mir sahen. Ich dachte, ich sei der Mensch, den meine Prägung aus mir gemacht hat."

Doch jetzt entdeckt sie, dass es da noch eine andere Cornelia gibt. Eine mit Begabungen und Wesenszügen, die Gott in sie hineingelegt hat. Und die stimmen nicht immer mit dem überein, was das Leben uns über uns selbst beigebracht hat.

Cornelias Geschichte hat sie geformt, natürlich. Und hat ihr Stärken mitgegeben: ihre Eigenverantwortung, ihren Fleiß, ihr Wissen, ihr strukturiertes Arbeiten.

Doch da ist außerdem ihre Persönlichkeit. Ihr Blick für Menschen und ihre Bedürfnisse. Und eine Art angeborene Neugier.

Und so findet sie mit ihren Fähigkeiten ihren Platz in der Gemeinschaft. Und die Gemeinschaft wiederum ermöglicht ihr, neue Seiten an sich zu entdecken und ihre Persönlichkeit zu entfalten. Weil es in der Kirche nicht darum geht, Arbeit zu erledigen, sondern mit Menschen unterwegs zu sein und sich mit Stärken und Schwächen zu ergänzen.

Ich stelle ihr zum Schluss zwei Fragen. Erstens: Was ist der Sinn deines Lebens? Und zweitens: Wie verhinderst du bei all deinen Aufgaben, dass du ausbrennst?

„Der Sinn meines Lebens?" Sie denkt einen Moment nach. „Die Menschen um mich herum wahrnehmen und etwas zusammen mit ihnen gestalten, das macht mich glücklich. Und ausbrennen tue ich deshalb nicht, weil ich mich bemühe, die meiste Zeit in die Tätigkeiten zu investieren, die ich wirklich gut kann und die mir Spaß machen."

LebensWelt

Eines schönen Tages vor gar nicht allzu langer Zeit hast du, wahrscheinlich im Beisein einer erleichterten Hebamme, eines blutverschmierten Arztes, eines überforderten Vaters, ganz sicher aber deiner abgekämpften Mutter den ersten Atemzug deines Lebens getan. Du kamst zur Welt und mit dir eine verheißungsvolle Mischung aus Erbgut, Talenten und potenziellen Fähigkeiten, die du in den kommenden Jahrzehnten entfalten würdest – so der Plan.

Was dann kam, war das Leben. Du nennst es im Rückblick grandios oder schrecklich oder irgendwas dazwischen. Auf jeden Fall hat es dir mehr oder weniger gut geholfen, das, was in dir steckte, tatsächlich zu entdecken und zu entwickeln.

Und obendrein hat es dir seinerseits noch ein paar Sachen beigebracht, das Leben. Gute und weniger gute Dinge. Es hat dich geformt, dich zu dem gemacht, der du bist.

Das heißt ... irgendwann hast du dir zum ersten Mal die Frage gestellt,

wer

du eigentlich

bist.

Und was du hier sollst. Ob es einen Sinn gibt. Eine Bestimmung. Ob du auf Erden gebraucht wirst und ob deine Geschichte mehr ist als ein willkürlicher Mix aus zufälligem genetischen Ausgangskapital und schicksalshaften Ereignissen, die halt so passierten.

Gibt es in diesem Leben einen Platz auszufüllen?

Etwas, wofür man geboren wurde?

Im Film *Bagger Vance* gibt es eine schöne Szene dazu. Der Film spielt in den 1930er-Jahren und es geht um Rannulph Junuh, der geboren wurde, um Golf zu spielen. Zumindest war das früher mal so. Er war ein Star, dann verschwand er über Jahre von der Bildfläche und nun versucht er sein Comeback bei einem großen Turnier. Und er wird unterstützt von einem mysteriösen Coach, der aus dem Nichts auftaucht und sich Bagger Vance nennt – eine fast Messias-hafte Figur.[1]

Junuh spielt also wieder Golf, aber es läuft nicht gut. Gar nicht! Er kann nicht im Entferntesten an seine alte Form anknüpfen. Die letzten Jahre waren nicht leicht für ihn. Die Zeit als Soldat im 1. Weltkrieg hat

---

1   Damit du ein Bild vor Augen hast: Junuh wird gespielt von Matt Damon, Bagger Vance von dem großartigen Will Smith.

ihn traumatisiert, Alkohol und Glücksspiel kamen dazu. Er ist nicht mehr der Alte. Das Leben hat ihm sein Talent geraubt.

In einer Spielpause entwickelt sich nun in der Kabine eine Unterhaltung zwischen dem frustrierten Golfer und seinem geheimnisvollen Mentor. Junuh läuft ärgerlich im Raum herum und werkelt hektisch an seiner Kleidung und den Schuhen herum. Bagger sitzt gelassen und einen Schuh putzend auf einer Bank und erzählt ihm von seinem Onkel Rufus. Der habe seinen rechten Arm verloren, später seinen linken, doch er habe sich nicht entmutigen lassen und gelernt, alles mit den Zähnen zu machen.

„Eines Nachts sagte er Sachen zu Mr. Jonny, die er nicht hätte sagen sollen und da hat ihm Mr. Jonny einfach die Zähne aus dem Gesicht geschlagen. Also hat er gelernt, alles mit seinen Füßen zu machen. Ja, und dann hat er diesen Pilz da gekriegt, sein ganzes Bein …"

„Hören Sie auf", fährt Junuh dazwischen.

Vance zuckt die Achseln: „Ich will Ihnen bloß erzählen, wie sich andere in ihrer Not behelfen."

Doch Junuh will davon nichts hören. Er hat innerlich aufgegeben. „Ich will Ihnen mal was sagen. Es gibt keinen Unterschied zwischen Gewinnen und Verlieren und allem, was dazwischen liegt. Verloren ist verloren. Der Mensch lebt, der Mensch stirbt …" – Bagger nickt stirnrunzelnd – „… und am Ende läuft alles auf dasselbe raus. Man ist allein, allein sein ganzes Leben lang."

„Ist das wahr? Allein? Der Mensch kommt also mit allem, womit der Herrgott ihn gesegnet hat, zur Welt und wenn was nicht so läuft, wie es soll, dann gibt er einfach auf und der Herrgott nimmt ihm alles wieder weg?"

„Ja, ganz genau."

„Und dann stirbt der Mensch … allein? So ungefähr haben Sie das gemeint?"

„Genau so."

„Das ist sehr traurig, Mr. Junuh."

„In der Tat."

„Und es ist ... so ziemlich ... das Dümmste, was ich je einen Men-schen hab sagen hören."

Bagger Vance lacht kopfschüttelnd und putzt weiter seinen Schuh.

„Das ist ganz schön hart, wie Sie das sehen. Da wird der Mensch geboren, von Gott gesegnet ... dann ist er hin ... Sie sind ein komi-scher Kauz, Mr. Junuh!"

Den letzten Satz ruft er ihm nach. Denn Rannulph Junuh hat den Raum bereits verlassen.

Ist es dumm, das Leben so zu sehen wie der erfolglose Golfer? Oder ist es einfach realistisch? Wir kommen und wir gehen irgendwann wie-der; wir haben in diesem Leben Glück oder Pech; wir leben erfolgreich oder auch nicht – aber am Ende läuft alles auf dasselbe hinaus.

In den Weltanschauungen von Junuh und Bagger Vance treffen zwei Lebensphilosophien aufeinander, die in unserer LebensWelt oft anzu-treffen sind.

Die **Junuh-Philosophie** besagt, dass das Leben ist, wie es ist, und dass es letztlich keine Bestimmung hat, außer eben gelebt zu werden. Man lebt nicht *für* etwas. Es gibt kein höheres Ziel zu erreichen, keinen Platz auszufüllen, keine größere Geschichte, in der man seine Rolle findet. Wir sind nicht von einem Schöpfer mit Absicht so geschaffen, wie wir sind. Und damit gibt es letztlich auch nichts, wofür es sich zu kämpfen lohnt. Oder zumindest nicht viel.

Auch innerhalb der Junuh-Philosophie gibt es so etwas wie Sinn, aber er muss eben *innerhalb* des Lebens gesucht – oder besser – geschaffen werden. Zum Beispiel könnte der Sinn darin liegen, das Leben, so gut es geht, zu genießen. Es gilt, die angenehmen Erfahrun-gen im Leben zu maximieren und die unangenehmen zu minimieren. Man nennt diese Lebenseinstellung „Hedonismus". Viele Menschen unserer westlichen Konsumgesellschaft tendieren in diese Richtung. Es geht darum, so glücklich wie möglich zu werden.

Natürlich gibt es innerhalb der Junuh-Philosophie auch andere Lebenskonzepte als Genussmaximierung. Wichtig ist aber:

Einen Sinn, der über das Leben hinausweist, gibt es nicht.

Sicher gibt es dennoch Dinge, für die es sich zu kämpfen lohnt. Eine glückliche Ehe, eine Geschäftsidee, mehr soziale Gerechtigkeit oder eben der Sieg bei einem Golfturnier. Aber den Antrieb für diese Kämpfe findet ein Junuh nur in sich selbst oder den Menschen, für die er kämpft. Steht ihm zu viel entgegen, an Widrigkeiten und schmerzvollen Erfahrungen, taucht bald die hässliche Sinnfrage auf und sie hat die Resignation im Schlepptau.

Es gibt keinen Unterschied zwischen Gewinnen und Verlieren und allem, was dazwischen liegt.

Es gibt die, die die Kraft in sich finden, dennoch nicht aufzugeben.

Doch sie sind selten. Und wir nennen sie Helden.

Die **Bagger-Vance-Philosophie** ist eine grundlegend andere. Sie kennt die bitteren Kämpfe dieses Lebens ebenfalls. Sie weiß von unverhofftem Glück und unverdientem Pech, von ungerecht verteilten Talenten und Schicksalsschlägen.

Doch in all dem sieht sie die Sinnfrage nicht angetastet. Angesichts von Misserfolg bleibt sie merkwürdig gelassen.

Du nennst es Weltschmerz, ich nenn es Attitüde.

Fast wirkt es naiv. Ein Bagger Vance aber lächelt über die Vorstellung, dass am Ende alles auf dasselbe hinauslaufe und sich der Mensch allein und gottverlassen aus der Welt verabschiede. Er schüttelt verständnislos den Kopf über die Idee, der Mensch sei *mit allem, womit der Herrgott ihn gesegnet hat,* aber ohne höheren Sinn und Zweck in dieses Leben gestartet. Darum gibt er nicht so leicht auf, wenn es schwer wird.

Die Bagger-Vance-Philosphie rechnet mit einem Sinn. Doch der kommt dem Menschen *von außen* zu. Von einem Schöpfer. Er wird nicht innerhalb der LebensWelt gesucht und geschaffen. Er bestand schon vor dir und wird nach dir sein und er weist dir einen Platz in der großen Geschichte zu.

Darin liegt für einen Bagger Vance die Kraft zum Kampf gegen die Widerstände des Lebens und für ein lebenswertes und sinnvolles Leben. Es können exakt dieselben Kämpfe wie bei Junuh sein: die Ehe, die Geschäftsidee, Gerechtigkeit oder eben ein Golfturnier. Doch Kraft und Antrieb kommen aus einer anderen Quelle.

Nick Vujicic[2] ist ein Mann, der nicht nur beide Beine verloren hat, sondern der von Geburt an keine hatte. Und auch keine Arme. Heute hält er Vorträge vor Schulklassen und sagt jungen Menschen, dass sie einer Lüge glauben, wenn sie sich für wertlos halten. Er redet davon, dass es sich lohnt, zu leben. Er lacht dabei unglaublich viel. Und haucht Teenagern damit Mut in die Seele und ziemlich viele Tränen in die Augen. Nick Vujicic glaubt an einen Gott, der ihn so in dieses Leben geschickt hat, wie er ist.

Es gibt die, die Schweres erleben und doch nicht aufgeben.

Sie sind gar nicht so selten. *Helden* nennen sie sich nicht.

Diese beiden Lebensphilosophien sind grundlegend verschieden. Für beide gibt es gute Gründe. Die Junuh-Philosophie schaut in diese Welt und erkennt viele Anzeichen dafür, dass das Leben nichts weiter ist als das Ergebnis millionenfacher Wiederholung von biologischer Höherentwicklung. Alles, was ich bin, denke, fühle und glaube (!) ist genau genommen nichts als komplexe Biochemie – genauso faszinierend wie zufällig.

Die Bagger-Vance-Philosophie hingegen weigert sich hartnäckig, die Hinweise zu übersehen, die in diesem Universum dafür sprechen, dass das Leben doch mehr ist als das. Ihr Auge fällt auf die atemberaubende Anatomie eines jungen menschlichen Körpers, ihr Ohr vernimmt die geniale Virtuosität eines musikalischen Werkes, ihr Herz ist berührt von einer großen moralischen Tat[3] – sie sieht also all das, was wir mit dem großen Wort *Schönheit* umschreiben können, und erkennt darin … letztlich … Gott.

In der Schönheit menschlicher Fähigkeiten sieht sie Hinweise auf den Schöpfer und einen Sinn, für den es sich zu leben lohnt.

---

2 Gut, dass ich diesen Namen nur schreiben, aber nicht aussprechen muss. Er hat auch ein Buch geschrieben: *Mein Leben ohne Limits – „Wenn kein Wunder passiert, sei selbst eins!"*, Brunnen, 3. Auflage 2011.

3 Ich denke gerade an den palästinensischen Vater, der die Organe seines von Israelis erschossenen Kindes für andere Kinder spendete … für israelische!

Wenn Gott existiert, wovon der christliche Glaube ausgeht, und wenn er ein persönlicher Gott ist, was der christliche Glaube mit aller Nachdrücklichkeit behauptet – dann bist du mehr als vom Leben geformte Biochemie.

Dann bist du geschaffen,

gewollt

und zu einem Leben berufen, das einen Sinn hat.

Teilweise haben wir diesen Sinn schon im ersten Kapitel berührt. Wir sind hier, um zu lieben, hieß es dort. Sich von Gott geliebt wissen und darum Gott und Menschen lieben – das ist der *Endzweck der Weltgeschichte.* Doch nun werden wir einen Schritt weiter denken. Denn unsere individuelle Begabung, unsere Persönlichkeitsstruktur, unsere gesammelten Erfahrungen spielen dabei auch eine Rolle. Gott schuf schließlich keine Armee von Marionetten, sondern einzelne Menschen, jeder wunderschön in seiner Besonderheit.

Gott und Menschen lieben wird erst dann konkret, wenn ich *meinen* Platz gefunden habe, an dem ich das auf *meine* Weise bestmöglich tun kann.

Cornelia hat diesen Ort gefunden. Obwohl sie als studierte Biologin viel Grund zu glauben hätte, dass das Leben nicht mehr ist als die Folge natürlicher Fortpflanzungsprozesse, hat sie doch einen Gott erkannt, der sie mit einer bestimmten Absicht in dieses Leben stellte.

Die Absicht, jemand zu sein und etwas zu tun, das nur sie allein sein und tun kann.

LebensAufgabe

Es ist unübersehbar, dass der Gedanke, unser Leben könnte Sinn und Auftrag haben, bei Jesus außerordentlich ausgeprägt ist. Er selbst war im *Auftrag des Herrn unterwegs*[4] und er gab diesen Auftrag am Ende an seine Freunde weiter.

Doch schauen wir zunächst wieder etwas weiter zurück. In die uralten Texte der Schöpfungsgeschichte. Denn dort wird das Fundament für das jüdisch-christliche Verständnis vom Leben gelegt und er lautet so:

> *So schuf Gott die Menschen nach seinem Bild, als Gottes Ebenbild schuf er sie und schuf sie als Mann und als Frau. Und Gott segnete die Menschen und sagte zu ihnen: „Seid fruchtbar und vermehrt euch! Füllt die ganze Erde und nehmt sie in Besitz! Ich setze euch über die Fische im Meer, die Vögel in der Luft und alle Tiere, die auf der Erde leben, und vertraue sie eurer Fürsorge an."*[5]

Wir nennen diese Verse heute den *Schöpfungsauftrag* und sehen darin einen Gott, der den Menschen mit einem Auftrag in die Welt setzt. Bevor du jetzt denkst, dieser Auftrag bestünde darin, zum einen durch möglichst viel Sex möglichst viele Kinder zu bekommen und zum anderen in die Tierpflegebranche einzusteigen – natürlich müssen diese Sätze im Zusammenhang der Bibel weiter verstanden werden!

Der Mensch hat den Auftrag, diese Welt so zu gestalten und zu bewahren, dass Leben möglich ist. Lebenswertes, gutes Leben.

Der Mensch ist kein Leben-Erschaffer, aber ein Leben-Förderer.

Er ist kein Welt-Schöpfer, aber ein Welt-Former.

Er verfügt über Kreativität, Verantwortungsbewusstsein, Organisationstalent, Übersicht und vor allem über das göttliche Mandat, die Welt zu gestalten.

Denn er ist Gottes Ebenbild. So etwas wie sein Stellvertreter. Gottes rechte Hand auf Erden. Dass er diese Machtposition schon bald missbraucht und zum Ausbeuter der ihm anvertrauten Erde wird, ändert nichts an seinem ursprünglichen Auftrag. Im Gegensatz zum Tier hat der Mensch die Fähigkeit, seinem Leben eine Richtung zu geben, es für ein Ziel einzusetzen – leider eben auch für ein schlechtes.

---

4 Womit ich auch die *Blues Brothers* in diesem Buch untergebracht hätte, yeah!

5 Genesis 1,27–28.

Jedenfalls: Wenn der Mensch wissen will, wer er ist, muss er von Gott her denken.

Und dann taucht in der Geschichte Gottes mit den Menschen immer wieder ein Vorgang auf, der für unsere Frage nach Sinn und Auftrag wichtig ist. Den Vorgang, den ich meine, nennen Theologen *Berufung*.

Gott beruft einzelne Menschen in eine Aufgabe. Die berühmtesten Beispiele der Bibel sind Leute wie Abraham – sein Auftrag lautet Auswandern[6]; oder Mose – sein Auftrag lautet ähnlich, nur dass er noch paar Leutchen mitnehmen sollte[7]; David – er soll regieren, was sich als nicht ganz so einfach herausstellt.[8] Und dann all die Propheten, die meist mit der unangenehmen Tätigkeit betraut werden, dem Volk den Kopf zu waschen.

Was all diese Menschen verbindet: Sie wussten sehr genau, was Sinn und Bestimmung ihres Lebens war. Nicht immer waren sie ganz glücklich damit. Sie mussten harte Zeiten durchkämpfen.

Was sie auch verbindet: Gott stand in einer besonders engen Beziehung zu ihnen. Oft wird der Beginn dieser Beziehung mit solchen oder ähnlichen Worten beschrieben: „Und der Geist des Herrn kam auf ...“[9]

Gott kommuniziert direkt mit einzelnen Menschen.

Sein Geist ist mit ihnen.

Sie handeln in seinem Namen. In seinem Auftrag. Als seine Stellvertreter.

Wie am Anfang.

Sie spiegeln Gottes Liebe in die Welt hinein – auf ihre individuelle Weise, an ihrem Platz, in ihrer Zeit.

---

6   Genesis 12,1.
7   Exodus 3,9–10.
8   1. Samuel 16,1–13.
9   So z. B. in Richter 3,10.

Ach ja, all diese Menschen verbindet noch ein drittes: Sie hatten Schwächen. Gewaltige Schwächen teilweise. Abraham war ein alter Mann und manchmal ein Lügner[10]. Mose hatte im Affekt gemordet, war Jahrzehnte untergetaucht und traute sich seinen Auftrag bei weitem nicht zu[11]. David hatte eine folgenreiche Schwäche für schöne Frauen.[12] Die Propheten waren teilweise raue Gesellen. Elia zum Beispiel litt an einem Burnout. Nach einem von ihm selbst angeordneten Massaker![13] Wundert mich nicht.

Diese Leute hatten Macken. Und Gott beruft sie trotzdem.

Und dann lesen wir von Maria.[14] Ihre Verbindung mit dem Geist Gottes nimmt eine noch nie dagewesene Gestalt an, die heute noch Rätsel aufgibt. Sie wird schwanger. Ohne Mann. Ihre Berufung: den Sohn Gottes zur Welt bringen.

Maria war noch ein Teenager. Unverheiratet. Schwanger. Nicht ihr Fehler – aber das sahen manche ihrer Zeitgenossen logischerweise ganz anders.

Gott beruft mit Vorliebe schwache Menschen.

Und jetzt sind wir schon bei Jesus. Der geistbegabte, berufene Mann überhaupt. Gott selbst mit einer Mission. Und er beruft wiederum einen Haufen junger Männer. Zunächst, um einfach mit ihm zu ziehen. Später, um seine Mission weiterzuführen.

Auch diese Jungs hatten eine besondere Beziehung zu Gott. Auch sie wussten, was ihre Bestimmung ist. Und auch sie hatten ihre Fehler. Wir haben in diesem Buch schon ausreichend von ihnen gesprochen.

Der Grund für ihre Berufung lag nicht in den Menschen selbst, sondern in Gottes Liebe und seiner – immer wieder erstaunlichen – Entscheidung, genau mit diesen Menschen die Welt zu verändern.

Mit Menschen, wie du einer bist … zum Beispiel.

MOSAIK

---

10   Genesis 12,10–20.
11   Exodus 2–3.
12   2. Samuel 11.
13   1. Könige 18–19.
14   Lukas 1,26–38.

Jesus drückt das am Ende seines Weges mit seinen Jüngern so aus:

> *Nicht ihr habt mich erwählt, sondern ich habe euch erwählt. Ich habe euch dazu bestimmt, reiche Frucht zu bringen, Frucht, die Bestand hat.*[15]

Was für ein großartiger Satz! Auf diese Worte kann man ein ganzes Leben bauen. Mit diesen Worten kann man in Widrigkeiten durchhalten, trotz aller Schwächen fest an den eigenen Wert glauben. Und daran, dass es einen tiefen Sinn hat, dass du lebst.

Du bist erwählt.

Du hast eine Bestimmung („Frucht", vegetarisch ausgedrückt).

Und sie hat Bestand. Sie wird nicht in deinem Grab verfaulen.

Und jetzt müssen wir noch einen letzten gedanklichen Schritt weitergehen, um die biblische Idee von Berufung zu verstehen. Jesus sagt nämlich *ihr*, nicht *du*.

Seine Berufung gilt einer Gruppe.

Und das ist kein haarspalterisches Spiel mit Worten. Das ist das Programm des Neuen Testamentes. Ab sofort geht es nicht mehr um dich oder mich, sondern um uns.

Es gibt seit Jesus nicht mehr einzelne Menschen, die eine besondere Verbindung zu Gott und deshalb einen besonderen Auftrag in der Welt haben.

Seit Jesus ist es eine *Gemeinschaft*, in der Gottes Geist wirkt.

Seit Jesus ist es eine *Gemeinschaft*, die berufen ist.

Seit Jesus ist es eine *Gemeinschaft*, die Gott in der Welt repräsentiert und seine Liebe weitergibt.

Seit Jesus ist es eine *Gemeinschaft*, die zusammen kämpft.

Paulus führt das in 1. Korinther 12 aus:

---

15   Johannes 15,16 a.

Der Körper des Menschen ist einer und besteht doch aus vielen Teilen. Aber all die vielen Teile gehören zusammen und bilden einen unteilbaren Organismus. So ist es auch mit Christus: mit der Gemeinde, die sein Leib ist. Denn wir alle, Juden wie Griechen, Menschen im Sklavenstand wie Freie, sind in der Taufe durch denselben Geist in den einen Leib, in Christus, eingegliedert und auch alle mit demselben Geist erfüllt worden.[16]

Und danach erklärt er, wie das geht, wenn viele Menschen mit verschiedenen Begabungen zusammen einen Organismus bilden, der berufen ist, für die Welt Christus zu sein. Zu tun, was er tat. Seine Mission fortzuführen.

Du bist berufen, in dieser Welt eine Mission zu erfüllen, aber …

… zusammen mit anderen.

Darum heißt das Ding hier Mosaik.

LebensMuster Mosaik

Nochmal zurück zu dir und dem Tag deiner Geburt. Keine Ahnung, wie du das selber siehst, aber ich sage: Es war ein guter Tag! Ein Glücksfall für die Menschheit. Ein begabter Mensch mehr, von Gott geschaffen und berufen, etwas von Gottes Wesen in diese Welt hinein zu reflektieren.

Und dann kam deine Geschichte, und die war nicht immer ein Glücksfall. Möglicherweise ist die Anzahl deiner Arme und Beine noch komplett, aber ein paar Kratzer hast du davon getragen. Das haben wir alle! Die einen mehr, die anderen weniger.

Und als Mensch mit Talenten, einer Geschichte, Ecken und Kanten und einer Menge Erfahrungen stehst du jetzt da und fragst dich, was dein Auftrag in dieser Welt ist.

MOSAIK

---

16   1. Korinther 12,12–13 (ähnlich in Römer 12,3–8).

Wobei, vielleicht fragst du dich das auch nicht. Vielleicht weißt du das im Moment ganz gut. Weil du voll drin bist in einer sinnvollen Aufgabe, die dich in Atem hält. Das LebensMuster Mosaik ist deshalb nicht für alle von uns gleich wichtig. Ob jemand nach dem Sinn fragt und nach einem Platz, an dem er sich einsetzen kann, hängt sehr von der Lebenslage ab, in der er gerade steckt.

Du hast gerade die Schule oder ein Studium abgeschlossen? Du wirst demnächst in eine andere Stadt ziehen? Dir ist gekündigt worden? Du bist seit einer Woche in Rente? – Dann könnte die Frage nach deinem Platz wichtig sein.

Denn deine Zukunft ist offen.

Du baust gerade ein Haus? Euer erstes Kind ist unterwegs? Dein Job fordert dich total im Moment? Du schreibst ein Buch? Du trainierst für den Iron-Man? – Dann wird dich die Frage nach einer Aufgabe im Moment eher nicht so brennend interessieren.

Denn deine Gegenwart ist ausgefüllt.

Das LebensMuster Mosaik ist wichtig, aber es ist nicht immer gleich wichtig. An den Übergängen unseres Lebens, wenn Lebensphasen enden und neue beginnen, hat es mehr Bedeutung als in den Zeiten, in denen wir voll in Beschlag genommen sind von dem, was wir gerade tun.

Wenn's so ist, lies trotzdem weiter. Jetzt ist es auch egal, es sind nur noch paar Seiten.

Aber sollte diese Frage für dich im Moment wichtig sein, dann wird dir das Mosaik helfen, den Ort zu finden, an den du gehörst.

Typisch für ein Mosaik ist ja folgendes:

1. Es besteht aus Scherben. Für sich allein genommen sind das meist sehr unansehnliche Glasbruchstücke. Zusammen mit anderen aber werden sie schön. Trotz ihrer Zerbrochenheit.

2. Ein Mosaik ist kein Puzzle. Jede Scherbe hat ihren Platz, aber gerade weil die Einzelteile nicht exakt und bündig aneinander passen, entsteht die eigentümliche Dynamik des Bildes.

Diese beiden Aspekte führen zu den ersten beiden Schritten dieses LebensMusters. Ein dritter kommt noch dazu. Wir beginnen mit dem einzelnen Mosaiksteinchen, untersuchen das Mosaik sozusagen aus allernächster Nähe mit einer Lupe. Dann nehmen wir die Lupe weg und schauen uns das Umfeld des Einzelteiles an. Und dann treten wir zurück und betrachten das ganze Bild.

1. Das Mosaiksteinchen

Im ersten Schritt gehen wir ganz nah ran. Schauen uns eine einzelne kleine Scherbe des großen Bildes an.

Es geht um dich. In deiner Individualität, deinen Stärken und Schwächen. Es geht um ein Bild von dir selbst.

Romano Guardini[17] hat ein einfaches Modell entworfen, das dir hilft, dich selbst zu sehen und deine Berufung unter die Lupe zu nehmen. Guardini unterscheidet dafür zwischen drei Begriffen: a) Wesensgestalt, b) Schicksalsgestalt, c) Berufungsgestalt.

a) Wesensgestalt

Wer du bist, hat sehr viel mit dem zu tun, was du von Anfang an mit in dieses Leben gebracht hast. Deine Wesensgestalt umfasst deine genetischen Anlagen, deine Talente, deine Persönlichkeitsstruktur, deinen Körper – all das, *womit der Herrgott dich gesegnet hat.* Micha ist musikalisch, Peter ist ein Muskelpaket, Karola ist menschenorientiert und Cornelia hat den Intellekt ihrer Eltern geerbt.

---

17 Katholischer Theologe, Religionsphilosoph und einer der schlausten Köpfe des letzten Jahrhunderts.

Dein Platz im Mosaik, dein Auftrag in der Welt, hat natürlich mit deinem Wesen zu tun. Mit dem, was dir liegt. Zu wissen, was du kannst, ist wichtig, um im Einklang mit deinen Stärken zu leben.

b) Schicksalsgestalt

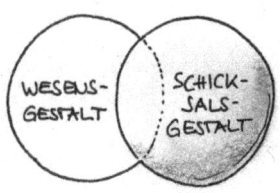

Dies ist die Form, die das Leben dir gegeben hat. Deine Erziehung, deine guten und schlechten Erfahrungen. Es ist aber auch die Form, die du dem Leben gegeben hast. Immerhin hast du es gelebt. Mit deinem Wesen geprägt. Das ist deine Geschichte, die unabänderlich zu dir gehört und einen Teil von dir ausmacht.

Wesensgestalt und Schicksalsgestalt überschneiden sich. Sie haben einander beeinflusst. Natürlich.

c) Berufungsgestalt

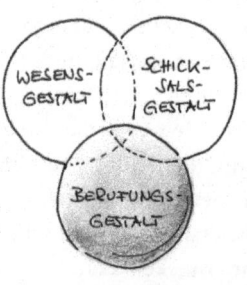

Der dritte Kreis nun ist der, nach dem wir in diesem Kapitel auf der Suche sind. Deine Aufgabe, deine Berufung, dein Platz.

Deine Berufung entsteht aus Wesens- und Schicksalsgestalt. *„Wenn ein Mensch seine Geschichte, seine Persönlichkeit und seine Talente miteinander kombiniert, wird er herausfinden, welchen Auftrag er hat."*[18]

Es ist wichtig, beides zu betrachten. Mein Geworden-Sein und mein Schon-immer-so-Sein. Am Beispiel von Cornelia: Sie hielt sich lange

---

18 Paul Donders, *Authentische Führung*, Gerth Medien, 2006, S. 11.

Zeit für die, die ihre Geschichte aus ihr gemacht hatte. Selbstständig, zielorientiert, fleißig – alles gute Eigenschaften. Doch dann entdeckte sie, dass es da noch die Cornelia gibt, die Gott einst auf diese Welt gesetzt hatte. Die Cornelia, der Menschen wichtiger als Ziele sind. Beides zusammen, ihr geschaffenes Wesen und ihre Geschichte ergibt ihre Berufung. Und heute hat sie Spaß daran, Menschen wahrzunehmen und mit ihnen gemeinsam Ziele zu erreichen.

Die Herausforderung ist also eine doppelte: Zum einen deine Wesensgestalt zu entdecken und das in dir schlummernde Potenzial zu entwickeln. Zum anderen deine Geschichte ernst zu nehmen und das, was sie dir an Stärken beigebracht hat.

Klar bei allem ist: Niemand von uns ist perfekt und unversehrt. Nicht alles, was in unserer Wesensgestalt angelegt war, wird zu seiner vollen Entfaltung kommen. Und vieles, was zu unserer Geschichte gehört, belastet uns.

Wir haben Reibungsverluste zu beklagen, es gibt irreparable Brüche.

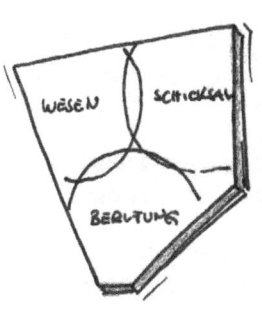

Ein bisschen gleichen wir tatsächlich einer Scherbe. Doch das – und das ist das Großartige bei Gott – mindert unseren Wert nicht im Mindesten. Manchmal wird aus schweren Erfahrungen sogar eine besondere Stärke.

Im ersten Schritt bekommst du also ein Bild von dir selbst. Bei den Formvorschlägen werde ich noch etwas konkretere Anleitungen dazu geben.

2. Der Einsatzort

Wir legen die Lupe weg und schauen uns das nähere Umfeld des kleinen Steinchens an.

Sich selbst zu kennen, führt noch nicht zu einer sinnvollen Aufgabe. Im zweiten Schritt geht es darum um den konkreten Platz des Mosaiksteinchens.

Die Fragen sind: Was genau? Wo? Und mit wem?

Wahrscheinlich spürst du, dass es jetzt ernst wird. Antworten auf diese Fragen zu geben, bedeutet nämlich, sich festzulegen. Wohl nicht für den Rest deines Lebens, aber doch für eine gewisse Zeit.

Das will ich machen.

Hier werde ich mich einbringen.

Mit *diesen* Leuten werde ich zusammenarbeiten.

Seinen Platz einnehmen bedeutet also, ein Stück Freiheit aufgeben. Das Mosaiksteinchen an *dieser* Stelle einzufügen heißt, es nicht mehr an einer anderen Stelle tun zu können. Aber es ist der einzige Weg, sich überhaupt irgendwo einzubringen.

Das ist in gewisser Weise riskant. Es gibt eine verständliche Scheu vor Verbindlichkeit. Es gibt eine begründete Skepsis gegenüber Systemen. Man möchte seine Unabhängigkeit wahren.

Doch unabhängig kann man nicht sinnvoll leben.

Stephen Covey, der weltbekannte Management-Guru, spricht von drei Entwicklungsschritten, die ein reifender Mensch zu gehen hat. Am Anfang steht die *Abhängigkeit* (des Kindes von seinen Eltern). Dann erkämpft sich der heranreifende Mensch mehr und mehr seine *Unabhängigkeit* und steht auf eigenen Beinen. Doch ein dritter Schritt ist nötig. Der zur *wechselseitigen Abhängigkeit*. Covey nennt es Interdependenz und behauptet:

> *„Das Leben ist von Natur aus hochgradig interdependent. Der Versuch, durch Unabhängigkeit maximale Effektivität zu erreichen, ist,*

als ob man mit einem Tennisschläger Golf spielen wollte: Das Werkzeug passt nicht zur Wirklichkeit.

Interdependenz ist ein viel reiferes, entwickelteres Konzept. Wenn ich physisch interdependent bin, bin ich selbstständig und fähig, aber ich erkenne auch, dass ich gemeinsam mit anderen viel mehr erreichen kann, als ich es selbst beim besten Bemühen alleine könnte. Wenn ich emotional interdependent bin, habe ich ein starkes Selbstwertgefühl, erkenne aber auch das Bedürfnis nach Liebe, möchte sie geben und von anderen bekommen. Wenn ich intellektuell interdependent bin, erkenne ich mein Bedürfnis, die besten Gedanken anderer mit meinen eigenen zu verbinden.

Als interdependenter Mensch habe ich die Möglichkeit, mich selbst sinnvoll bei anderen einzubringen, und ich habe Zugang zu den unermesslichen Ressourcen und dem Potenzial anderer Menschen.

Für Interdependenz können sich nur unabhängige Menschen entscheiden. Abhängige können nicht beschließen, interdependent zu werden. Sie haben dafür nicht die nötige Charakterstärke; sie besitzen noch nicht genug von sich selbst." [19]

Die Gemeinschaft, die Jesus beauftragte, seine Mission in der Welt fortzuführen, ist so ein Ort gegenseitiger Abhängigkeit. Die Kirche – und ich meine diesen Begriff sehr weit gefasst – braucht dich und hat einen Platz, den du ausfüllen kannst und an dem du von anderen profitieren wirst.

Diesen Ort kann man auf zwei Arten finden. Der erste Weg wäre der, folgende Frage zu stellen:

Wo werde ich gebraucht?

Am besten stellst du sie einem Verantwortlichen in der Kirche. Jemandem, der sich auskennt. Jemand, der den Überblick hat. Vielleicht ist das der Pastor. [20] Du wirst diesen Jemand schon finden. Frag dich durch. Normalerweise sind Leute, die mitmachen wollen, immer gern

---

19   Stephen R. Covey, *Die 7 Wege zur Effektivität*, Gabal, 13. Auflage 2009, S. 62.
20   Ich betone: vielleicht!

gesehen und man wird dir gerne helfen. Dann entscheidest du anhand der „freien Stellen", an welchem Ort du dich ausprobieren willst. Vielleicht ist dein Platz dabei.

Der zweite Weg ist der, zu fragen:

Was will ich tun?

Dieser Weg setzt gewissermaßen nicht bei der „Nachfrage" an, sondern beim „Angebot", nicht bei der Lücke, die zu stopfen ist, sondern bei den Möglichkeiten, die bestehen.

Dieser Weg verspricht eine größere Chance, wirklich den Platz zu finden, der zu dir passt, weil du bei deiner Begabung und nicht bei den freien Stellen ansetzt. Aber er erfordert auch eine intensivere Beschäftigung mit dir selbst und ein wenig Zeit. Wo der erste Weg aufs *Ausprobieren* setzt, geht der zweite die Sache etwas sorgfältiger an.

Manche Gemeinden bieten ein Seminar an, bei dem du deinen Stärken auf die Spur kommst, um dann in einem zweiten Schritt zu überlegen, wo du sie einsetzen könntest.

Wichtig ist, deinen Platz in Absprache mit den Verantwortlichen zu suchen und einzunehmen.

Jemand hat es so gesagt: Es ist wichtig, dass *Können, Wollen* und *Sollen* zusammen kommen. Wenn du etwas kannst und sollst, aber nicht willst, nimmst du deinen Platz nur gezwungenermaßen ein. Wenn du etwas sollst und willst, aber nicht kannst, wirst du am Ende frustriert sein. Und wenn du etwas kannst und willst, aber nicht sollst, entsteht ein Konflikt. Du willst einen Platz einnehmen, zu dem dich dein Umfeld nicht beauftragt hat. Auch keine gute Sache.

3. Das große Bild

Jetzt treten wir ein paar Schritte zurück und betrachten das ganze Bild.

Unser Mosaik ist nicht irgendein Mosaik.

Es zeigt Jesus Christus.

Und du bist ein Teil davon.

Paulus sagt, dass wir gemeinsam einen Organismus bilden, aber nicht irgendeinen, sondern den Körper Jesu. Das ist eine im höchsten Maß aufregende Aussage, wenn man mal darüber nachdenkt, was das eigentlich bedeutet.

Es bedeutet: Wo du hingehst, geht Jesus hin.

Wo du auftauchst, taucht Gott auf.

Deine Worte transportieren Gottes Gedanken in die Welt.

Deine Taten sind materialisierte Liebe Gottes.

Zumindest können sie das sein. Jesus handelt in dieser Welt nicht mehr unabhängig von seiner Gemeinde. Wir sind sein einziger Plan. Wir sind seine Hände, sein Mund, seine Füße, mit denen er durch den Staub dieser Welt wandert. Das ist ein atemberaubender Gedanke, oder nicht?

Im ungünstigsten Fall führt dieser Gedanke zu christlicher Arroganz, ich weiß. Zu einer Hybris, die die Wahrheit nur im eigenen Denken vermutet und die Welt nicht liebt, sondern verachtet.

Im günstigsten Fall aber führt dieser Gedanke zu einem gesunden Selbstbewusstsein, das bereit ist, in Jesu Fußstapfen zu treten und der Welt zu dienen. Wer sich selbst als Teil des großen Bildes versteht, als Teil der „leiblichen" Anwesenheit Gottes auf Erden, der kann in allem, was er tut, einen tiefen Sinn erkennen.

Jemand pflückt und verschenkt eine Blume und ein anderer erkennt ein Lächeln Gottes in dieser Geste. Jemand besucht die Oma im Altenheim und die Oma fühlt sich von Gott nicht vergessen. Jemand verschenkt 100 Euro und am Abend dankt der Beschenkte seinem Gott für die Erhörung seines Gebetes. Jemand schenkt einem pubertierenden Mädchen seine Freundschaft und ein paar Jahre später sagt eine junge Frau, dass sie in schwierigen Zeiten in diesem Menschen

Gott getroffen hat. Jemand engagiert sich in der Politik und weil seine Werte von Jesus geprägt sind, dringt etwas von Gottes Willen in die Gestaltung der Gesellschaft ein.

Du tust es – Gott tut es.

Spätestens jetzt sollte auch deutlich sein, dass wir das Mosaik nicht nur starr innerhalb des organisatorischen Rahmens der Kirche denken sollten, sondern es auf alle Lebensbezüge anwenden können. Du bist berufen, ein Teil des Leibes Jesu zu sein, aber du bist das überall, ob du gerade in einem Kirchenchor singst oder der Nachbarin dein Ohr leihst, die jemanden zum Reden braucht.

Das ist Sinn – mit deinen gottgegebenen Möglichkeiten hier auf Erden zu tun, was Gott tun möchte.

Dafür lohnt es sich zu leben. Für die kleinen und großen Taten.

Denn du bist Teil von etwas Großem. Es gibt keinen Grund, *verschüchtert, verzagt und vernagelt* durchs Leben zu laufen, und sich *von den schweren Armen runterziehen zu lassen*. Du hast Grund, aufrecht zu gehen und den Platz zu füllen, den nur du füllen kannst.

MusterVorschläge

1. Feedback

Der einfachste Weg, ein Bild von dir selbst zu bekommen, ist der, andere zu fragen, wie sie dich wahrnehmen. Gibt es ein, zwei Menschen, die bereit wären, dir ehrlich zu sagen, wo sie deine Stärken und Schwächen sehen? Setzt euch zusammen und redet anhand solcher Fragen miteinander:

→ Welche fünf Fähigkeiten hältst du für meine größten Stärken und welche fünf kann ein Schimpanse besser als ich?

→ Bei welchen Tätigkeiten siehst du mich aufblühen und was stinkt mir deiner Meinung nach so richtig?

→ Mit welchen Charaktereigenschaften würdest du mich beschreiben? Wieder fünf positive und fünf weniger gute.

→ Wenn du mein Arbeitgeber wärst – wie müsste ein Job aussehen, der auf mich maßgeschneidert ist?

→ Welche Themen, Hobbys oder Lebensbereiche fallen dir ein, wenn du meinen Namen hörst (Beispiele: Steve Jobs → Computer, Sebastian Vettel → Formel 1, Elke Heidenreich → Bücher)?

→ Was sollte ich deiner Meinung nach mal ausprobieren? An welchem Platz könntest du mich sehen?

2. Diverse Tests

Mittlerweile gibt es auch eine große Anzahl von Tests, die mithilfe von Fragebögen deine Talente ans Tageslicht befördern. Wenn man eine gewisse Fehlerquote einkalkuliert, können sie durchaus in die richtige Richtung weisen.

Im von Willow Creek entwickelten D.I.E.N.S.T.-Material (siehe unten) gibt es einen guten Test, der hilft, unter den biblischen Geistesgaben die zu finden, die möglicherweise die eigenen sind.

Es gibt noch einige andere. Wichtig ist, sich bewusst zu sein, dass die in der Bibel aufgezählten Begabungen (z. B. in 1. Korinther 12 und Römer 12) wohl kaum eine vollständige Liste aller verfügbaren Talente darstellen.

Darüber hinaus machen sogenannte Persönlichkeitsprofile Sinn. Ein recht bekanntes ist das D.I.S.G.-Profil. Durch einen kleinen Fragebogen findest du heraus, ob du eher der dominante (offensiv und sachorientiert), der initiative (offensiv und menschenorientiert), der stetige (defensiv und menschenorientiert) oder der gewissenhafte (defensiv und sachorientiert) Typ bist.

Ein anderer Test geht von den Hirnhälften und der unterschiedlichen Dominanz derselben aus. Das HDI-Modell von Ned Herrmann ordnet menschliche Eigenschaften vier verschiedenen Denkweisen zu: dem rationalen Ich, dem experimentellen Ich, dem fühlenden Ich und dem sicherheitsbedürftigen Ich.

3. D.I.E.N.S.T.-Seminar

Dieses schon erwähnte Seminar trägt den Titel: *Dienen im Einklang mit Neigungen, Stärken und Talenten.* Viele Kirchen und Gemeinden bieten es als Workshop regelmäßig an und ein Besuch lohnt sich. In drei Schritten macht man sich auf die Suche nach dem Platz, an den man gehört:

Zunächst geht es um die Neigungen. Was mache ich gern? Wo schlägt mein Herz? Wann komme ich in einen Flow? Die Neigungen sagen dir, *wo* du dich einbringen willst. Z. B. liebt jemand Computer und hat ein Herz für Teenager.

Dann geht es um die Begabungen. Ich finde heraus, was ich gut kann. Nun weißt du, *was* du *wo* tun möchtest. Jemand liebt Computer, hat ein Herz für Teenager und eine Begabung, zu lehren.

Im dritten Schritt geht es um den Persönlichkeitsstil. Wie tue ich etwas? Bin ich sach- oder menschenorientiert? Gehe ich offensiv an Aufgaben heran oder eher defensiv. Zum *Wo* und *Was* kommt das *Wie*. Jemand liebt Computer, hat ein Herz für Teenager, kann lehren und ist ein stetiger Typ.

Sein Platz könnte ein Computerkurs für Jugendliche im Rahmen eines Projektes sein, das Kids eine Zukunftsperspektive gibt.

Das D.I.E.N.S.T.-Seminar ist sehr praktisch aufgebaut und wenn es gut mit der Gemeindearbeit verzahnt ist, findet man leicht einen Ort, um sich auszuprobieren.

4. Experimentieren

Manchmal lautet die schlichte Antwort auf die Frage, was man tun soll, folgendermaßen: „Irgendetwas! Tu einfach irgendetwas!"

Es gibt einen überfrommen Wunsch, immer im Einklang mit dem Willen Gottes zu handeln, der letztlich in der Tatenlosigkeit endet. Experimentieren und Ausprobieren ist darum nicht der schlechteste Weg, herauszufinden, was einem liegt. Manchmal ein Umweg, manchmal eine Abkürzung, aber immer ein Abenteuer.

5. Coaching

Die ambitionierte Variante von Vorschlag 1. Sich ein paar Mal mit einem Menschen zu treffen, der gelernt hat, dir mit guten Fragen auf die Sprünge zu helfen, kann Gold wert sein. Muss nicht immer was kosten. Manche machen so was ehrenamtlich und wirklich gut. Wenn er oder sie dich noch ein Stück auf dem Weg in deiner neuen Aufgabe begleitet, kannst du viel über dich selber lernen und wie deine Arbeit effektiv wird. Der Staffelstab hat ausführlich beleuchtet, wie das aussehen kann.

6. Das LebensMuster Weg

Dieses LebensMuster drehte sich ja stark um die eigene Geschichte und was man darauf lernen kann. Lies die MusterVorschläge nochmal durch. Manches passt auch hier.

7. Lies diese Bücher

Wer gerne liest, kann seinem Wesen auch über gute Literatur auf die Spur kommen. Hier ein paar Lesetipps zum Thema:

Paul Donders, *Kreative Lebensplanung*, Gerth Medien, 2005 → Ein Arbeitsbuch, das dir hilft, ein Bild von dir selbst zu bekommen und Ziele für die Zukunft festzulegen.

Stephen Covey, *Die 7 Wege der Effektivität*, Gabal, 13. Auflage 2009 → Ein Klassiker der Führungsliteratur, das bei der eigenen Persönlichkeit ansetzt. Ein Buch, das dir hilft, dein Leben auf die wirklich wichtigen Dinge zu fokussieren.

Richard Rohr/Andreas Ebert, *Das Enneagramm*, Claudius, 2010 → Eine vielgelesene Typenlehre. Es hilft dir, dich selbst und andere zu verstehen.

Florence Littauer, *Einfach typisch*, Gerth Medien, 22. Auflage 2002 → Die altgriechische Lehre der vier Temperamente (Sanguiniker, Melancholiker, Choleriker, Phlegmatiker) neu verpackt.

MOSAIK

Zum Schluss: Hat Gott einen Plan für mein Leben?

Diese Frage könnte sich einem aufdrängen, wenn es seitenlang um Dinge wie Berufung, Bestimmung und den Platz im großen Bild geht.

Mein persönliche Antwort auf diese Frage jedoch lautet: Nein.

Die Vorstellung, Gott hätte ein festes Drehbuch im Kopf und wir müssen nur unsere Rolle finden und den Text auswendig lernen, ist zu starr. Oder um in unserem Bild zu bleiben: Das Mosaik ist kein Puzzle. Du passt nicht nur an einer Stelle ins Bild und findest du diesen Ort nicht, läuft dein Leben am Ziel vorbei.

Gott ist flexibel genug, die verschiedensten Wege mit dir zu gehen.

Und du bist ein freier Mensch – und wenn du es nicht bist, sollst du es werden.

DIE TÜR

8. Die Tür

Die LebensMission

Hör auf, hier zu predigen, hör auf mit der Laberei.
Herbert Grönemeyer

Wenn wir anfangen, Gott so zu sehen, wie Jesus ihn gesehen hat,
werden wir einen Gott erblicken, der einen kaputten Planeten so sehr
liebt, dass er sich selbst aussendet, um ihn zu heilen.
Michael Frost, Alan Hirsch

Das achte LebensMuster ist die Tür. Türen eröffnen neue Welten.
Türen zum ersten Mal zu öffnen, ist immer spannend. Durch Türen
gehen, verändert … dich und den, der hinter dieser Türe lebt.

LebensBild

Mattis ist ein wilder Typ. Er mag schnelle Autos und die Münchner
Schickeria, genauso wie die Straßenkids der sozialen Brennpunkte seiner Stadt. Er liebt seine hübsche kleine Familie, aber auch den Punk,
der ihn ab und zu anruft. Er kennt unbekannte Slums in Indien und
angesagte Clubs in Deutschland – beide von innen.

Mattis kennt Tausende von Leuten und ist meistens unter Strom. Mattis ist Unternehmer, Gründer einer Hilfsorganisation, leitender Mitarbeiter einer jungen Kirche und immer gut gelaunt. Als ich ihn für das Interview anrufe, meldet er sich mit: „Hey Bruder! Na, alles fit?"

Mattis kommt 1976 in einem kleinen unterfränkischen Dorf zur Welt. Man ist katholisch hier und Mattis ist Ministrant. Trotzdem spielt der Glaube keine wirkliche Rolle in seinem Leben.

Dann ändert sich etwas. Seine Mutter kommt zum Glauben. Eine Nachbarin schleppt sie mit in „diese Freikirche da" und so gehen auch der halbwüchsige Junge und sein Bruder ab und an hier in die Sonntagsschule, mehr oder weniger freiwillig.

> *„Hier wurde wohl eine gewisse Grundlage für meinen Glauben gelegt", sagt er, „aber spätestens, als ich ein Teenager war, war das vorbei. Ich ging so gut wie nicht mehr hin."*

Als junger Erwachsener hat er später nochmal Berührung mit dem Glauben, weil seine Freundin eine überzeugte Christin ist. Doch dann zieht er zum BWL-Studium nach Nürnberg und ein Leben beginnt, in dem die Kirche nun wirklich keine Rolle mehr spielt.

Mitte zwanzig erwischt ihn eine Midlife-Crisis. *Bisschen früh, denke ich, oder wie lange hast du vor zu leben?*[21] Was er meint, ist dies: Seine langjährige Beziehung zu der Frau, mit der er zusammenlebt, läuft auf die Hochzeit zu und plötzlich packt ihn die Panik. *„Frau, Reihenhaus, Familie? Jetzt schon? Oh nein ..."* und er beendet die Beziehung und stürzt sich in ein Leben, das im Wesentlichen aus einem gutbezahlten Job, viel Freiheit und Partys besteht. Wechselnde Partnerschaften und leichte Drogen gehören dazu.

Mattis hat Erfolg und das Leben ist gut, doch er spürt mehr und mehr eine innere Leere. Und beginnt zu suchen. Zuerst in der Esoterik-Ecke. *„Steine hier, Steine da",* sagt er heute dazu.

Irgendwann beschließt er, auch dem christlichen Glauben seiner Kindheit eine Chance zu geben, und beginnt, die Bibel zu lesen. Ja, und irgendwie mag er dieses Buch. Vor allem das Alte Testament. Ein

---

21 Soll ja auch sowas wie die Quarterlife-Crisis geben.

Gott, der seinen Menschen treu bleibt, obwohl sie ihm dauernd davon-laufen. Ein Stück weit entdeckt er sich wohl selbst darin wieder.

„Aber von der Kirche hielt ich mich fern. Den Laden kannte ich ja und ich wusste, hier würden sie mich sofort bekehren wollen."

Doch dann lernt er einen Menschen kennen, der ihn fasziniert. Er arbeitet damals an einem Fortbildungsprogramm für Manager mit. In diesem Projekt arbeiten Führungspersönlichkeiten eine Woche mit Menschen mit Behinderung in einer Sozialeinrichtung zusammen, um im Umgang mit diesen besonderen Menschen ihre „Softskills" zu trainieren. Einer dieser Manager ist Christ. Und macht seine Sache sehr gut. Er beeindruckt durch seine Art, mit Menschen umzugehen. Und redet offen von seinem Glauben.

Dieser Mann ist nebenberuflich Pastor und lädt Mattis zu einem Vortrag über den christlichen Glauben in seiner Gemeinde ein. Mattis geht hin.

„An diesem Abend war mir klar: Der Mann sagt die Wahrheit. Aber mit Gott leben wollte ich trotzdem nicht. Ich wusste, ich würde dafür meinen Lebensstil ändern müssen. Dazu war ich (noch) nicht bereit."

Aber er nimmt wieder Kontakt zu Freunden von früher auf. Und die sind gerade dabei, selbst eine Kirche zu gründen. Im CinemaxX. Die CityChurch. Eine solche Kirche würde ihn faszinieren. Er ist gleich bei den ersten Gottesdiensten dabei. Und ein paar Monate später trifft er die Entscheidung, in Beziehung mit Gott leben zu wollen.

„Das war krass. Ich brauchte bis zu diesem Tag öfters mal einen Joint zur Beruhigung. Auf einmal war das vorbei. Ich hatte so einen Frieden in mir. Meine Seele hat gesagt: Jetzt sind wir angekommen!"

Sofort investiert er sich in das Kirchengründungsprojekt. Und beginnt, mit seinen Freunden über den Glauben zu sprechen. Bei seinen Busi-nesskollegen stößt er auf Toleranz, aber nicht auf Interesse. Bei eini-gen Bekannten aus der Partyszene sieht es anders aus. Er nennt mir ein paar Namen von Leuten, die damals ziemlich am Boden sind und deren Leben sich radikal ändert. Manchmal einfach nur durch ein

TÜR

Gebet. Einer wird frei von starken Suchtproblemen. Heute ist er seit Jahren clean und arbeitet als Seelsorger.

Zwei Hauskreise entstehen, mit Menschen, die durch Mattis' neuen Weg selbst Feuer fangen. Nicht alle sind heute noch dabei. Einige rutschen wieder ab in ihr altes Leben, hätten eigentlich eine professionelle Therapie gebraucht damals. Andere finden in den etablierten Kreisen der Kirche einfach keinen Anschluss.

Mattis gibt seinen Glauben auch „auf der Straße" weiter. Verteilt Flyer, spricht Leute an – wie gesagt, er ist ein wilder Typ. War er schon immer. Heute sagt er über diese Zeit:

> „Auf der Straße für den Glauben werben bringt wenig. Damals war ich halt so drauf, aber meine Beziehungsnetzwerke waren viel bedeutender. Hier sehen die Leute, wie du lebst, beobachten dich, kennen dich. Glaube wird vor allem über Beziehungen weitergegeben."

2007 zieht Mattis nach München, um ein Team zu unterstützen, das dort eine weitere CityChurch starten will. Man beginnt ganz klein, mietet ein Wohnhaus, gründet eine WG, feiert Gottesdienste im Wohnzimmer, veranstaltet Partys und arbeitet stark beziehungsorientiert. Der Grundgedanke: Kirche soll da stattfinden, wo die Leute leben. Also mietet man sich in einem Kleinkunsttheater ein, trifft sich in Cafés und teilt den Alltag miteinander. Es läuft gut an, doch die große Dynamik bleibt aus. Mattis sieht heute ein Problem bei den fehlenden Beziehungen in die Stadt.

> „Die meisten von uns waren Leute, die extra für dieses Projekt nach München gezogen waren. Es ist nicht leicht, Kirche zu gründen, wenn du die Leute nicht kennst. Das dauert. Damals kam einer von außen zum Glauben und der hat dann sofort andere mitgebracht. Aber das war die Ausnahme. Man sagt: Wenn einer zum Glauben kommt, hat er durchschnittlich etwa acht enge Beziehungen zu Menschen, die mit Kirche nichts am Hut haben. Nach einem Jahr sind es nur noch zweieinhalb. Nach fünf Jahren nur noch 0,5! Das ist ein großes Problem von Gemeinden. In der Kirche, in der ich jetzt mitarbeite, könnte ich vier Abende pro Woche verbringen plus drei Gottesdienste am Sonntag. Klar, das machst du ein Jahr, dann hast du überhaupt keine Kontakte mehr zu irgendwem da draußen."

Doch der innere Antrieb, Menschen zu erreichen, bleibt. Und das mehr und mehr nicht nur mit Worten, sondern ganz praktisch. Irgendwie muss die Liebe Gottes doch zu Menschen kommen, die davon bisher besonders wenig zu spüren bekamen.

Mattis beginnt zum Beispiel, Konzerte in Gefängnissen zu organisieren. Oder er schlendert ab und zu durch einen sozial schwachen Ortsteil Münchens (ja, so was gibt es dort) und träumt davon, hier irgendetwas für die Kids zu tun, die auf der Straße rumhängen. Und auf einer Reise nach Indien entsteht der Wunsch, etwas gegen das Elend der Menschen zu tun, die er dort sieht.

Kurzerhand gründet er ein Hilfswerk und nutzt seine außergewöhnliche Begabung, Menschen miteinander zu vernetzen: wohlhabende Spender in Deutschland mit bettelarmen kirchlichen Trägern in der Dritten Welt. Sein Händchen für Internetmarketing kommt ihm dabei zu Gute und schon bald werden Kinderheime in Indien und Kenia unterstützt, über eine Internetplattform Patenschaften für Kinder vermittelt und in Thailand jungen Frauen ein Weg aus der Prostitution eröffnet. Mattis' Umtriebigkeit und Leidenschaft öffnen ein paar ganz erstaunliche Türen. Menschen wird tatsächlich geholfen.

Vor zwei Jahren habe ich Mattis getraut. Heute ist er Familienvater und verantwortet neben seinem Job als Unternehmer die Öffentlichkeitsarbeit einer innovativen Kirche.

In dem Stadtteil, durch den er früher schlenderte, haben ein paar Leute ein Straßenfußballprojekt gegründet. 50 Kinder machen jede Woche mit. Ein Familienhilfeprojekt ist in Planung und noch ein paar andere wilde Ideen.

Obwohl Mattis längst nicht mehr so wild ist wie früher, ist er dennoch einer mit einer Mission.

LebensWelt

Es geht also um *Mission* in diesem LebensMuster.

Mission – das ist alles andere als ein harmloses und unbelastetes Wörtchen. Ich verliere gleich noch ein paar Worte über die Bauchschmerzen, die viele Menschen bei diesem Begriff bekommen.

Die eigentliche Wortbedeutung jedoch meint zunächst mal einfach einen Auftrag, mit dem ein Einzelner oder eine Gruppe von Leuten unterwegs sind. So gibt es die *UN-Mission* zur Wahrung des Völkerrechts in Krisenregionen oder das *Mission-Statement*, in dem eine Organisation ihren Auftrag formuliert. Tom Cruises *„mission"* scheint deshalb *„impossible"*, weil sein Auftrag überdurchschnittliches Können erfordert. Die *Mission* eines Bundesligaclubs ist der Meistertitel oder der Klassenerhalt, je nachdem. Manche Leute sind in *„geheimer Mission"* unterwegs, andere stehen ganz offen dazu, dass ihre *Mission* die Rettung des Regenwaldes oder die Überquerung des Atlantiks in einer Plastikbadewanne ist. Zunächst mal beschreibt der Begriff also einen äußerst dynamischen und zielorientierten Vorgang, der Menschen motiviert, sich voll und ganz für etwas einzusetzen.

Im engeren Sinne denken die meisten bei *Mission* jedoch an etwas anderes. Sie denken an die aktive Ausbreitung einer Religion, insbesondere des Christentums, unter Menschen, die nicht – oder etwas anderes – glauben.

Und wenn mich meine Wahrnehmung nicht trügt, mehren sich deshalb die Vorbehalte, mit denen unsere Gesellschaft dem Wörtchen *Mission* begegnet. Wenn ich heute vor die Tür gehe und mich in meiner LebensWelt so umschaue, dann beschleicht mich der Eindruck: Der Begriff *Mission* ist einer, um den man sich Sorgen machen kann.

Vielleicht nur um den Begriff.

Was zu verkraften wäre.

Aber vielleicht auch um die Sache selbst.

Einer hört *Mission* und er denkt an den Kolonialismus vergangener Zeiten. An vergilbte Fotos mit einem weißen Europäer in der Mitte und zwanzig schwarzen Wilden kniend drum rum. Der in der Mitte trägt einen Tropenhelm, die zwanzig einen Lendenschurz. Er schaut mit überlegen gönnerhaftem Blick in die Kamera, die zwanzig mit kindlich staunenden Augen zu ihm hoch. Einer hört also *Mission* und denkt an Zwangstaufen, Ausbeutung und Zerstörung uralter Kulturen durch die zweifelhaften Segnungen westlicher Zivilisation.[1]

Ein anderer hört *Mission* und denkt an die Zeugen Jehovas, die gestern vor seiner Tür standen, oder an den ebenso bizarren wie lauten Prediger auf der Kiste in der Fußgängerzone, aus dessen Mund sich die „Gute Nachricht" wie eine „doch einigermaßen schlechte Nachricht" anhört, jedenfalls für die, die seinem Ruf nicht folgen. Die Medien wiederum nähren diese unguten Assoziationen, indem sie den Begriff *Mission* immer öfter mit Bemühungen christlicher Neo-Fundamentalisten in Verbindung bringen, die angeblich zu ihrem rückständigen Weltbild bekehren wollen.

Und so kommt *Mission* für viele in einen seltsamen Gleichklang mit

frommer Aufdringlichkeit,

naiver Weltsicht,

Indoktrination

und Verurteilung Andersdenkender.

Mission scheint auf „*Missionsopfer*" aus und so wird sie – ob zu Recht oder zu Unrecht – in der öffentlichen Meinung zu etwas, was man als denkender, aufgeklärter und toleranter Mensch nicht gutheißen kann. Etwas, dem zu misstrauen ist. Wenn du das nächste Mal nach deinem Beruf gefragt wirst, sag mal „Missionar" und warte die Reaktionen ab.

Vielleicht liege ich falsch.

Was mich wirklich freuen würde.

Aber ich fürchte, Mission wird kritisch gesehen in unserer Zeit.

Befragt man Wikipedia, erhält man folgende Erklärung, was Mission ist:

---

[1] Dass dieses Bild der sogenannten *Heidenmission* ein verzerrtes und zu pauschales ist, dass es den ehrlichen Zielen und menschenfreundlichen Motiven vieler Missionare nicht gerecht wird, mag man ahnen oder auch nicht.

*Eine **missionierende Religion** (lat.: missio: [Aus-]Sendung, über-tragen Auftrag) ist eine Religion, die ihre Botschaft aktiv verbrei-tet. Sie glaubt sich berufen, Nichtgläubige und Andersgläubige zu überzeugen und sie in die betreffende Religion aufzunehmen. Diese Berufung basiert regelmäßig auf dem Anspruch der alleinigen Ver-tretung einer behaupteten universalen Wahrheit. Mission geschieht heute vorwiegend als Werbung durch Predigten, Vorträge, Verbrei-tung von Schriften, Hausbesuche und durch moderne Massenme-dien. Nach dem umfassendsten Definitionsansatz bedeutet Mission das Werben für einen Glauben. Damit zählen vor allem das Chris-tentum und der Islam zu den missionierenden Religionen.*

Da kommt also einer mit einer Überzeugung im Gepäck zu mir, die er die alleinige Wahrheit nennt, und sein erklärtes Ziel ist, mich zu seiner Weltsicht zu bekehren. Und das im Namen Gottes. Das kann einem schon Angst machen, oder?

Auf die heute wohl gängigste Sichtweise in Sachen tolerantes Mitei-nander verschiedener Religionen und Weltverständnisse in einer plu-ralistischen Gesellschaft stoße ich gestern Abend, als ich einen Bericht über das preisgekrönte Internet-Projekt *Talk to the Enemy*[2] sehe. Das Projekt bringt Videoblogger christlicher, muslimischer und atheisti-scher Überzeugung in einen spannenden und offenen Dialog mitein-ander. Und einer der Blogger drückt aus, was der heute vernünftigste Weg zu sein scheint:

„Glaube muss Privatsache bleiben."

Jeder kann glauben, was er will, solange er nicht versucht, andere zu überzeugen. Nur so ist friedliches Zusammenleben möglich. Religion hat nichts verloren in Politik, Gesetzgebung und öffentlichen Debat-ten.

Aber so weise das klingt – wird hier nicht etwas übersehen?

Denn wie kann Glaube Privatsache sein, wenn er die innersten Über-zeugungen eines Menschen betrifft, der sich an der Gestaltung seiner Umwelt beteiligt? Glaube formt Werte und Werte formen Entschei-

---

2   http://talk2enemy.de.

dungen. Ein Politiker, der aufgrund seiner Religion eine bestimmte ethische Meinung vertritt, wird diese natürlich (!) in seine politische Arbeit einbringen.

Wie kann Glaube Privatsache sein, ohne dadurch völlig bedeutungs- und kraftlos für das alltägliche Leben zu werden? Ein konsequent nur im Privaten gelebter Glaube führt entweder zu Doppelmoral („ich glaube zwar dies, lebe öffentlich aber etwas anderes") oder zu Gleich- gültigkeit und Abgrenzung von der Welt („ich glaube dies und eure Probleme gehen mich nichts an").

Und vor allem: Wie kann Glaube Privatsache bleiben in einer Welt, die nach Glauben schreit?

Nach Antworten.

Nach Lösungsansätzen.

Nach Hoffnung.

Man kann sich des Gedankens nicht erwehren, dass die Probleme die- ser Welt immer nur noch größer werden. Und das, obwohl Menschen tun, was sie können … auf die Straße gehen … ihr Leben riskieren … die Wahrheit ans Licht zerren … selbstlos helfen … sich für Reformen einsetzen … Regimes stürzen … die Bösen vor Gericht bringen.

Und trotzdem … trotzdem ist es schwer, optimistisch zu bleiben. Es sieht nicht so aus, als würde die Menschheit ihre Probleme auch nur ansatzweise in den Griff bekommen. Das Böse scheint tiefer zu ste- cken als in tyrannischen Regierungen oder falscher Energiepolitik. Es scheint tiefer zu stecken als in einzelnen Schurken, die es auszu- schalten gilt. Es scheint in unseren menschlichen Systemen an sich zu stecken.

In unserem Mensch-Sein … irgendwie.

Und dann, wenn endlich mal was Gutes passiert und gerade 33 ver- schüttete Bergleute in Chile[3] gerettet wurden, schreiben dir Freunde

---

3 Die wohl beste Nachrichtenmeldung im Jahr 2010. Endlich mal endet eine Katastrophe mit einem Wunder!

in einer Mail, dass bei ihrem sechsjährigen Jungen Leukämie diagnostiziert ist.

Was ist los mit dieser Welt?

Es ist wie bei einer dieser Matheaufgaben, die nicht aufgehen, weil dem Lehrer selbst ein Rechenfehler unterlaufen ist. Und jetzt sitzt du an der Klausur und rechnest und rechnest, und die Zeit verrinnt. Du füllst Seite um Seite und streichst alles wieder durch, fängst nochmal von vorne an. Landest wieder in einer Sackgasse. Zweifelst langsam an deinem Verstand ... dabei kann es gar keine Lösung geben.

Vor ein paar Wochen hatte ich die Gelegenheit, unseren Oberbürgermeister zu fragen, was seiner Meinung nach die größten sozialen Probleme unserer Stadt in den kommenden Jahren sein werden. Seine Antwort kam schnell und präzise: *Altersarmut* – vor allem weibliche. *Überalterung der Bevölkerung.* Deutschland ist heute das kinderärmste Land Europas. *Kinderarmut* und das daraus folgende Bildungsgefälle. *Arbeitslosigkeit* – immer mehr Menschen finden nie mehr in bezahlte Arbeit. *„Wir haben auf diese Probleme keine wirklichen Antworten",* sagte er und meinte damit weniger seine Partei als unsere Gesellschaft als Ganze.

Klingt wie einer vor einer unlösbaren Matheaufgabe.

Was das mit Mission zu tun hat?

Eine ganze Menge! Wenn es mit der Welt bergab geht, müssen dann die, die noch Hoffnung haben, nicht so laut es geht von ihr reden?

Wenn der christliche Glaube mehr ist als Jenseitsvertröstung, wenn er eine bessere Welt zum Ziel hat, wenn er die Idee einer Lösung in sich trägt – muss er dann nicht missionarisch sein?

Wenn Christen meinen, etwas zu sagen zu haben zu Themen wie sozialer Gerechtigkeit und Macht und Menschenwürde und Gewalt und Ökologie und Besitz und Sex und Sucht und Krankheit und Tod und Leben, wenn Christen glauben, dass es Hoffnung gibt, weil Gott die Welt noch nicht aufgegeben hat – muss es dann nicht Menschen mit einer Mission geben, die ihre Hoffnung weitergeben?

Wenn der Glaube Privatsache ist, dann wohl nicht.

Und wenn Gott eine Illusion ist, dann wohl auch nicht.

Aber wenn der Glaube die Wahrheit kennt, dann …

Ja sicher! Letztlich geht es bei Mission um die Wahrheitsfrage, auch wenn *Wahrheit* heute einen nicht minder schweren Stand hat wie *Mission*. Heute scheint nichts mehr *wirklich wahr* und nichts mehr *richtig falsch* zu sein. Darum gibt es diese tiefsitzende Skepsis gegenüber jedem Wahrheitsanspruch und Welterklärungsansatz.

Aber da ist auch der Hunger nach Wahrheit. Wann waren jemals so viele Menschen auf einer spirituellen Suche wie heute?[4]

Und da soll der Glaube Privatsache sein?

Heißt das, ich glaube, dass eine letzte Wahrheit über Leben und Tod sowie eine begründete Hoffnung für diesen Planeten in der *Kirche* zu finden ist? Ausgerechnet in der christlichen Religion? Trägt sie nicht vielmehr eine Mitschuld an all dem Schlamassel, in dem wir sitzen?

Ich weiß, die Kirche ist in einer Krise und verliert beständig an Vertrauen derzeit. Die wenigsten trauen ihr so was wie Weltrettung zu. Darum ist der *Missionar* zum Vertreter eines „Produkts" geworden, das immer weniger Menschen haben wollen. Dessen ist man sich bewusst und gerade deshalb wird die *Mission* seit einiger Zeit auch in den großen Volkskirchen wieder entdeckt.[5] Das mag man als verzweifelten Selbsterhaltungstrieb angesichts massiver Kirchenaustritte deuten.

Oder es ist die Erkenntnis, dass nur eine missionarische Kirche eine kraftvolle Kirche ist.

Vielleicht traut man der Kirche deshalb keine verändernde Wirkung mehr zu, weil es unter den Christen zu lange zu wenige Menschen mit einer Mission gab.

---

4   Leider suchen viele Leute einfach nur nach *irgendeiner* Wahrheit, nach *irgendwas* oder *irgendwem*, der mir sagt, dass alles gut wird. Und die geschäftstüchtigsten Seelenfänger schlagen dann Profit daraus.

5   So formulierte die EKD-Synode 1999 in ihren Beschlüssen von Leipzig: „*Die Synode der Evangelischen Kirche in Deutschland bittet die Gemeinden, die Leitungsgremien, die Hauptamtlichen, die Ehrenamtlichen und alle Christinnen und Christen, sich in dieser Perspektive neu auf ihren missionarischen Auftrag zu besinnen.*"

Vielleicht haben wir uns zu lange um uns selbst gedreht. Die Weltgestaltung anderen überlassen.

Und wenn ich den anschaue, der die Bewegung der Christen ins Leben rief, und wenn ich diesen Mann ernst nehme und ihm glaube, dann muss ich sogar sagen:

Ohne Mission ist die Kirche nicht nur kraftlos. Ohne Mission ist sie überhaupt nicht wirklich Kirche.

Denn sie gibt das auf, was Jesus Christus im Kern antrieb. Und sie gibt die Hoffnung auf, die dieser Mann für diese Welt hatte.

Eine unbändige Hoffnung auf Gott.

Und einen gewaltigen Willen zur Veränderung.

LebensMission

Die einzige Chance für Mission liegt darin, sie wieder neu von Jesus Christus her zu verstehen. Mein Bild von dem, was es bedeutet, die Welt mit dem Evangelium zu erreichen, hat sich in den letzten Jahren grundlegend geändert. Weil sich mein Bild von Gott und seiner Mission geändert hat.

Etwas absolut Zentrales für ein neues Missionsverständnis habe ich jetzt schon gesagt. Weißt du, was ich meine? Im letzten Satz des letzten Absatzes steckte es.

Es ist *seine* Mission.

Das ist entscheidend! Es ist nicht *unsere* Mission. Mission ist keine Veranstaltung der Kirche. Sie ist nicht *mein* Auftrag. Sondern es ist *Gott*, der auf einer Mission ist.

Sein Ziel ist die Wiedergewinnung der Menschheit, die Rettung und Heilung des Kosmos, die Wiederaufrichtung seines Reiches. Seine Motivation ist Liebe. Seine Methode ist die Sendung seines Sohnes und die Ausgießung seines Geistes.

Missio Dei[6] nennen die Theologen dies seit den 1950er-Jahren.

Und sie drücken damit aus, dass die Mission, das *Senden* und *Gesandtsein,* zum Wesen Gottes gehört.

Missio Dei.

So ist Gott.

So war er immer.

So wird er immer sein.

Darum sendet er sich selbst in Jesus Christus. Und dieser versteht sein Wirken als Teil der ewigen Mission Gottes. Wenn sein Tun auf Gegenwehr stößt, sagt er so Dinge wie:

> *„Mein Vater ist ständig am Werk und deshalb bin ich es auch." Daraufhin waren sie noch fester entschlossen, ihn zu töten. (...) Jesus erwiderte auf ihre Vorwürfe: „Amen, ich versichere euch: Der Sohn kann nichts von sich aus tun; er kann nur tun, was er den Vater tun sieht. Was der Vater tut, genau das tut auch der Sohn."*[7]

Jesus tut lediglich, was Gott in dieser Welt tut. Es ist *seine* Mission.

Und immer wieder spricht er von dem Ziel dieser Mission: die Ausbreitung des Reiches Gottes[8]. Es ist schon da. Es ist nah. Gott richtet es auf und lädt die Menschen ein, Teil davon zu sein. Es wird weitergegeben durch Taten und Worte.

Taten und Worte!

Auch das ist etwas, was ich erst in den letzten Jahren begriffen habe. Das Evangelium[9] besteht bei Jesus nicht nur aus Worten, sondern auch aus Taten. Er heilt, segnet, liebt, befreit, hört zu, besucht, feiert, isst und trinkt, leidet und lebt mit Menschen. Und seine Botschaft an diese

---

6   Lateinisch „Mission Gottes".

7   Johannes 5,17–19.

8   Das „Reich Gottes" bedeutet keinen geografischen Herrschaftsbereich, also schon gar keinen „Gottesstaat". Jesus meint so etwas wie eine *neue Welt Gottes*, die sich mitten in der alten ereignet, eine *neue Art zu leben*, geprägt von der wiederhergestellten Beziehung zu Gott, eine *geheilte Gemeinschaft* von Menschen, die niemanden ausschließt.

9   Wörtlich: „Gute Nachricht".

TÜR

Menschen lautet nicht stereotyp: *Hör zu, Gott liebt dich und wenn du mir glaubst, kommst du in den Himmel.*

Seine Botschaft für den Blinden ist, dass er wieder sehen wird.[10]

Für eine um ihr Kind weinende Mutter: „Das Kind ist nicht tot – es schläft nur."[11]

An einen einsamen Mann mit massivem Minderwertigkeitskomplex: „Ich muss heute dein Gast sein!"[12]

Und einem Verbrecher auf dem Schafott sagt er: „Ich versichere dir, du wirst noch heute mit mir im Paradies sein."[13]

Was für einen Menschen echtes *Evangelium* ist, hängt davon ab, wer dieser Mensch ist. Und ob dieses Evangelium in seinem Leben wirksam wird, liegt daran, ob es leere Worte bleiben oder ob Gott sein Wort hält und Leben verändert.

Das Evangelium ist ganzheitlich!

Also ist auch Mission ganzheitlich!

Sie beinhaltet nicht nur rettende Worte, sondern auch rettende Taten.

Und darum ist klar: Das kann nicht *meine* Mission sein, das kann nur Gottes Mission sein. Denn ich schenke niemandem das Augenlicht. Ich wecke keine Toten auf. Und ich verabrede mich auch mit niemandem im Himmel.

Und doch ...

Und doch sind wir Menschen in die Missio Dei einbezogen. Ganz am Ende seines Lebens auf der Erde überträgt Jesus seine Mission an seine Jünger. Ohne sie selbst dabei abzugeben! Man beachte den letzten Satz!

> *Jesus trat auf sie zu und sagte: „Gott hat mir unbeschränkte Vollmacht im Himmel und auf der Erde gegeben. Darum geht nun zu allen Völkern der Welt und macht die Menschen zu meinen Jüngern*

---

10 Markus 10,46–52.
11 Markus 5,35–43.
12 Lukas 19,1–10.
13 Lukas 23,43.

und Jüngerinnen! Tauft sie im Namen des Vaters und des Sohnes und des Heiligen Geistes, und lehrt sie, alles zu befolgen, was ich euch aufgetragen habe. Und das sollt ihr wissen: Ich bin immer bei euch, jeden Tag, bis zum Ende der Welt."[14]

Die Missio Dei wird zur DNA des Christentums.

Und bleibt die Mission Gottes.

Nun tun wir, was ER tut.

Tut, nicht *tat!*

In Lukas 10 macht Jesus sehr praktisch, wie es aussehen kann, bei Gottes Mission in dieser Welt mitzuwirken.[15]

Danach bestimmte der Herr weitere siebzig Boten und sandte sie zu zweien aus. Sie sollten vor ihm her in alle Städte und Ortschaften gehen, durch die er kommen würde. Er sagte zu ihnen: „Hier wartet eine reiche Ernte, aber es gibt nicht genug Menschen, die helfen, sie einzubringen. Bittet den Herrn, dem diese Ernte gehört, dass er die nötigen Leute schickt! Und nun geht! Ich sende euch wie Lämmer mitten unter Wölfe. Nehmt keinen Geldbeutel mit, keine Vorratstasche und keine Schuhe. Und bleibt unterwegs nicht stehen, um jemand zu begrüßen. Wenn ihr in ein Haus kommt, sagt zuerst: ‚Frieden sei mit diesem Haus!' Wenn dort jemand wohnt, der für diesen Frieden bereit ist, wird euer Wunsch an ihm in Erfüllung gehen; andernfalls bleibt er wirkungslos. Bleibt in diesem Haus und esst und trinkt, was euch angeboten wird; denn wer arbeitet, hat ein Anrecht auf Lohn. Geht nicht von einem Haus zum andern. Wenn ihr in eine Stadt kommt und sie euch aufnehmen, dann esst, was euch angeboten wird. Heilt die Kranken in der Stadt und sagt den Leuten: ‚Gott richtet jetzt seine Herrschaft bei euch auf!' Aber wenn ihr in eine Stadt kommt und niemand euch aufnehmen will, dann geht hinaus auf die Straßen der Stadt und ruft: ‚Sogar den

---

14 Matthäus 28,18–20.

15 Ehrlich gesagt, ich gehöre zu den Leuten, die in Büchern wie diesem die zitierten Auszüge aus der Bibel immer überlesen. Vor allem, wenn sie lang sind. Wenn es dir auch so geht – mach eine Ausnahme und lies den folgenden Abschnitt. Denn er ist wichtig für den Rest dieses Kapitels.

Staub eurer Stadt, der sich an unsere Füße geheftet hat, wischen wir ab und lassen ihn euch da. Aber das sollt ihr wissen: Gott richtet jetzt seine Herrschaft auf!' Ich sage euch: Am Tag des Gerichts wird es den Menschen von Sodom besser ergehen als den Leuten einer solchen Stadt. "[16]

Lange Zeit mochte ich diesen Abschnitt nicht wirklich. Er beschwor ein Bild von Mission in mir herauf, das dem an Türen klingelnden Sektierer allzu ähnlich sah.

Das ist in diesem Text aber gar nicht der Punkt, um den es geht. Es gab eine Zeit, in der das für die Schüler eines Rabbis völlig normal war. So, wie es eine Zeit gab, in der es normal war, sich auf öffentlichen Plätzen auf eine Kiste zu stellen und Verlautbarungen von sich zu geben. Doch diese Zeiten sind vorbei.

Dieser Text muss in unsere Zeit transformiert werden, aber dann beinhaltet er nicht weniger als das Geheimnis, auf welche Weise Gott seine Mission durch uns in dieser Welt vorantreiben will.

Bevor wir die Sache im nächsten Abschnitt etwas systematischer angehen, hier ein paar bedeutsame Beobachtungen:

1. Jesus sieht die Zukunft des Reiches Gottes ausgesprochen optimistisch! Die Ernte, sagt er, ist groß. Ein Problem mag in der Menge der Arbeiter liegen, aber nicht in der Größe der Ernte. Jesus stimmt nicht ein in unser Lamentieren über die böse Welt, die von Gott nichts wissen will und es der Kirche ach so schwer macht. Hören wir also damit auf.

2. Mission ist einfach! Lasst sämtliches hilfreiches Equipment zu Hause. Geht unvorbereitet, ohne Gepäck. Vergesst ausgeklügelte Strategien und missionarische Programme. Alles, was ihr braucht, seid ihr selbst. Mission ist etwas Natürliches, etwas von Mensch zu Mensch, keine Werbe-Kampagne. Plant die Sache nicht. Schafe unter Wölfen brauchen keinen Plan[17].

3. Gottes Geist ist schon dort! Ihr werdet Menschen treffen, mit denen Gott längst unterwegs ist. Denkt daran, es ist *seine* Mission. Diese

---

16   Lukas 10,1–12.
17   Eher etwas Glück!

Leute mögen ihn nicht kennen, aber sie haben bereits offene Türen für den Frieden Gottes. Eure Aufgabe ist nicht, das Reich Gottes zu den Leuten zu bringen, sondern es bei den Leuten aufzuspüren. Und daran anzuknüpfen.

4. *Lasst euch auf Menschen ein!* Esst, was man euch vorsetzt. Bleibt, wo man gastfreundlich ist. Teilt Leben. Sitzt an Tischen und hört den Geschichten der Menschen zu. Lauft nicht gleich weiter, sondern lasst euch ehrlich auf das Leben der Leute ein. Ihr selbst habt nichts dabei. Vielleicht steht ihr sogar bald in der Schuld eurer Gastgeber. Das ist okay, denn so sieht Beziehung aus.

5. *Wie gesagt: Worte und Taten!* Wenn durch euch das Reich Gottes Raum greift, dann redet nicht nur, sondern handelt auch. Heilt die Kranken, betet für Menschen, bietet eure Hilfe an, packt an, wo Not ist. Und helft den Menschen zu sehen, dass das Reich Gottes unter ihnen zu wachsen beginnt.

Tja, und dann folgen die drastischen Worte, die Jesus über Menschen verliert, die die Fähigkeit zur Gastfreundschaft verloren haben. Diese Sätze mit dem Staub und Sodom machen mir immer noch Mühe. Aber offensichtlich sieht Jesus die große Tragik dieser Welt darin, dass Menschen unfähig werden, Gott im Fremden zu erkennen. Das besiegelte von jeher den Untergang, wenn Menschen nicht in der Lage waren, das Göttliche im Gewöhnlichen zu erkennen. Jesus konnte ein Lied davon singen.

Und genau das ist es, was mir und dir und der Kirche dieser Welt große Hoffnung machen sollte:

Gottes Mission findet im Gewöhnlichen statt.

Sein Geist wirkt in durchschnittlichen Menschen und ihren alltäglichen Lebensbezügen. In ganz normalen Christen, im Fußvolk. In Hinz und Kunz der Christenheit steckt mehr als in jedem strategischen Plan. Alles, was wir brauchen, ist ein wenig Fantasie, um die Möglichkeiten zu bemerken.

Und Glauben, dass Gott durch uns handeln kann.

Und Mut, durch Türen zu gehen.

Und etwas Fantasie ... sagte ich das bereits?

TÜR

255

LebensMuster Tür

Menschen mit einer Mission sind Leute, die durch offene Türen gehen und neue Welten betreten. Welten, Leben, Geschichten von Menschen, die es wert sind, kennengelernt zu werden.

Die DNA der Mission Gottes lebt in gewöhnlichen Leuten, die gelernt haben, das zu tun, was Gott gerade tut.

Die nicht strategisch vorgehen, sondern persönlich.

Die sich selbst dabei riskieren.

Das LebensMuster der Tür beschreibt die LebensMission in vier Schritten. Vier Schritte durch die Tür in neue Welten.

Aber Achtung – das echte Leben verläuft meist nicht nach unseren Mustern. Was ich im Folgenden beschreibe, kann zehn Minuten oder zehn Jahre dauern und in der Realität folgt nicht immer brav ein Schritt dem anderen. Aber wenn du dir bewusst bist, dass das Leben immer komplexer und überraschender als ein Modell sein wird, dann kann es dir helfen, den nächsten Schritt zu gehen. Denn in welcher Form auch immer – alle vier Schritte finden statt, wenn Mission stattfindet.

Manches von dem, was ich im Folgenden sage, habe ich von Alan Roxburgh gelernt. Ich kenne ihn nicht persönlich, aber einige seiner inspirierenden Vorträge über Missionalen Gemeindebau.

Es beginnt immer mit dem **Wahrnehmen**.

Viele von uns laufen durch die Welt und sind sich weder ihrer Mission bewusst noch der Türen, die sich öffnen würden, wenn man mal einen Versuch wagen würde.

Ich lebe zum Beispiel seit sechs Jahren hier und weiß nicht, wie meine Nachbarn mit Vornamen heißen.

Du arbeitest vielleicht täglich mit den gleichen Leuten im Büro, und dennoch bleiben die anderen Fremde. Vertraute Fremde sozusagen. Sie haben deine Wohnung noch nie von innen gesehen. Du kennst ihre Autos, aber nicht ihre Freunde.

Die Welt zu verändern beginnt damit, die Welt wahrzunehmen. Und zwar die Welt der Menschen, die in deinem direkten Umfeld leben. Die Leute in deinem Block, deiner Straße, jenseits des Gartenzauns. Die Leute an deinem Montageband, in deiner Station, deiner Abteilung. Vielleicht sogar die, die du deine Freunde nennst.

Nimmst du ihre Welt wirklich wahr? Kennst du ihre täglichen Probleme? Weißt du, was sie gerne tun, was sie schon geleistet haben, welche Abenteuer und Schwierigkeiten sie durchlebten? Kennst du ihre Geschichten?

Wenn du daran glaubst, dass Gottes Mission mit dem Leben dieser Leute zu tun hat; wenn du daran glaubst, dass er etwas im Leben dieser Leute tun will … dann geh ab heute durch die Welt und stell dir folgende Frage:

Wohin lenkt Gottes Geist meinen Blick?

Was sieht er, was ich auch sehen soll?

Hinter welchen Türen werden Leben gelebt, die ich nicht länger übersehen darf?

Denn *die Ernte ist groß*. Die Geschichten der Menschen sind reicher, die Suche nach Hoffnung größer, die Türen offener, als du meinst.

Vor einiger Zeit erzähle ich einem Freund von diesen Gedanken, die ich hier gerade beschreibe. Seine Welt ist die Wirtschaftswelt. In ihr trägt man Anzug, wirft mit englischen Businessbegriffen um sich und fährt Oberklasse. Dennoch hat er sich den Blick für den Rest der Welt bewahrt. Immer mal wieder sucht er zum Beispiel Kontakt zu den Typen im Getränkeladen um die Ecke, die hier den ganzen Tag mit einem Kasten Bier verbringen.

Wir sitzen also abends in einer Kneipe und reden über die Missio Dei und die Möglichkeiten in der Nachbarschaft und so was … und schon am nächsten Tag wird er aktiv. Er befragt sämtliche Bewohner des Wohnkomplexes, in dem er lebt: *„Was stört Sie hier am meisten?*

TÜR

Was müsste sich ändern?", und er findet heraus, dass es der heruntergekommene Spielplatz unten im Hof ist, über den sich viele ärgern. Also gründet er eine kleine Anwohnerinitiative zur Verschönerung des Spielplatzes. Er ruft ein Anwohnergrillen ins Leben und bringt die Menschen miteinander ins Gespräch. Leute lernen sich näher kennen. Man verbündet sich.

Die Initiative scheitert. Leider. Der Spielplatz ist heute immer noch marode. Aber – mein Freund hat die Welt wahrgenommen.

So beginnt die LebensMission. Worauf lenkt Gott deinen Blick?

Und bitte! Die Menschen, die du da wahrnimmst, sind Menschen, keine Missionsobjekte! Was wir nicht brauchen, sind Christen, die ihre Umwelt taxieren, weil sie ihre Religion an den Mann bringen wollen. Was wir brauchen, sind Menschen, die an den Geschichten interessiert sind. Wir brauchen Leute, die diese Welt sehen, weil sie sie lieben, und die sie lieben, weil sie sie sehen.

Was dann kommt, ist das **Begegnen**.

Dieser Schritt ist der, der am meisten Überwindung kostet und der den Kontaktfreudigen unter uns wesentlich leichter fällt als den Schüchternen.

Denn nun stehst du quasi auf der Türschwelle. Was immer dich auch hierher gebracht hat – der Liter Milch, den du leihen willst; die Waffeln, von denen du zu viele gebacken hast; dein Kaninchen, das den Salat des Nachbarn gefressen hat – nun stehst du an der Schwelle zur Welt eines Fremden.

Nochmal, wenn es Gottes Mission ist und wenn sein Geist in unserem Leben anwesend ist, dann können wir sicher sein, dass der Schlüssel zu den Türen anderer Menschen in unseren ganz gewöhnlichen alltäglichen Begebenheiten liegt. Die Situation mag banal sein, doch dahinter kann die Tür zu einer neuen Welt liegen.

Alan Roxburgh erzählt von einem siebzigjährigen Ehepaar. In ihre Straße zieht eine chinesische Familie. Die Tochter tut sich schwer mit dem Englischen. Eines Tages geht die alte Dame über die Straße, klopft an die Tür (Begegnung!) und schlägt dem Mädchen vor: *„Lass uns jeden Tag spazieren gehen. Ich bringe dir Englisch bei und du lehrst mich deine Sprache."* Sie tun das daraufhin für eineinhalb Jahre. Und sie reden ... über Gott ... und die Welt!

Drei Türen weiter lebt eine junge Familie. Der Vater hatte einen Arbeitsunfall. Er kommt nicht mehr ohne Hilfe in die Badewanne und wieder raus. Der Ehemann der alten Dame geht über die Straße und klingelt. Von da an tut er es jeden Morgen und hilft dem jungen Mann in die Badewanne. Menschen mit einer Mission!

Die Schlüssel für Begegnung liegen direkt vor uns. Wir müssen nur die Augen öffnen, unsere Umwelt wahrnehmen und dann einen mutigen Schritt auf sie zugehen.

Und wenn es dann geschehen ist und du am Tisch des Fremden sitzt oder er an deinem, dann gibt es nur einen Rat, den du beherzigen solltest, aber der ist wichtig:

Hör zu!

Mehr nicht.

Hör einfach zu!

Lass Menschen ihre Geschichte erzählen. Es geht bei der LebensMission eigentlich nicht so sehr darum, dass du deine Geschichte mitbringst. Es geht darum, zuzuhören. Denn Zuhören ist Wertschätzung, Respekt, geschenkte Aufmerksamkeit. Aufrichtiges Interesse. Man findet das nicht mehr allzu oft heute.

Jesus sagt seinen Leuten: Lasst euer Gepäck zu Hause!

Lass zu Hause, was du den Leuten alles sagen zu müssen meinst. Lass deine evangelistischen Programme zu Hause. Deine Wert- und Vorurteile und deine schnellen Lösungsvorschläge.

TÜR

259

Lass dich vielmehr ein auf eine andere Welt, ein anderes Haus, ein anderes Leben. Und denk daran: Hier ist Gott bereits wirksam. Hör den Geschichten zu und achte darauf, wo du Spuren von Gottes Handeln in diesen Storys erkennst.

Den nächsten Schritt habe ich so genannt: **Bleiben.**

Was aus Begegnung und echtem Interesse manchmal entsteht, ist Beziehung.

Unsere Welt ist voll von oberflächlichen Beziehungen. Dagegen ist gar nichts einzuwenden – ein bisschen Oberflächlichkeit kann sehr unterhaltsam sein. Über Facebook zu erfahren, wie der Freund eines Freundes den heutigen Tatort findet oder mit den Kolleginnen den Eurovision Song Contest anzuschauen, ist nicht verwerflich, nur weil es oberflächlich ist.

Aber zu oft bleibt es dabei. Mehr wollen wir von der Welt des anderen nicht wissen. Wir erzählen uns unsere Geschichten nicht. Ich meine, unsere tatsächlichen, persönlichen Geschichten. Denn das würde uns eventuell aneinander binden – und Beziehungen kosten Kraft.

Jesus aber sagt seinen Leuten, sie sollen bleiben, wo sie gastfreundlich empfangen werden. Sie sollen nicht von Haus zu Haus, von Mensch zu Mensch laufen. Klingelmännchen war früher. *Investiert in tiefere Beziehungen!* Das geschieht, wenn jemand seine Tür tatsächlich öffnet und dich rein lässt. Oder du ihn! Denn zu Beziehung gehören immer zwei Seiten. Du betrittst ein Leben und ein anderer betritt deines.

Spätestens jetzt ist klar, dass es bei der LebensMission nicht um ein schnelles Loswerden der „Frohen Botschaft" geht (die gar auf Traktaten in kernige Vierzeiler gegossen wurde), sondern um langfristigere Beziehungen. Oft sogar Freundschaft. Richtig, das braucht Zeit. Jahrzehnte manchmal.

„Für die Mission der Kirche im Westen gibt es keine schnellen Lösungen",
sagt Roxburgh.

Jesus sagt: *„Esst und trinkt, was euch angeboten wird."* Ein großartiger
Rat! Zum einen, weil gemeinsam Essen und Trinken an sich schon
Beziehung schafft. Manche Probleme dieser Welt würden sich schon
dadurch lösen, dass bestimmte Menschen mal miteinander zwei Fla-
schen Wein und ein Barbecue im Garten teilen würden. Wir müssen
die Kraft von Essen und Trinken wiederentdecken!

Zum anderen fordert Jesus so seine Leute auf, sich auf die Kultur
der Gastgeber einzulassen. Esst, was man euch vorsetzt. Seid nicht
wählerisch[18]. Probiert, lernt den Geschmack kennen der Menschen,
kostet, was sie mögen, und lernt es zu schätzen. Und scheut euch nicht,
nachher auf ihre Kosten satt geworden zu sein. Beziehung ist etwas
Gegenseitiges. Nicht nur du bist es, der dem anderen etwas Gutes
bringt. Er hat dir ebenso viel zu geben.

Den letzten Schritt nenne ich **Lieben,** auch wenn das ein wenig
schwülstig klingt.

Aber ich nenne ihn so, weil es letztlich Liebe ist, die von Gott durch
uns zu den Menschen kommen soll. Gottes Liebe ist das, was unser
Planet letztendlich braucht.

Und es ist Liebe in Form von Worten und Taten!

Es sind Worte von der Liebe
Gottes, die in Jesus zu uns
kam. Und es sind Taten, die
den Worten Hand und Fuß
geben.

Roxburgh benutzt ein schönes Bild dafür, was Menschen
mit einer LebensMission für

---

18   Auch nicht aus religiösen Gründen. Das schwang damals in den Worten Jesu mit – ein frommer Jude durfte gewisse „unreine" Speisen nicht zu sich nehmen.

andere werden sollen. Er sagt, wir müssen „Poeten des Gewöhnlichen" werden.

Poeten des Gewöhnlichen.

Poeten sind Leute, die in der Lage sind, den Geschichten von Menschen zuzuhören. Aufmerksam. Intensiv. Unvoreingenommen.

Und Poeten sind Leute, die diesen Geschichten, den Worten und Sehnsüchten der Leute, ihren Ängsten und Hoffnungen eine Stimme zu geben vermögen. Poeten hören die Musik hinter den Worten und bringen sie zum Klingen. Poeten geben dem Leben der Menschen eine Sprache, denen dafür selbst die Worte fehlen.

Und Poeten bringen diese kleinen Geschichten in Zusammenhang mit der großen Geschichte Gottes, die vor sich geht. Sie sehen das Große im Gewöhnlichen, das Reich Gottes im Alltag der Menschen. Sie reißen damit einen Horizont auf. Erkennen Bedeutung, Sinn, Schönheit.

Mit Worten zu lieben bedeutet also:

Menschen helfen,

herauszufinden,

was ihre gewöhnliche Geschichte

mit der großartigen Geschichte Gottes zu tun hat.

Dafür müssen die Poeten selbst tief in dieser großen Geschichte Gottes zu Hause sein. Doch dann entdecken sie ihn, den Geist Gottes, in den vielen Tragödien und Komödien der Menschen.

Zwei Männer treffen sich zum Feierabendbierchen. Und sie reden über Autos. Worüber sonst. Ärgerlich: Seit gestern hat der eine von beiden einen sauberen Kratzer im Lack. Von einem Schlüssel, mit Absicht zugefügt. *„Und, was unternimmst du jetzt?"* *„Nichts. Ich weiß, wer es war. Der Junge vom XY. Hab ihn erwischt."* *„Und jetzt?"* *„Hab mir gedacht, ich lass es auf sich beruhen. Der Junge hat schon genug Probleme."* Eine Pause entsteht. Dann sagt der eine zum anderen: *„Du weißt ja, ich halte viel von Jesus und so. Das, was du da getan hast, erinnert mich an ihn. Ich glaube, so wäre er mit dem Jungen auch umgegangen."*

Der andere ist verblüfft. Fühlt sich unbehaglich. Aber auch ein wenig geehrt. Und ein Gespräch entsteht …

Man kann Gott in Menschen entdecken, die gar nicht an ihn glauben.

Und ich hoffe sehr, wir werden nicht nur mit Worten lieben, sondern auch mit Taten. Damit das Reich Gottes anfassbar wird in unseren Nachbarschaften.

Einer besucht einmal in der Woche einen Nachbarn mit Behinderung und verbringt etwas Zeit mit ihm … eine macht Einkäufe für den alten Mann, der es nicht mehr kann … jemand anderes macht manchmal einen Einkauf für eine junge Frau, die es noch könnte, aber kein Geld hat – er zahlt … eine junge Frau besucht alte Leute im Altenheim und hört sich ihre Lebensgeschichten an … einer sammelt regelmäßig die Scherben vom Kinderspielplatz, obwohl er keine Kinder hat … jemand organisiert ein Straßenfest, fährt die Nachbarskinder zur Schule, hütet Kinder gratis, fegt, wo er nicht muss …

Und so predigst du das Reich Gottes durch jede Tat, die die Welt ein wenig (oder sehr viel) besser macht in deinem Umfeld.

MusterVorschläge

1. Zusammen essen

Ich meinte das ernst vorhin. Öfter zusammen essen ist keine Nebensache! Es schafft Beziehung. Essen ist beinahe etwas Heiliges. Jemand sagte mal: *„Würde jeder Christ der Welt einmal die Woche einen Fremden zum Essen einladen, wäre das Hungerproblem gelöst."* Naja … wohl nur in der Theorie. Doch derselbe Mensch hat in seiner Gemeinde diese Regel eingeführt: einmal pro Woche eine Mahlzeit mit jemand einnehmen, der mit der Kirche nichts am Hut hat. Kaffee in der Mittagspause gilt auch. Nur hinsetzen und einen Moment essen und reden.[19]

---

19   Der Mensch heißt Michael Frost.

Tatsächlich ist dies die einfachste Möglichkeit, mit anderen Menschen an einen Tisch zu kommen: Sie einfach an den eigenen Tisch einladen. Die Nachbarn spontan zum bereits heißen Grill dazubitten. Die Mutti der Schulfreundin, die die Kleine abholt, auf einen Kaffee überreden. Solche Dinge.

Oder wer wirklich etwas wagen will: Wie wäre es, wenn du einmal im Monat sonntags den Gottesdienst schwänzt? Und dafür Freunde und Nachbarn zum Frühstück einlädst. Sag ihnen vorher, dass es auch eine Art Gottesdienst sei. Dass ihr zusammen esst, einen Bibelabschnitt lest und darüber redet. Wenn das nicht Gottesdienst ist, was dann? Wenn du's ausprobierst, sag deinem Pastor nicht, dass du die Idee aus diesem Buch hast.

2. Ehrenamt

Wir brauchen als Kirchen eine neue Wertschätzung sozialen Engagements. Und zwar des sozialen Engagements *außerhalb* der Gemeindegrenzen. Vielleicht bist du *in* deiner Kirche derart engagiert, dass für Ehrenamtliches in deiner Kommune keine Zeit mehr bleibt. Dann überleg, ob du daran nicht etwas ändern solltest.

Die Jugend des Fußballvereins zu trainieren, sich im Elternbeirat einzubringen, politisch aktiv zu sein, im örtlichen Jugendzentrum mitzuarbeiten ... all diese Dinge dienen den Menschen und sind genauso wertvoll wie die Mithilfe im Kindergottesdienst. Nur mit dem Unterschied, dass hier die Chance größer ist, mit Menschen zu tun zu haben, die Gott noch nicht kennen.

An die Pastoren und Leitungsgremien: Fördert das Ehrenamt außerhalb der Kirchenmauern bewusst, indem ihr es ebenfalls als *Mitarbeit im Reich Gottes* anseht und auch so nennt. Stellt Leute frei, die sonst doppelt belastet wären.

3. Lukas 10 lesen und beten

Wenn dich das Kapitel angesprochen hat und du absolut nicht weißt, was du tun sollst, tu dies: Triff dich mit einem Menschen, der in der Nähe wohnt und Christ ist. Trefft euch einen Monat einmal die Woche, lest jedes Mal Lukas 10 und betet für euren Ort. Und tauscht euch darüber aus, ob sich unter der Woche irgendwelche kleinen Türen auftun.

4. Soziale Aktion als Kleingruppe

Wenn du zu einer Kleingruppe gehörst, könntet ihr mal eine soziale Aktion in eurem Stadtviertel durchführen, anstatt zum dritten Mal über die Bedeutung der sieben Siegel in der Offenbarung zu diskutieren. Gibt es irgendetwas, das ihr als Gruppe tun könntet, dass die Leute in eurem Umfeld als *überraschend nett* empfinden könnten? Ein Freund von mir bot mit einem Team zum Beispiel mal einen kostenlosen Fahrradreparatur-Service an. Ein anderer gründet einen Förderverein für den Spielplatz in der Nachbarschaft. Oder ihr werft in jeden Briefkasten ein Flugblatt: *„Sieben fähige Leute für Dienste (fast) jeder Art zu bekommen. Jeden Samstag im Mai. Unentgeltlich. Kontakt unter…"*

5. Für Profis: Kontextanalyse

Unter Stichworten wie *Missionales Leben* und *Gesellschaftsrelevante Gemeinde* oder gar *Gesellschaftstransformation* sind Gedanken wie diese längst in aller Munde. Und natürlich kann man diese ganz Sache auch sehr systematisch angehen. Es gibt kluge Leute, die Tools entwickelt haben, mit denen man sein Umfeld und die Bedürfnisse der Menschen kompetent analysieren kann. Es gibt Gemeindeberater, die deine Kirche in diesem Prozess begleiten können. Auf privater Ebene ist das übertrieben, auf Gemeindeebene macht das Sinn.

Man kann diese Sache sogar studieren. Dieser Link könnte vielleicht eine Tür zu einem spannenden Weg aufstoßen: www.gesellschaftstransformation.de[20].

6. Lies dieses Buch

Michael Frost, Alan Hirsch, *Zukunft gestalten – Innovation und Evangelisation in der Kirche des 21. Jahrhunderts*, C & P Verlag/Gerth Medien, 2008 → ein absolut wegweisendes Buch in Sachen Kirche, Mission und Postmoderne.

TÜR

---

20   Die Homepage des Marburger Bildungs- und Studienzentrums (mbs).

Zum Schluss noch

Ich bin kein wilder Typ wie Mattis. Falls du einen anderen Eindruck gewonnen hast – denk daran: Du liest nur mein Buch! Du kennst mich (wahrscheinlich) nicht persönlich! Was ich sagen will: Ich bin nicht das große leuchtende Vorbild in Sachen LebensMission. Darum habe ich so oft Beispiele von Freunden erzählt – meine eigenen scheinen mir klein und bescheiden. Ich bin selbst noch ein Lernender.

Das war mir wichtig anzufügen. Weil es stimmt und weil es dich vielleicht ein wenig ermutigt, falls du auch kein wilder Typ bist.

DER ORGANISMUS

9. Der Organismus

Die LebensKraft

Ein lebendig existierendes Ding kann durch nichts gemessen werden,
was außer ihm ist, sondern wenn es ja geschehen sollte,
müsste es den Maßstab selbst dazu hergeben; dieser aber ist höchst
geistig und kann durch die Sinne nicht gefunden werden.
Johann Wolfgang von Goethe

Immer dann, wenn man lebendige Organismen als physikalische oder
chemische Systeme betrachtet,
müssen sie sich auch wie solche verhalten.
Werner Heisenberg

Der Wind weht, wo er will. Du hörst zwar sein Rauschen,
aber woher er kommt und wohin er geht, weißt du nicht.
So ist es bei jedem, der aus dem Geist geboren ist.
Jesus von Nazareth

Drei Zitate? Ja drei! Wer hat festgelegt, dass es in Büchern wie diesem
immer nur zwei sein dürfen? Und damit sind wir schon bei der Message des letzten Kapitels: Systeme sind hilfreich, aber niemals Selbstzweck. Auch die LebensMuster nicht.

Darum heißt das neunte LebensMuster *Organismus* und ist anders als die anderen. Es fügt den acht vorherigen keinen wirklich neuen Aspekt dazu. Es ist eher so was wie ein Epilog. Etwas, was am Ende noch wichtig ist zu sagen. Was nötig ist, damit man das Ganze richtig versteht. Ein bisschen ist es auch wie eine Zusammenfassung. Und es ist eine Aufforderung, aus dem Gelesenen nun deinen persönlichen nächsten Schritt zu entwickeln.

Darum findest du auf diesen letzten Seiten auch die mittlerweile gewohnte Struktur nicht mehr vor. Ich verlasse den bisher typischen Aufbau, denn:

Das Leben funktioniert selten systematisch!

Das Leben in Mustern zu begreifen, es mit neun verschiedenen Bildern zu beschreiben, ist eine Vereinfachung. Vereinfachungen sind gut, denn sie machen es *einfacher,* die Vorgänge zu verstehen und einzuordnen. Wir haben bisher acht Schubladen mit acht Schablonen, die wir herausnehmen und auf unser Leben anwenden können. Das neunte Muster nun ist einerseits dazu da, dir genau dabei zu helfen. Zu entscheiden, welche Schublade für dich gerade die richtige ist und welches LebensMuster dich im Moment am besten weiterbringt. Aber es ist andererseits auch dafür da, dich daran zu erinnern, dass jede Vereinfachung einen gewissen Nachteil hat: Sie wird dem Leben niemals völlig gerecht.

Denn das Leben funktioniert nicht wie eine Maschine.

Es funktioniert wie ein Organismus.

In uns schnurrt kein Computerprogramm.

In uns pulsiert eine LebensKraft.

Dass auch die LebensMuster in sich kein lückenlos logisches System bilden, hast du vielleicht schon gemerkt. Zum Beispiel überschneiden sie sich inhaltlich hier und da. Sie grenzen sich nicht immer scharf voneinander ab. Bei der Triangel zum Beispiel ging es um Beziehungen. Doch darum ging es bei fast allen LebensMustern. Die Schaukel sprach von Stille, um Gott zu treffen. Um etwas Ähnliches ging es auch bei der Telefonzelle. Das Mosaik will dir helfen, deinen Platz zu finden und deine Talente zu entwickeln. Der Staffelstab hatte damit, aus einem etwas anderen Blickwinkel, auch zu tun.

Darüber hinaus könnte dir aufgefallen sein: Manche der LebensMuster betreffen dich täglich, die Schaukel zum Beispiel. Andere, wie das Mosaik, betreffen bestimmte Lebensphasen mehr, andere weniger. Also, die LebensMuster wollen kein System sein. Dafür sind sie viel zu unstrukturiert.

Und vor allem: Sie können letztlich nicht das Leben *an sich* hervorbringen!

Das, was dich lebendig macht, ist eine Kraft, die schwer zu fassen und schon gar nicht in Muster zu pressen ist. Die Bibel nennt diese Kraft den Geist Gottes. Der Atem Gottes, der – ganz am Anfang – toter Materie Leben einhauchte[21]. Der göttliche Lebensgeist, der in allem Lebendigen wirkt und sich doch nicht für uns verfügbar macht, sondern „weht, wo er will"[22]. Die LebensKraft, die diese Welt durchdringt und – würde sie sich zurückziehen – das Ende des Lebens bedeuten würde, und die doch in einigen Menschen deutlicher wirksam ist als in anderen.

Die Bibel sieht im Geist Gottes die eigentliche Ursache für persönliches Wachstum, für Reife, für Glauben und geistliches Leben. Der Geist Gottes ist es, der uns beziehungsfähig macht, er ist es, der uns auf unserem Weg leitet, er spricht zu uns durch ein altes Buch, er ist der Grund, warum unsere Gebete im Himmel ankommen, er begabt Menschen, er treibt Gottes Mission voran. Das Wichtige, das am Ende dieses Buches also noch zu sagen ist, damit das Ganze richtig verstanden wird, ist dies:

Die LebensMuster dienen nur dazu, der LebensKraft Raum zu geben.

Sie sind nicht mehr als Hilfsmittel, dem Geist Gottes zu ermöglichen, dich lebendiger und lebendiger zu machen.

Nicht mehr, aber auch nicht weniger.

---

21 Vgl. Genesis 1,2 und Genesis 2,7.
22 Johannes 3,8.

Sie sind nicht das Eigentliche. Aber wir brauchen sie, damit das Eigentliche sich entfalten kann.

So ist das Leben, das wir leben, viel mehr als die Muster und hilfreichen Systeme, die wir anwenden. So wie ein Organismus mehr ist als ein Computerprogramm.

Was dieses letzte LebensMuster leistet, ist Folgendes:

Es stellt dar, was allen lebendigen Organismen ähnlich ist. Die Symptome der LebensKraft sozusagen. Die Prozesse der Vitalität, könnte man auch sagen. Es sind sieben. Ein Organismus, der alle sieben aufweist, ist gesund und könnte lebendiger nicht sein. Ein Organismus, bei dem nur eines der sieben nachweislich nicht mehr stattfindet, ist tot. Oder zumindest sehr kurz davor.

Diese Symptome sind so etwas wie ein Gradmesser der Lebendigkeit und wir werden sie auf unser geistliches Leben übertragen. Welche sind in deinem Leben zu sehen und welche sind kaum zu erkennen? So stellt dir dieses LebensMuster eine Art Diagnose und du kannst entscheiden, an welchem Punkt du dem Geist Gottes mehr Raum geben solltest. Und welche LebensMuster dir genau dabei helfen könnten.

Verstanden?

Beginnen wir mit der **Bewegung**.

Was lebt, ist in Bewegung. In der Regel jedenfalls. Als sich die kleine Meise, die meine Kids gesundzupflegen gedachten, am nächsten Morgen nicht mehr bewegte, wusste ich, dass ich zwei Mädchen eine traurige Tatsache schonend beizubringen hatte. Das kleine Wesen hatte seinen letzten Hauch LebensKraft irgendwann in der Nacht ausgehaucht.

Übertragen auf uns: Ein von Gottes LebensKraft durchdrungener Mensch bewegt sich.

Ich denke an Johannes. Letztes Jahr hat er seinen Job gekündigt und ist losgegangen. Zu Fuß. Von Unterfranken bis Santiago de Compostela. Fünf Monate und ich-weiß-nicht-wie-viele tausend Kilometer. Sein Blog über seine Erlebnisse auf dem Jakobsweg nannte er *Lebens-Weg*.

Schon immer haben Glaubende das Leben als eine Pilgerreise begriffen. In der Bibel ist die Begegnung von Menschen mit dem lebendigen Gott meist der Beginn einer Reise. Oft einer buchstäblichen, immer aber einer innerlichen. Abraham – bricht auf in ein neues Land. Mose – verlässt Ägypten und durchquert die Wüste. Jesus – er fordert die Leute auf, ihm zu folgen. Paulus – reist durch ganz Europa.

Wer Gott trifft, tritt einen Prozess der Veränderung an und macht sich auf einen Weg. Die ersten Christen wurden „Leute des neuen Weges" genannt. Gemeint war der Weg Jesu. Sein Weg, das Leben zu leben.

Glauben ist Bewegung.

Darum ist es paradox, wenn das Christentum mit Tradition und Konservativismus gleichgesetzt wird. Natürlich gibt es Dinge, die es zu „bewahren" gilt, aber von seinem eigentlichen Wesen her ist das Christentum eine Bewegung, keine Institution. Mit Gott ist man Nomade, nicht Siedler.

Bist du in Bewegung?

Entwickelst du dich noch weiter? Lernst du noch? Weitet sich dein Horizont? Veränderst du dich?

„Immer noch ganz der Alte!" ist kein Kompliment!

Ein guter Indikator dafür, ob du in Bewegung bist, kann folgende Frage sein: *Hast du Ziele und welches ist dein nächstes?* Falls du darauf nach einer Minute Bedenkzeit keine Antwort geben kannst, könnte dies der Punkt sein, an dem du dem Geist Gottes mehr Raum geben solltest.

→ Das LebensMuster **Weg** kann dir dabei helfen.

Schau zurück auf deinen bisherigen Weg und nimm die Entwicklung wahr, die du schon genommen hast. Sprich mit Gott und Menschen darüber, welche Schritte du wagen solltest oder welche Blockaden es aus dem Weg zu räumen gibt, damit deine Schritte wieder Raum greifen.

Und gib den Glauben daran nie auf, dass der Geist Gottes dich verändern kann, selbst wenn du und andere für manche deiner nicht so vorteilhaften Wesenszüge schon die Hoffnung aufgegeben haben.

„Jeden Tag, jeden Moment, kannst du dein Leben ändern!" Dieser Satz aus einer Novelle von Martin Walser ist ein zutiefst christlicher.

Ein Organismus, der sich nicht mehr bewegt, ist, so leid es mir tut, höchstwahrscheinlich tot.

Was ähnlichen Anlass zur Sorge gibt, wenn es nicht mehr feststellbar ist, ist die **Atmung**.

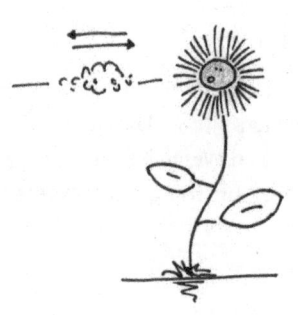

Alle Organismen atmen. Sogar Pflanzen tun es, nur umgekehrt. Was wiederum gut für uns ist, die wir den Sauerstoff brauchen. Wer sich bewegt, braucht dieses unsichtbare Gas. Wer sich schnell bewegt, braucht mehr davon.

Über die Blutbahnen und den Puls werden die Organe mit Sauerstoff versorgt. Clever ist, dass wir diesen Vorgang nicht mit unserem Willen steuern müssen. Er läuft automatisch an. Du kannst nicht vergessen zu atmen oder dein Herz schlagen zu lassen.

Der Vorgang des Atmens ist dem Wesen des Geistes Gottes sehr nah. Schon sprachlich. Das griechische Wort für Geist ist *pneuma*, das hebräische *ruach*. Beides heißt so viel wie Gottes „Puste", die es beständig einzuatmen gilt, um am Leben zu bleiben und Kraft für die nächste Anstrengung zu haben.

Es gilt also, den Geist Gottes einzuatmen.

Und mir scheint sinnvoll, dass das wohl etwas Regelmäßiges sein muss, oder?

Und wohl auch etwas Unspektakuläres.

Das Luftholen ist kein Event, das wir nur einmal in der Woche tun, sonntags etwa. Es muss etwas Automatisches sein. Etwas, was uns in Fleisch und Blut übergegangen ist. Etwas Rhythmisches.

Es gibt Leute, die das Einatmen des Geistes im Wesentlichen mit außergewöhnlichen Erfahrungen und Megaevents verbinden. Dort *„tanken sie auf"*, um dann wieder den Alltag durchstehen zu können. Klar spürt man die Energie der Euphorie besonders intensiv, wenn noch ein paar Hundert oder Tausend andere dabei sind und den Redner oder die Band eine Aura von Geistlichkeit umgibt. Diese Events sind genauso wichtig für den Glauben wie es für den Bayernfan der Besuch eines Spitzenspiels in der Allianz-Arena ist. Also wirklich wichtig![1]

Aber vor allem bei besonderen Events den Geist Gottes einzuatmen … das ist wie Hyperventilieren und danach die Luft anhalten.

Und es macht dich nur zu einem Fan, aber niemals zu einem Spieler. Denn es sind die da unten auf dem Platz, die ihren Puls hochjagen und den Sauerstoff in echte Leistung umsetzen. Man kann gleichzeitig Fußballfan und körperlich nicht mehr in der Lage sein, sich das Bier noch selbst aus dem Keller zu holen. Spieler sein kann man mit dieser Konstitution nicht.

Für die Spieler ist Fußball kein Event, sondern etwas, das sie täglich tun. Trainierte Sportler haben einen niedrigen Ruhepuls. Ihr Körper ist gewohnt, den Sauerstoff möglichst effizient in Kraft umzusetzen.

Wie steht es um deine Konstitution?

Um deine geistliche Kraft?

Hast du genug Energie oder geht dir bald die Puste aus? Vielleicht spürst du, dass du an diesem Punkt ansetzen solltest.

→ Dann sind es zwei LebensMuster, denen du dich widmen solltest. Die **Schaukel** und die **Telefonzelle**. Denn die geistliche Atmung ist natürlich das Gebet. Der Kontakt mit Gott. Und zwar nicht nur in seiner lauten aufheizenden Form, sondern gerade in der stillen, ruhigen, einsamen Form. Die Schaukel hilft dir, einen Rhythmus zu finden,

---

1   Das ist nicht ironisch gemeint. Solche Highlights gehören dazu.

ORGANISMUS

der deine Seele nachhaltig kräftigt. Die Telefonzelle hilft dir, beten zu lernen.

Das dritte Symptom eines gesunden Organismus ist die **Sensibilität** seiner Sinne.

Das erste, was ein Notarzt mit dem Unfallopfer tut, ist zu prüfen, ob es ansprechbar ist. Auf die Umwelt zu reagieren ist ein Anzeichen von Lebendigkeit.

Ein Hund hört, wenn man ihn ruft. Hofft jedenfalls der Jogger im Wald. Unser Kater hört auch, wenn man ihn ruft, aber er kommt nur, wenn er Lust hat. Unser Pferd hört, wenn man es ruft, aber es kommt sicher nicht, wenn ich es bin, der ruft.

Wie steht es um deine geistlichen Sinne?

Nimmst du wahr, was um dich herum geschieht? Siehst du die Menschen, die Gott sieht? Hörst du ihre Geschichten? Fühlst du ihre Nöte? Oder drehst du dich zu oft um dich selbst?

Und bist du sensibel für Gottes Geist und sein Reden? Wie schätzt du seine Chancen ein, dich im Alltag mit seinen Gedanken zu erreichen?

Wenn es einen lebendigen Gott gibt und er mit uns etwas bewegen will, wenn seine Existenz nicht nur zur Folge hat, dass er ab und an etwas allgemeinen Segen auf uns runtertröpfelt und wir darin so unser Dasein fristen, sondern wenn er konkrete Gedanken hat und etwas mit uns vorhat, wenn er uns bewegen will, wenn er redet und Geschichte mit uns schreiben möchte – dann könnte es eine dumme Sache sein, wenn wir das nicht bemerken.

Wann war das letzte Mal, dass du wusstest: *Gott macht mich auf etwas aufmerksam. Ich ahne, was ich tun soll, um das zu tun, was Gott tun will.*

„Ich tue nur, was ich den Vater tun sehe"[2] – so etwas konnte Jesus nur sagen, weil er sensibel war für das Reden seines Vaters.

Vielleicht ist dein Problem nicht zu wenig Energie oder Stillstand, sondern das Gefühl, irgendwie allein hier unten vor dich hin zu wurschteln, ohne Gottes Leitung. Und Worte von Gott, das wäre, wie wenn jemand den Nebel lichten würde, in dem du herumtappst.

→ Dann ist dein LebensMuster ebenfalls die **Schaukel**. Denn du brauchst mehr Zeiten, in denen du den Kopf frei hast für Gottes Gedanken. Man kann Gott schlecht hören, wenn es laut ist.

→ Oder du beschäftigst dich mit dem **Mosaik**, das dir helfen will, in deine Berufung zu finden. Was will Gott, dass ich tun soll? Wo ist mein Platz? Was sind die nächsten Ziele?

Das vierte, was allen Organismen gemeinsam ist, ist **Reproduktion**.

Gesunde Lebewesen vermehren sich. Manche mit, manche ohne Spaß dabei zu haben. Sex, der zu einem Kind führt, ist wohl der Vorgang, in dem wir am intensivsten an Gottes Schöpfungshandeln beteiligt sind. Gott hat es so eingerichtet, dass sich Leben reproduziert. Zum Glück. Wäre es nicht so, gäbe es uns nicht.

Mit dem geistlichen Leben ist es genauso.

Das Weitergeben des Lebens gehört zur DNA des Geistes Gottes.

Allerdings nicht unterstützt durch so schwer beherrschbare Triebkräfte wie bei der körperlichen Fortpflanzung. Und so kann es sein, dass ein Christenmensch betet wie ein Weltmeister, die Bibel auswendig kennt, Gott seinen besten Freund nennt und die Hälfte des Tages mit Stille und Meditation verbringt ... und doch geistlich tot ist, weil

---

2   Nach Johannes 5,19.

er nichts davon weitergibt. Es ist wie mit der Liebe. Du kannst sie nicht haben, ohne sie weiterzugeben.

Welchen Einfluss hat der Geist Gottes durch dein Leben auf andere?

Auf welche Weise bist du ein Teil des Leibes Jesu, der in dieser Welt handelt?

Wie spiegelst du Gottes Liebe zu anderen?

Wo ist diese Welt ein wenig heller, weil es dich gibt?

Gibt es Menschen, die sich geliebt fühlen, die ihren Wert und ihre Talente entdecken, die neue Hoffnung bekommen, die zu glauben beginnen, *weil sie dich kennen*?

Lebendiger Glaube pflanzt sich fort und produziert (hässliches Wort) Kinder. Eine nächste Generation. Und vielleicht bist du in einer Lebensphase angelangt, wo du dich in andere investieren solltest. Das, was du gelernt hast, weiterzugeben.

→ Das erinnert an den **Staffelstab**? Genau, hier geht es um Reproduktion. Die Welt braucht Menschen, die andere fördern.

→ Oder du liest nochmal die MusterVorschläge der **Tür**. Denn die Welt braucht Leute, die die Message vom Reich Gottes in Worten und Taten in die Häuser bringen.

→ Und natürlich die **Triangel**. Hier ging es um Beziehung, du erinnerst dich? Um dich herum leben Menschen, die dich als Freund brauchen.

Fünftens: **Ernährung**

Um mich herum sind derzeit dutzende Leute im Bewusster-Ernähren-Fieber. Vielleicht liegt es daran, dass sich in unserer Zeit immer mehr Leute Gedanken darüber machen, wo sie ihr Fleisch kaufen, ob das Gemüse auch Bio ist und was man Schönes aus Bucheckern kochen kann. Vielleicht liegt es aber auch daran, dass meine Freunde in ein Alter kommen, in dem einem die dringende Renovierungsbedürftigkeit des eigenen Körpers bewusst wird. So geht es mir selbst jedenfalls. Und siehe da, schon esse ich abends keine Kohlehydrate und trainiere mir den Bauchspeck weg.

Bewusste Ernährung – ein großes Thema.

Also: Organismen brauchen Nahrung und *gesunde* Nahrung erhöht die Chancen auf Vitalität und Gesundheit. Und es ist klug, sich auch geistlich gut zu ernähren.

Leider gehören wir zu einer Generation, die auf Fast Food steht und die – geistlich gesehen – verlernt hat, sich selbst regelmäßig etwas Gutes zu kochen. Was wir so zu uns nehmen, erschöpft sich meist in dem, was der Pastor uns sonntags serviert oder uns auf dem einen oder anderen Kongress vorgekaut wird.

Alles super! Weitermachen! Aber ich frage mich, wie viele von uns noch in der Lage sind, sich selbst zu ernähren.

→ Du ahnst es. Hier geht es um das **Brot**. Um das alte Buch, dass die eigentliche Nahrungsquelle ist.

Könnte sein, dass hier dein Schwachpunkt ist. Woran du das erkennst? Nun, unausgewogene Ernährung macht sich zum Beispiel in deinen Abwehrkräften bemerkbar. Du wirst leichter krank. Außerdem macht sie dick. Träge. Schwächt die Konzentrationskraft.

Wenn du also merkst, dass dich schon kleine Schwierigkeiten ins Schleudern bringen, dass du in Herausforderungen zu schnell den Glauben verlierst, wenn du so was wie ein sicheres Fundament vermisst – dann könnte es daran liegen, dass du dich nicht gut genug selbst ernährst. Das *muss* nicht so sein. Die Ursachen können auch ganz andere sein. Aber es könnte sein, dass es deiner Konstitution gut täte, wenn du regelmäßiger in die Geschichte Gottes eintauchst, die schwarz auf weiß in deinem Bücherregal steht.

Die LebensKraft selbst ist in diesen alten Worten lebendig!

Und nun – wie spreche ich folgendes Symptom für Lebendigkeit an? Es ist wichtig, aber wir reden nicht gerne drüber. Ich muss dafür klar unter die Gürtellinie gehen. Ich meine die **Ausscheidung**.

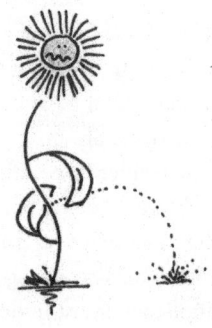

Das ist tatsächlich ein ganz erhebliches Symptom eines gesunden Organismus. Denn Giftstoffe machen uns krank. Und natürlich sammeln wir Giftstoffe in uns an. Wir leben in dieser Welt und nicht in einem keimfreien Vakuum.

Ich will hier keine Worte über die biologische Seite der Ausscheidung verlieren. Kommen wir gleich zur Übertragung.

Auch in unserer Seele sammelt sich Gift an.

Denn wir leben in einer gefallenen Welt.

Und wir sind nicht immun.

Worte können Gift sein. Gedanken auch, und natürlich Taten. Und allzu oft blockieren wir die LebensKraft, den Geist Gottes, indem wir Dinge nicht in Ordnung bringen, die in Ordnung gebracht werden müssten. Wir fressen sie in uns rein – wenn das Gift die Taten oder Worte anderer waren – oder wir kehren sie unter den Teppich – wenn es unsere eigene Sch...e war, die da gebaut wurde. Unsere finsteren Seiten können unsere Seele nach und nach von innen verdunkeln. Und uns die Lebensenergie nehmen,

die Leichtigkeit,

das Glück,

das Lachen.

Was wir brauchen, ist Erlösung! *Erlösung.*

Ein Freund von mir sitzt in irgendeinem christlichen Vortrag. Der Referent spricht über Sünde und Gnade und Erlösung. Und er fragt in die Runde: *„Hat jemand ein gutes Beispiel, ein Bild, einen Vergleich für das, was wir Erlösung nennen?"* Mein Freund ist ein Typ mit einem sehr trockenen Humor. Er meldet sich und sagt: *„Ich habe zwei große Hunde. Mit denen bin ich jeden Tag unterwegs. Meistens kurz nach dem Kaffeetrinken. Und wenn die Hunde dann herumtollen und hier und*

dort ihre Urinmarken hinterlassen ... dann muss ich irgendwann selbst.
Und dann versuche ich bis zu Hause einzuhalten[3], aber irgendwann
halte ich es nicht mehr aus. Und dann mache ich es wie die Hunde und
such mir einen Baum. Und wissen Sie: DAS ist Erlösung!"

Giftstoffe loswerden ist Erlösung. In theologischen Worten ist Ausscheidung nichts anderes als *Vergebung*. Für Jesus war Vergebung die Quelle für Leben schlechthin und das Gift menschlicher Schuld der effektivste aller Todbringer.

Vielleicht liegt hier *dein* Knackpunkt. Du ahnst, du kannst hier stundenlang über gesunde Atmung und Ernährung und wer weiß was nachdenken, dabei ist es *diese eine Sache*, die dich blockiert und die du ans Licht holen und loswerden solltest.

→ Dafür brauchst du eigentlich kein LebensMuster, obwohl es beim **Weg** auch darum geht. Was du brauchst, ist ein Mensch, dem du vertraust und dem du ehrlich erzählen kannst, was Sache ist. *Beichte* ist das alte Wort dafür und so was geht auch außerhalb des Beichtstuhls. Es könnte aber auch sein, dass du jetzt den Menschen brauchst, den du um Entschuldigung bitten musst, weil du an ihm schuldig geworden bist.

Meist halten wir zu lange ein, weil uns dieser Vorgang peinlich ist. Oft so lange, bis es weh tut. Doch wenn die Sache dann erledigt ist, ist es so wunderbar befreiend.

Dafür muss ein Schweinehund besiegt werden, ich weiß. Aber der tut nur so! Er ist schwächer, als du meinst.

Das letzte, was allen eigen ist, die lebendig sind, nennt man **Wachstum**.

---

3   Ich muss heute noch grinsen, wenn ich mir vorstelle, wie die anständig-christlichen Zuhörer bei seinen Ausführungen verlegen unter sich blickten.

Wie oft habe ich als Kind diesen Satz gehört: *„Mensch, bist du groß geworden!"* Und nun höre ich ihn wieder, nur geht es jetzt um meine Kinder. Ich selbst bemerke das aber meistens nicht, dass meine Kinder wachsen. Sie sehen heute genauso aus wie gestern. Sie selbst bemerken es auch nicht.

Aus diesem Grund ist das Merkmal des Wachsens ein wenig gemein. Wachstum ist ein Symptom für die Wirksamkeit der göttlichen LebensKraft in uns, aber wir selbst haben es schwer, es festzustellen. Ja, ein gesunder Organismus wächst. Nur können wir leider kein Wachstum produzieren und wir können auch nicht mal eben nachsehen, ob wir wachsen.

Letztlich bedeutet geistliches Wachstum dies:

Jesus Christus immer ähnlicher zu sehen. Sein Wesen in unserem Leben immer mehr widerzuspiegeln. Die zu werden, die wir in den Augen unseres Schöpfers sein sollen.

Das ist ein großes Ziel. Und du denkst vielleicht: *Das ist ja nie der Fall.* Aber höchstwahrscheinlich gibt es andere, die dir sagen würden: *Doch, du bist groß geworden, du hast dich verändert!* Denn es geschieht nicht über Nacht, aber es geschieht, weil Gottes LebensKraft in dir ist.

Was machen wir also mit dem Wachstum?

Es bleibt das große Ziel.

Das Ziel dieses Buches.

Das Ziel des Glaubens.

Des ganzen Lebens.

Es bleibt aber auch das, was wir am wenigsten *machen* können. Ich kann dir kein *einzelnes* LebensMuster empfehlen, das dich wachsen lässt. Wenn, dann sind es alle zusammen. Und vor allem ist es Gottes

Geist selbst. Und der beschränkt seine Möglichkeiten nicht auf neun LebensMuster. Das Ergebnis aber beschreibt Paulus in Galater 5,22:

> *Der Geist Gottes dagegen lässt als Frucht eine Fülle von Gutem wachsen, nämlich: Liebe, Freude und Frieden, Geduld, Freundlichkeit und Güte, Treue, Bescheidenheit und Selbstbeherrschung.*

Das ist das Gewicht der Seele.

Das ist Charakter, der von Jesus Christus geformt wurde.

So beschreibt die Bibel ein Leben, das innen hält, was es außen verspricht.

NEUFELD VERLAG

n^v

Dallas Willard

Jünger wird man unterwegs

Jesus-Nachfolge als Lebensstil

Mal ehrlich: Als Christen unterscheiden wir uns häufig kaum von unserer Umwelt. In vielen Kirchen genügt es, Christus als Erlöser anzunehmen und sich zu bestimmten Glaubenssätzen zu bekennen, um „Christ" zu sein. Doch können wir einfach ignorieren, dass Jesus uns auffordert, so zu werden wie er? Unser Leben mit ihm zu verbringen?

„Dallas Willard ist in seiner Botschaft für uns beharrlich, unerbittlich und unermüdlich. Er fordert uns weiterhin auf, das Leben von Jesus als Nachfolger ernst zu nehmen, als Schüler eines Meisters. ‚Christlich' ist weder ein politisches Etikett noch ein kultureller Stil noch evangelikale Rhetorik. Es bedeutet, Jesus zu folgen, nicht nur über ihn zu reden." Eugene Peterson

240 Seiten, gebunden, ISBN 978-3-86256-008-0

Folgen Sie dem Neufeld Verlag auch auf Facebook® und in unserem Blog: www.neufeld-verlag.de/blog

www.neufeld-verlag.de 🌸 www.neufeld-verlag.ch

NEUFELD VERLAG

n ⓥ

Alan Hirsch

Vergessene Wege

Die Wiederentdeckung der missionalen
Kraft der Kirche

Warum scheint die Kirche heute so kraftlos und wird
kaum noch ernst genommen, während sie am Anfang
so dynamisch und lebendig war, dass man ihr zugetraut
hat, die Welt zu verändern?

Auch vor dem Hintergrund eigener Erfahrungen hat
sich Alan Hirsch auf die Suche nach Antworten begeben. Dabei ist er auf den Kern jener uralten Bewegung
gestoßen, die ihre Mission glaubwürdig gelebt hat:
Menschen zu Jüngern zu machen. In der Welt zu sein.
Und alles andere diesem Auftrag zu unterstellen.

Hirsch entwickelt ein spannendes Konzept, wie wir
heute von der geistlichen Dynamik und den Struktu-
ren wachsender Bewegungen wie der frühen Kirche
lernen, vergessene Wege neu entdecken können.

349 Seiten, kartoniert, ISBN 978-3-86256-025-7

Folgen Sie dem Neufeld Verlag auch auf Facebook®
und in unserem Blog: www.neufeld-verlag.de/blog

www.neufeld-verlag.de ❤ www.neufeld-verlag.ch